新时代思想政治教育的多维探索与改革创新

丁　玲 ◎著

图书在版编目(CIP)数据

新时代思想政治教育的多维探索与改革创新 / 丁玲著. -- 北京 ： 中国书籍出版社, 2024. 8. -- ISBN 978-7-5068-9964-2

Ⅰ.D64

中国国家版本馆CIP数据核字第2024EH9096号

新时代思想政治教育的多维探索与改革创新

丁　玲　著

丛书策划　谭　鹏　武　斌
责任编辑　李　新
责任印制　孙马飞　马　芝
封面设计　博健文化
出版发行　中国书籍出版社
地　　址　北京市丰台区三路居路97号（邮编：100073）
电　　话　（010）52257143（总编室）　（010）52257140（发行部）
电子邮箱　eo@chinabp.com.cn
经　　销　全国新华书店
印　　厂　三河市德贤弘印务有限公司
开　　本　710毫米 × 1000毫米　1/16
字　　数　317千字
印　　张　19.75
版　　次　2025年1月第1版
印　　次　2025年1月第1次印刷
书　　号　ISBN 978-7-5068-9964-2
定　　价　98.00元

目 录

第一部分 思想政治教育综述

第二部分　新时代“大思政”育人格局的多维构建

第一部分
思想政治教育综述

第一章　新时代思想政治教育的理论基础

第一节　思想政治教育的内涵

一、思想政治教育概念的提出和演变

思想政治教育概念的提出和演变经历了一个深远且丰富的历史过程。这一过程不仅反映了不同历史时期对思想政治教育认识的深化，也体现了无产阶级政党对群众宣传和教育工作的重视。

早在马克思、恩格斯的时代，他们在为共产主义者同盟起草章程时就提出了“宣传工作”的概念，强调了无产阶级政党向群众宣传和对其进行教育的重要性。[①]这一概念的提出，为后来的思想政治教育奠定了理论基础。

随后，列宁在创建布尔什维克党的过程中，进一步丰富了思想政治教育的内涵。他先后使用了“鼓动工作”[②]“政治宣传、政治鼓动”[③]“政治

① 中共中央马克思恩格斯列宁斯大林著作编译局. 马克思恩格斯选集：第4卷[M]. 北京：人民出版社，2021：113.

② 中共中央马克思恩格斯列宁斯大林著作编译局. 列宁选集：第1卷[M]. 北京：人民出版社，1960：208.

③ 中共中央马克思恩格斯列宁斯大林著作编译局. 列宁选集：第1卷[M]. 北京：人民出版社，1960：265.

教育”[①]等概念，强调了对工人阶级和群众进行政治教育的必要性。这些概念的提出和运用，使得思想政治教育在实践中得到了进一步的发展。

1921年7月，中国共产党正式成立。以此为标志，中国共产党的思想政治教育也开始有了自己的历程。面对中国革命、建设和改革的不同历史时期的时代需求和现实需要，一届又一届中国共产党人接续推进、不断探索形成了针对思想政治教育的一系列理论体系。

毛泽东同志关于高校思想政治教育的重要阐释，是以毛泽东在新民主主义革命、社会主义革命和建设时期，在实践中逐步形成的经验总结和理论概括，是党开展思想政治教育工作的重要遵循。例如，1957年毛泽东同志亲自制定并明确提出了“我们的教育方针，应该使受教育者在德育、智育、体育几方面都得到发展，成为有社会主义觉悟的有文化的劳动者”[②]。在此背景下，毛泽东同志将高校思想政治教育工作提升到影响国家未来发展的重要战略地位，提出：“这是无产阶级革命事业的百年大计，千年大计，万年大计。”[③]这足以说明，他认为这直接关系到无产阶级革命后继有人的问题，高校思想政治教育更要与时俱进，要培养大学生同错误思潮作斗争，拥有足够的能力抵御企图破坏中国共产党领导的一切势力，担负起为国家解放和民族独立不断奋斗的历史重任。

邓小平同志立足大学生在这一时期出现的新特征，围绕“培养什么人，怎样培养人”阐发了高校思想政治教育的目标、内容、方法原则等一系列决策性观点和论述，为高校思想政治教育事业发展掀开了新的篇章，是邓小平理论的重要组成部分。在1986年《国家教育委员会关于加强高等学校思想政治工作的决定》中强调了高等学校人才培养关乎国家的前途和命运，指出：“高等学校必须从我国的实际出发，面向现代化、面向世界、面向未来，确定培养目标。”[④]面向现代化，就是高校思想政治教育要把为社会主义现代化

① 中共中央马克思恩格斯列宁斯大林著作编译局. 列宁选集：第1卷[M]. 北京：人民出版社，1960：272.

② 中共中央文献研究室. 毛泽东文集：第七卷[M]. 北京：人民出版社，1999：226.

③ 中共中央文献研究室. 建国以来重要文献选编：第十九册[M]. 北京：中央文献出版社，2011：61.

④ 教育部思想政治工作司. 加强和改进大学生思想政治教育重要文献选编（1978—2014）[M]. 北京：知识产权出版社，2015：48.

建设提供高水平人才作为基本要求，同时在思想政治教育的内容方法上进行改革和创新，以开放的国际视野发展高校思想政治教育，从空间和时间两个维度实现教育面向世界、面向未来，将高校思想政治教育提升到新的战略高度。

江泽民同志十分关心高校思想政治教育问题。江泽民同志在《关于加强和改进思想政治工作的若干意见》中指出："越是深化改革、扩大开放、发展社会主义市场经济，越要重视思想政治工作。"①体现了江泽民同志在改革发展这一关键时期对大学生思想政治教育的高度重视，他立足时代发展的新特点、新趋势，对高校思想政治教育的地位和作用、目标和内容、原则和方法等进行创新和改进，并做出一系列精辟论述。

胡锦涛同志领导全面建设小康社会和推进中国特色社会主义事业的进程中，提出了一系列关于高校思想政治教育的观点，领导大学生为全面建成小康社会，推动改革开放和中国特色社会主义事业的深入发展而奋斗，取得了一系列理论和实践的创新成果。胡锦涛同志认为："核心是解决好培养什么人、怎样培养人的重大问题"，并提出以"促进全面发展""提高服务国家服务人民的社会责任感""探索创新精神"和"实践能力"为重点开展思想政治教育。②

习近平同志关于高校思想政治教育的相关理论历经萌芽、形成、成熟等阶段，并于思想政治教育工作实践中反复检验、不断丰富。伴随国情、世情和党情的变化，高校思想政治教育改革的赓续推进，新时代青年大学生的成长经历、性格特点的新变化、新表现，习近平同志关于高校思想政治教育重要论述的内容也在持续深入和发展之中。1985年，习近平同志调任福建。在福建工作期间习近平意识到闽东因为地理条件和交通问题，农村文化水平普遍较低，这对于国家精神文明建设是一个难题，于是习近平同志提出要在脱贫攻坚的过程中，把思想政治教育贯穿其中。一是处理精神文明建设中"立"与"破"的关系。"立"就是运用马克思主义进行思想政治教育工

① 中共中央文献研究室. 十五大以来重要文献选编（中）[M]. 北京：中央文献出版社，2011：203.

② 中共中央文献研究室. 胡锦涛文选：第三卷[M]. 北京：人民出版社，2016：420.

作，“使爱国主义、社会主义、集体主义思想扎根于人民群众心中”；“破”意指要运用诸种手段大力批判错误思想。两者结合才能最大效果的进行思想政治教育。二是在发展经济的过程中进行思想政治教育。[①]2002年至2007年，习近平同志在浙江省开启了长达五年的工作历程。习近平同志在浙江期间对思想政治教育也格外重视，表现在：首先，尤为重视未成年人的思想政治教育。习近平提到“未成年人的思想道德状况如何，直接关系到我们国家和民族未来的精神面貌”[②]。党的十八大以来，我国进入中国特色社会主义新时代，伴随物质财富的累积和人民的生活水平的日益提高，人民在精神文化层面的需求也不断提升。同时，改革进入“深水区”和“攻坚期”，改革的赓续推进、利益格局的调整都催生人们思想观念的波动。此外，一些西方国家对于中国的颜色革命，特别是对青年一代的思想西化从未停止。面对复杂的国内外局势，以习近平同志为核心的党中央，高举马克思主义旗帜，坚持中国特色社会主义，积极弘扬社会主义核心价值观，在推进“四个伟大”的历史进程中，坚持“四个自信”，全面探索高校思想政治教育的本质特征和发展规律，改善创新相关实践活动，大力推动高校思想政治教育的新发展。习近平同志在教育2035规划中提出要“让学生成为德才兼备、全面发展的人才”。[③]在全国高校思想政治工作会议上又强调，“思想政治工作从根本上说是做人的工作”，[④]中心环节在于立德树人，核心是为了提高人才培育能力。2022年10月16日中国共产党第二十次全国代表大会在北京召开，以习近平同志为核心的党中央在会议上强调了教育对国家和社会发展的重要性，指出“教育是国之大计、党之大计”，[⑤]要求“用社会主义核心价值观铸魂育人，完善思想政治工作体系，推进大中小学思想政治教育一体化建设”[⑥]。二十大

① 习近平. 摆脱贫困[M]. 福建：福建人民出版社，1992：152.

② 习近平. 之江新语[M]. 浙江：浙江人民出版社，2007：149.

③ 习近平. 习近平谈治国理政（第二卷）[M]. 北京：外文出版社，2017：377.

④ 习近平. 习近平谈治国理政（第二卷）[M]. 北京：外文出版社，2017：377.

⑤ 高举中国特色社会主义伟大旗帜为全面建设社会主义现代化国家而团结奋斗——在中国共产党第二十次全国代表大会上的报告[N]. 人民日报，2022-10-16（34）.

⑥ 高举中国特色社会主义伟大旗帜为全面建设社会主义现代化国家而团结奋斗——在中国共产党第二十次全国代表大会上的报告[N]. 人民日报，2022-10-16（44）.

报告是党和国家站在百年变局和民族复兴的制高点，科学地总结和规划国家事业的发展和建设提出的一系列新思路、新战略、新观念，是散发着马克思主义理论光辉的重要文献，是党带领全体中华儿女继续推进中国特色社会主义事业，并不断取得胜利的宣言书和行动指南，也是高校开展思想政治教育工作的行动指南。高校要深入开展社会主义核心价值观的宣传教育，把依法治国和以德治国相结合，把核心价值观融入法治教育，融入青少年的日常学习生活中去；要加强四史教育，爱国教育，把中国特色社会主义共同理想融入高校思想政治教育，培养担当民族复兴大任的时代新人；要认真贯彻二十大精神，把二十大精神融入到具体的思政课教学中，加强思想政治理论课建设，用新思路、新思想指导青年大学生，引导青年大学生自觉树立崇高理想信念；增强“四个意识”、坚定“四个自信”、做到“两个维护”，不怕困难，积极投入到社会主义现代化建设中去。

二、思想政治教育及相关概念分析

从思想政治教育概念的演变过程可以看出，政治工作、思想工作、政治思想工作、思想政治工作、思想政治教育等概念之间既存在着紧密联系，又有着各自独特的内涵和侧重点。

政治工作通常指特定阶级或政治集团为实现其目标和任务而进行的政治性活动。它涵盖了阶级斗争、政权建设、政治动员等广泛领域，带有鲜明的阶级性和政治性。政治工作不仅关注思想层面的引导，还涉及实际政治行为的组织和实施。

思想工作则侧重于运用一定的知识、手段和方法来统一人的思想认识。这种活动具有明确的目的性和非强制性，旨在通过思想引导、沟通交流等方式，解决人们在思想观念上的困惑和分歧。思想工作包括政治性的思想工作和非政治性的思想工作，前者与政治工作紧密相连，后者则涉及更广泛的社会生活领域。

政治思想工作这一概念最早由斯大林提出，它主要指的是宣传政治思想、教育特定成员或有志成为其成员的人的工作。政治思想工作强调通过政治教育和思想引导，培养人们的政治觉悟和忠诚意识，以服务于特定阶级或政治集团的利益。

思想政治工作是一个更为宽泛的概念，它涵盖了思想工作和政治工作中的政治性部分和思想性部分。思想政治工作不仅关注人们的思想观念、政治观点的形成和转变，还涉及实际政治行为的引导和规范。它旨在通过系统的教育、引导和实践活动，培养人们的政治素养和道德品质，以推动社会进步和发展。

思想政治教育作为一种教育实践活动，强调用一定的思想观念、政治观点和道德规范对人们施加有目的、有计划、有组织的影响，使他们形成符合社会要求的思想品德。思想政治教育注重教育的系统性和科学性，通过课堂教学、社会实践、文化活动等多种形式，全面提升人们的思想政治素质。

政治工作、思想工作、政治思想工作、思想政治工作和思想政治教育都是围绕人的思想、政治、道德等方面进行的实践活动，旨在培养符合社会要求的人才，推动社会进步和发展。在实践中，这些概念往往相互交织、相互促进，共同构成思想政治教育的丰富内涵。

第二节　新时代思想政治理论课教学现状

一、思想政治理论课教学现状

（一）缺乏具有针对性的教学

一些高校的思想政治教育工作者在进行思想政治理论课程教学的过程中，往往会忽略学生的个体差异性。通过对部分高校思想政治课程课堂教学成果的调查研究发现，在课堂教学的过程中，很大一部分学生对不同概念和方法的掌握程度往往存在一定的差异，有非常多元化的内心体验。如果能够理解相关知识，学生内心会有一种成就感和优越感，相反，如果所学知识太难理解或者老师讲解不到位，使得学生理解上感到困惑，那么学生往往会很烦躁，对学习也会有种抵触情绪，这就是高校思想政治理论课程教学需要重点解决的基本问题。学生自身情感虽然没有直接参与学习，但是对学生的学习积极性有着极大的影响。因此，在高校思想政治教育中，相关教师需要根据学生的差异进行针对性教学。

（二）只注重理论教学

高校有很大一部分思想政治课教师在教学时只是一味灌输理论知识，而不注重学生的吸收和理解情况。这种只注重理论教学的教学方式极易导致高校学生在教师强制施加的压力下不表现出自己的真正思想，出现做法、言语与思想认识不一致，缺乏判断力等一系列问题。

（三）未能体现学生的主体地位

在高校思想政治教育教学中，传统的教师作为教学主体的教学现象仍屡见不鲜。实际上，思想政治理论课程与其他学科的重要区别在于这门学科更侧重于让学生主动塑造自身的思想观念，在教学过程中若是未能体现学生的主体地位，往往会影响高校学生思想道德素养的形成。

二、新时代思想政治理论课教学改革现状

教学改革是一个多维度的系统工程，涵盖了教学理念、教学内容、教学组织形式、教学方法等多个方面。然而，当前高校在推进思政课教学改革的过程中，普遍存在着重视教学组织形式改革、而对教学内容等研究不够深入的问题。这种现象不仅制约了教学改革的深度和广度，也影响了思政课教学

的质量和效果。

（一）重视教学组织形式的改革，对教学内容等的研究不够

当前，高校思政课教学改革中普遍存在着一种倾向，即过度重视教学组织形式的改革，而相对忽视了对教学内容等核心要素的深入研究。这种倾向虽然在一定程度上提升了教学的灵活性和多样性，但也可能导致教学内容与形式的脱节，进而影响思政课教学的整体效果。

第一，教学组织形式的创新无疑为思政课教学带来了新的活力和可能性。通过采用混合式教学、智慧课堂教学等新型组织形式，教师可以更加灵活地组织教学活动，提高学生的学习兴趣和参与度。然而，这些改革往往只停留在表面，没有深入到教学内容和教学方法的实质层面。这导致教学组织形式与教学内容之间缺乏有机的联系，难以形成有效的教学合力。

第二，对教学内容的研究不足会直接影响思政课的教学质量。思政课教学内容具有鲜明的政治性、科学性和系统性，它不仅是传授知识的载体，更是引导学生形成正确世界观、人生观和价值观的重要途径。随着时代的进步和社会的发展，新的理论观点、社会热点和现实问题不断涌现，然而部分高校的思政课教学内容未能及时跟进，仍停留在传统的理论框架和陈旧的知识体系上，导致教学内容与学生的实际生活和思想需求脱节，难以引起学生的共鸣。思政课作为对学生进行思想政治教育的主渠道，应当紧密关注现实问题，深入分析社会现象，引导学生形成正确的世界观、人生观和价值观。然而，一些高校的思政课教学内容往往回避或简化对现实问题的探讨，缺乏对复杂社会现象的深入剖析，导致学生难以将所学知识与实际生活相联系，难以形成深刻的认识和理解。一些思政课教师缺乏对教学内容的深入研究和理解，只是机械地按照教材或大纲进行讲授，无法将理论与实际相结合，也无法将最新的研究成果和观点引入教学中。这种缺乏研究的态度和方法不仅影响了教学质量，也制约了思政课教学改革的深入推进。

第三，对教学理念的研究不足也是当前思政课教学改革中存在的一个问题。教学理念是指导教学实践的灵魂，它决定了教学的方向和目标。然而，一些教师在教学改革中往往只关注教学组织形式和教学手段的变革，忽视了

教学理念的更新和转变。这导致教学实践缺乏明确的理论指导，难以形成科学、系统的教学体系。

高校思政课教学改革在重视教学组织形式创新的同时，不能忽视对教学内容、教学理念等核心要素的深入研究。只有全面、深入地推进教学改革，才能确保思政课教学的质量和效果，真正发挥其在思想政治教育中的主渠道作用。因此，高校和教师应加强对思政课教学内容的研究，不断更新和完善教学内容，同时注重教学理念的更新和转变，以推动思政课教学改革向纵深发展。

（二）重视教学改革的形态，对教学改革的质量关注不够

教学改革是推动教育发展的重要动力，其目的在于通过创新教学方式、方法，提升教学质量，更好地满足学生和社会发展的需求。然而，在实际操作过程中，一些高校往往过于关注教学改革的形态，即外在的表现形式，而忽视了教学改革的质量，即内在的实际效果。具体表现为，高校在推进思政课教学改革时，往往更侧重于改革的形式和数量，如采用了哪些新的教学手段、开展了多少项教学改革项目等。这种对形态的关注往往导致一些教师为了迎合改革潮流，过于追求形式上的创新，而忽视了教学内容的深度和广度，以及教学方法的实效性。然而，教学改革的质量才是判断改革成功与否的关键。教学改革的质量包括教学理念的创新性、教学内容的丰富性、教学方法的有效性以及教学评价的科学性等多个方面。只有在这些方面都取得了实质性的进展，通过教学改革才能真正地提升思政课教学的质量和效果。

（三）重视教学改革过程的宣传推广，对教学质量评价关注不够

目前，高校在思想政治理论课教学改革中对宣传推广表现出较高的关注度，但在教学质量评价方面则显得相对薄弱，主要体现在以下几个方面。

第一，在改革报道和推广方面，高校往往热衷于展示教学改革的形式和过程，强调教学方法和手段的创新，以及学生的出勤率、参与率等显性指标

的提升。这些宣传报道多见于媒体，为外界呈现了一个积极、活跃的教学改革形象。然而，这种宣传往往偏重于表面形式，而未能深入揭示教学改革对教学质量和学生实际收获的实质性影响。

第二，在教学质量评价方面，高校普遍缺乏全面、深入、系统的评价标准和方法。虽然一些高校可能筛选了一些评价指标，但这些指标往往过于笼统、模糊，难以准确衡量教学质量。同时，评价过程往往缺乏足够的客观性和公正性，容易受到人为因素的影响。这导致教学质量评价的结果难以被广泛接受和认可，也无法为教学改进提供有力的依据。

第三，高校对于教学质量评价结果的反馈和应用也显得不足。即使进行了评价，评价结果往往只是作为一种形式上的总结，而未能真正用于指导教学改革和教学质量的提升。教师和管理者可能对评价结果缺乏足够的关注和反思，无法从中找到改进的方向和动力。

（四）重视教学改革的成果总结，对教学改革的反思关注不够

思想政治理论课教学改革在近年来取得了显著的进展，许多高校都在积极探索并尝试新的教学方法和模式。然而，在这一过程中，也呈现出一些问题，其中之一便是重视教学改革的成果总结，而对教学改革的反思关注不够。

重视对教学改革的成果总结不仅可以为今后的教学改革提供经验和借鉴，还能激励更多的教育工作者投身到这一工作中来。通过总结成果，可以清晰地看到改革带来的成效，如教学方法的改进、学生学习兴趣的提升以及教学效果的增强等。然而，过于重视成果总结也容易导致一些问题的产生。一方面，这可能使得一些学校和教师过于追求短期的改革效果，而忽视了教学改革的长期性和系统性。他们可能更关注于展示改革的亮点和成果，而不是深入探讨改革过程中遇到的问题和困难。另一方面，对教学改革的反思不足，可能导致无法及时发现和纠正改革中的偏差和错误。改革是一个不断探索和尝试的过程，难免会遇到挫折和失败。然而，如果教师缺乏对改革的深入反思，就可能无法从中吸取教训，无法及时调整和改进改革方案。此外，反思不足还可能导致教学改革缺乏持续的动力和深度。没有深入的反思，就

难以对改革进行深入的剖析和理解，难以找到改革的真正痛点和难点，也就难以推动改革的进一步深化和发展。

第三节　新时代“大思政”育人格局的内涵

一、“大思政”理念的提出

“大思政”理念是近年来学界在思想政治教育理论与实践研究中提出的重要概念，其内涵与外延在实践的过程中不断演进和发展。在不同的历史阶段，这一理念被赋予不同的理论内涵，并持续不断地得到丰富和拓展。

自古以来，我国就非常重视学生的全面发展，在教育内容上以“六艺”为主，即礼、乐、射、御、书、数，既强调教化，又强调自我修养。这种教育理念在内容和方法上为现代思想政治教育提供了丰富的资源，为“大思政”理念的形成和发展奠定了历史基础。

进入近代社会，教育理念得到进一步发展。例如，康有为主张德育为先，注重将德育贯穿于教育教学的全过程，把教育的全过程视为由人本院、育婴院、小学院、中学院和大学院五个阶段构成的完整教育体系。[①]全程育人思想开始显露，“大思政”理念初步显现。此外，康有为在谈到国内学校教育时，还明确提出了德教、智教、体教、实用教（劳动教育）“四育”思想，“若其公理乎，则德教、智教、体教之外，以实用教为最重，故大学科专行之”[②]。这些理念不仅为现代思想政治教育的发展奠定了基础，也为高校

① 张泽鸿，周畅. 论康有为《大同书》中的素质教育思想[J]. 合肥学院学报（社会科学版），2007，80（03）：115-120.

② 康有为. 大同书[M]. 上海：上海古籍出版社，2005：270.

"大思政"理念的产生和发展提供了一种历史渊源。

在中国共产党领导下，思想政治教育得到了更加系统和深入的发展。从新民主主义革命时期开始，党就有意识地将教育的覆盖范围扩大至全体人民，以提高他们的思想觉悟和政治素养。中华人民共和国成立后，领导人进一步强调了全员育人的思想，要求各个部门都要负责思想政治工作。例如，从1926年广东省第二次农民代表大会通过的《农村教育决议案》开始，党就开始注重将思想政治工作扩展到群众生活的各个方面，推动思想政治教育向全员参与的方向发展。[①]这表明党在早期就已经有了将思想政治教育普及到更广泛群体的意识，为"大思政"理念的形成奠定了基础。毛泽东同志在《关于正确处理人民内部矛盾的问题》中强调思想政治工作需要各个部门共同负责，全员育人思想开始显露。这一论述强调了思想政治教育的全面性和系统性，与"大思政"理念的全员育人、全方位育人要求相吻合。

随着改革开放的深入和教育事业的不断发展，党的思想政治教育政策不断完善。1994年，《中共中央关于进一步加强和改进学校德育工作的若干意见》提出"教育与生产劳动相结合""学校教育、家庭教育、社会教育紧密配合"等要点，进一步拓展了思想政治教育的领域和方式。

进入21世纪，教育部办公厅发布《关于进一步加强高校学生管理工作和心理健康教育工作的通知》，明确要求形成全员、全方位、全过程育人的合力。[②]这标志着"大思政"理念在高校思想政治工作中的实践应用得到了进一步的加强。

尽管在这些历史阶段，"大思政"理念并没有被明确提出，但我们可以从这些政策文件中看到其现实形态的显露。这些政策文件不仅为"大思政"理念的形成提供了历史依据，也为其后续的发展提供了方向和指导。

中国特色社会主义新时代以来，"大思政"理念得到了更为明确和深入的阐释与实践。在这一时代背景下，以习近平同志为核心的党中央围绕"三全

① 王茂胜. 中国共产党思想政治教育简史[M]. 武汉：华中师范大学出版社，2010：44.

② 教育部办公厅关于进一步加强高校学生管理工作和心理健康教育工作的通知[EB/OL]. [2003-12-22]. https：//wenku. baidu. com/view/6e69b9edf8c75fbfc77db27c. html

育人”理念，即全员育人、全过程育人、全方位育人，提出了一系列重要论述，为“大思政”格局的构建提供了根本遵循和行动指南。2016年12月7日，习近平总书记在全国高校思想政治工作会议上的重要讲话中强调了立德树人的核心地位，以及思想政治工作在教育教学中的全程贯穿。[①]习近平总书记明确指出，思想政治工作不仅是高校的重要任务，更是培养社会主义建设者和接班人的关键所在。这一论述为“大思政”理念注入了新的内涵，使其在新时代焕发出更加夺目的光彩。2017年2月27日，中共中央、国务院印发的《关于加强和改进新形势下高校思想政治工作的意见》[②]进一步明确了高校思想政治工作的目标任务和具体要求。文件提出，要将思想政治教育融入教书育人的全过程，形成全员、全过程、全方位育人的新格局。这不仅是对高校思想政治工作的具体要求，也是对“大思政”理念的具体实践。在此基础上，《高校思想政治工作质量提升工程实施纲要》[③]的出台，更是为“大思政”格局的构建提供了具体路径和实施方案。该文件提出，要全面统筹办学治校育人资源和育人力量，构建包括课程、科研、实践等在内的“十大”育人工作体系。这一体系的建立，使得“大思政”理念在高校中得到全面、深入的贯彻落实。可以说，“大思政”就是以这“十大”育人为具体内容，以“全员、全过程、全方位”育人为方法论，最终落实立德树人根本任务的育人理念。它强调的不仅是教育内容的丰富性和教育方式的多样性，更是教育主体的广泛性和教育过程的连贯性。通过构建这一育人格局，高校可以更好地实现思想政治教育的目标，培养出更多符合时代要求、具备良好道德品质和综合素质的优秀人才。

2019年，习近平总书记强调“要高度重视思政课的实践性，把思政小课堂同社会大课堂结合起来”，并提出“‘大思政课’我们要善用之，一定

---

① 习近平. 把思想政治工作贯穿教育教学全过程开创我国高等教育事业发展新局面[N]. 人民日报，2016-12-09.

② 中共中央、国务院印发关于加强和改进新形势下高校思想政治工作的意见[EB/OL]. [2017-2-27]. http：//www. gov. cn/xinwen/2017-02/27/content_5182502. htm.

③ 中共教育部党组. 高校思想政治工作质量提升工程实施纲要[EB/OL]. [2017-12-05]. http：//www. moe. gov. cn/srcsite/Al2/s7060/201712/t2017120632069&html.

要跟现实结合起来”[①]。这为新时代思政课进一步深化改革创新指明了方向。2022年1月6日，教育部党组书记、部长怀进鹏在会议中指出，要加快构建“大思政课”格局，“大力推进‘一大系统、两大支撑、五大实验区’建设，善用社会大课堂打造网络云课堂，深化课程思政全课堂”[②]。2022年8月，教育部等十部门印发的《全面推进“大思政课”建设的工作方案》中指出：“要建强思政课课程群。各地各校加强以习近平新时代中国特色社会主义思想为核心内容的课程群建设，形成必修课加选修课的课程体系。”[③]

这一系列讲话不仅表明党和国家重视思政课的建设，也是思政课理念在新时代背景下的不断深化与拓展，促使思政课在顺应时代发展的进程中不断改革创新，满足国家的需要和学生的期待。

二、“大思政”育人格局的基本内涵

“大思政”育人强调思政教育的实践性和发展性，以学生为中心，将思政教育融入课堂教学、学生日常管理及各类课外实践活动中，让学生能够将理论知识与实践相结合，从而实现个人的全面发展。

“大思政”是对传统思政教育的一种创新和拓展。它在继承和发扬传统思政教育优点的基础上，从全局的视角出发，通过全员参与、全过程覆盖、全方位融合的方式，强化了大学生思政教育的整体布局。这一教育模式创造性地将大学生的日常管理与思政课教学紧密结合，形成了一个协同育人的新机制。

全员育人意味着高校中的所有教职员工，包括学校领导、教师、辅导员

---

① “‘大思政课’我们要善用之”（微镜头·习近平总书记两会“下团组”·两会现场观察）[N]. 人民日报，2021-03-07.

② 大思政课，总书记心中的一件大事[N]. 人民日报，2022-05-22.

③ 教育部等十部门. 教社科〔2022〕3号：全面推进“大思政课”建设的工作方案[EB/OL]. 2022-08-18. http：//www. moe. gov. cn/srcsite/A13/moe_772/202208/t20220818_653672. html.

等，都承担着育人的职责。他们共同组成一个有机的教育系统，在统一的领导和规划下，共同致力于提升学生的综合素养，特别是思想道德品质。

全过程育人则是指在学生从入学到毕业的整个过程中，都贯穿着思政教育的任务。根据学生的成长阶段和特点，制定有针对性的教育方案，既进行政治和法律知识的传授，也进行理想信念和道德标准的教育，旨在帮助学生形成正确的政治观念、法律意识和世界观、人生观、价值观。

全方位育人则要求充分利用和整合校内外的各种资源，包括课堂教学、课外活动、网络资源等，以形成一个无处不在的思政教育环境，让思政教育渗透到学生生活的方方面面。

总的来说，“大思政”育人的核心在于根据学生的成长规律和认知特点对其进行全面的国民教育、爱国教育和素质教育。通过这种方式，不仅能够增强思政理论课的系统性和适应性，还能帮助学生实现理论学习与实践的统一，使学生在学习、工作和生活等各个方面都能得到有效提升，从而显著提高思政教育的实际效果。

三、“大思政”育人格局的特征

“大思政”育人格局下思想政治教育工作的特征表现为以下几方面。

（一）参与主体的广泛性

在“大思政”育人格局下，高校思想政治教育的参与者不限于思政课程教师和学工部门的人员，还包括高校行政、教学科研等各个部门的教职员工。这一转变要求所有教职工都将知识传授与价值引导相融合，共同努力将学生培养成具备出色素质和实践能力的人才。高校的党政领导需增强育人责任感，提升相关能力，以符合时代发展要求的管理模式和行为来影响和培养学生，切实发挥管理在育人中的作用。同时，服务岗位上的员工也应以服务育人为宗旨，各级党组织和团委应积极开展形式多样的育人活动，担负起引导和培养的主要责任。此外，“大思政”体系还鼓励校外社会模范人士参与育人工作。

（二）工作内容的多样性

“大思政”育人强调知与行的统一，致力于培养新时代中国特色社会主义的合格接班人。除了传统的思政课程和辅导员工作外，高校的所有教学、管理、活动和服务都成为“大思政”育人的重要环节。各种校园文化活动、比赛评比、学术论坛、学生社团活动以及校园环境和宿舍建设等，都需要融入“大思政”的育人理念，从而大大丰富了工作内容。

（三）育人环境的开放性

与传统的思政教育主要在教室内进行不同，“大思政”育人理念倡导开放性的教育环境。除了教室和校园内的活动空间，还特别强调拓展思政教育的实践范围，特别是利用校外社会实践和新媒体网络平台来提升思政教育的效果。通过组织学生参观革命圣地、改革前沿地区以及传统文化遗址以及开展寒暑假社会实践活动等，让学生亲身感受中国的革命、建设和改革开放历史及成就，进一步激发学生的爱国情怀。

（四）教育方法的科学性

教育方法是实现教育目标的关键手段，对教育效果具有直接影响。“大思政”育人不仅关注学生的专业知识学习，还重视对学生情感、综合素质和能力的培养。在新时代背景下，需要广泛应用新媒体网络技术，整合现实教育资源和网络教育资源，采用多元化的教育方式，提升教育方法的科学性和有效性，以促进学生思想道德素质的全面提升。

第二章　新时代思想政治教育发展的时代境遇

第一节　思想政治教育的时代意义

一、新时代的时代背景

新时代具有鲜明的时代特色，它是中国在改革开放后，特别是进入21世纪以来所面临的国内外环境、发展条件、社会变革等多方面的综合体现。

从国际层面来看，新时代的世界正处于百年未有之大变局中。全球化进程加速，各国之间的经济、政治、文化交流日益密切，但同时也伴随着各种力量此消彼长，国际关系复杂多变等情况。科技的迅猛发展，特别是信息技术的日新月异，使得信息的传播速度和广度达到了前所未有的程度，国际社会的互联互通性显著增强。

从国内层面来看，新时代的中国正处于实现中华民族伟大复兴的关键时期。经过几十年的改革开放，中国在经济、科技、文化等多个领域都取得了举世瞩目的成就，综合国力大幅提升。同时，社会主要矛盾已经转化为人民日益增长的美好生活需要和不平衡不充分的发展之间的矛盾，这对我们提出了新的发展要求。

新时代的时代背景还体现在社会变革的加速推进上。随着改革的深入和开放的扩大，社会的利益格局、思想观念、价值观念等都在发生深刻变化。人们对公平正义、民主法治、环境保护等方面的诉求日益强烈，这对推动社会进步、实现人的全面发展提出了新的挑战。

下面具体分析新时代的时代背景。

（一）社会主要矛盾发生显著变化

随着我国社会主要矛盾从“人民日益增长的物质文化需要同落后的社会生产之间的矛盾”转化为“人民日益增长的美好生活需要和不平衡不充分的发展之间的矛盾”，思想政治教育也面临着新的机遇和挑战。

第一，人们的思想发生了显著变化。高度的批判性、主体性、异质性和政治参与意愿成为新时代人们思想发展的重要特征。这要求思想政治教育在内容和方式上做出相应调整，更加注重引导人们正确理解和处理个人利益与社会利益、个人发展与社会发展的关系，培养人们的批判性思维和独立思考能力，提升人们的政治素养和社会责任感。

第二，社会结构的深刻转型也对思想政治教育提出了新的要求。从总体性社会向分化性社会的转变，使得社会利益格局更加多元化，社会关系更加复杂化。这要求思想政治教育在坚持马克思主义指导地位的同时，更加注重尊重差异，引导人们形成正确的世界观、人生观和价值观。

第三，随着网络的普及和全球化进程的加速，人们的思想观念和价值取向也受到了广泛的影响。网络空间的开放性和匿名性使得各种思潮和观点得以迅速传播，这给思想政治教育带来了前所未有的挑战。因此，思想政治教育需要不断创新方式方法，加强网络思想政治教育阵地建设，提高网络思想政治教育的针对性和实效性。

（二）意识形态斗争日益尖锐复杂

随着全球化的深入发展，各种文化和思想通过互联网等现代通讯技术迅速传播，不同意识形态观念的交流、碰撞变得频繁，导致各种思潮纷繁复杂，增加了意识形态领域的多元性和复杂性。在国际关系中，随着大国竞争加剧，西方国家推广其价值观，试图对其他国家施加影响，这在一定程度上引发了价值观念的冲突。同时，一些不稳定因素如恐怖主义、极端主义等，也对国家的意识形态安全构成了威胁。随着社会矛盾的多样化和复杂化，如环境问题、收入差距、就业难题等，社会对公平正义、民主法治等议题的关注增多，这些问题都在一定程度上考验着国家意识形态的凝聚力和向心力。互联网、社交媒体及人工智能等新兴科技的发展，使得信息传播速度加快、范围扩大，任何人都可以在网络上发声，这在一定程度上削弱了主流意识形态的话语权，加剧了意识形态的碎片化和极化，给意识形态建设与管理带来更大的挑战。随着经济社会的发展，人民生活水平的提高，个人利益、价值观的多样化，人们对意识形态的认同也呈现出多元化的趋势，一些非主流意识形态在某些群体中也有一定的市场。多元的意识形态对思想政治教育提出了更高的要求。

（三）科教事业迅猛发展

随着科技的不断进步，特别是电子计算机、互联网、VR、元宇宙等新兴技术的快速发展，思想政治教育媒介发生了质的飞跃，使得无形的思想政治信息得以更加具体、高效地呈现。

第一，新兴技术极大地丰富了思想政治教育的手段和形式。传统的思想政治教育往往受到时间和空间的限制，而现在，通过网络媒介，教育者可以随时随地开展教育活动，大大拓宽了教育的覆盖面。同时，VR、元宇宙等技术还可以为思想政治教育提供沉浸式的学习体验，使学习者能够更加深入地理解和感受教育内容。

第二，新兴技术提高了思想政治教育的针对性和实效性。通过大数据和人工智能技术，教育者可以更加精确地分析教育对象的思想行为状况与规律，从而制定出更加符合个体需求的教育方案。同时，网络媒介的交互性也使得教育者和学习者之间的沟通更加便捷和高效，有助于解决学习者在思想上的问题和困惑。

第三，新兴技术为思想政治教育提供了更加丰富的教育资源。网络上的海量信息为教育者提供了广阔的选择空间，他们可以根据教育目标和需求，从各种渠道获取相关的教育素材和案例，使得教育内容更加生动、具体和贴近实际。

总之，科教事业的迅猛发展给思想政治教育带来了新的机遇，我们需要抓住这些机遇，积极应对挑战，不断创新思想政治教育的理念和方法，以推动思想政治教育事业的持续发展。

二、新时代思想政治教育的意义

（一）有助于推进中国特色社会主义事业发展

思想政治教育在坚定理想信念、提高政治觉悟和鉴别力、培养道德品质和法治意识、促进社会和谐稳定以及激发创新精神和创造活力等方面发挥着重要作用，从而有助于推进中国特色社会主义事业的发展。

第一，思想政治教育有助于坚定理想信念。通过深入学习和理解马克思主义、中国特色社会主义理论，能够树立坚定的理想信念，明确为国家和人民服务的宗旨。这种理想信念是推动人们积极投身中国特色社会主义事业建设的强大动力。

第二，思想政治教育能够提高人们的政治觉悟和鉴别力。在多元化的社会环境中，需要具备高度的政治觉悟和鉴别力才能正确识别各种社会思潮和政治观点，坚定地站在党和人民的立场上。思想政治教育可以帮助人们运用马克思主义的立场、观点和方法分析问题、解决问题，增强政治敏锐性和鉴别力。

第三，思想政治教育有助于培养道德品质和法治意识。作为社会公民，应该具备良好的道德品质和法治意识，这是成为中国特色社会主义合格建设者和接班人的基本要求。通过思想政治教育，可以树立正确的道德观念，遵守国家法律法规，做到言行一致、表里如一。

第四，思想政治教育还能够促进社会和谐稳定。通过引导人们正确认识和解决社会矛盾，加强社会公德、职业道德和个人品德教育，思想政治教育有助于营造和谐稳定的社会环境，为推进中国特色社会主义事业提供有力的社会支撑。

第五，思想政治教育能够激发人们的创新精神和创造活力。在推进中国特色社会主义事业的过程中，需要不断创新和创造。思想政治教育通过激发人们的创新精神和创造活力，能够有力推动他们在各自领域积极探索、勇于创新，为事业发展注入新的动力和活力。

（二）有助于推进社会主义和谐社会的建设

随着中国特色社会主义事业的深入推进，构建社会主义和谐社会已成为全社会的共同追求。在这一伟大进程中，思想政治教育不仅有助于提升公民的整体素质，更是引领社会文化、倡导良好风气的重要力量。

首先，思想政治教育是构建和谐社会的重要精神支柱。它通过培养人们正确的政治意识、社会责任感、良好的道德品质以及正确的世界观、人生观和价值观，为和谐社会的构建奠定了坚实的思想基础。在社会主义和谐社会的构建过程中，这些价值观念和行为规范发挥着引领和导向作用，能够帮助人们正确处理个人与社会、个人与自然之间的关系，从而形成和谐的人际关系和社会氛围。

其次，思想政治教育有助于促进社会的公平正义和诚信友爱。通过教育引导，人们能够自觉遵守社会规范，尊重他人的权利和利益，实现社会的公平正义。同时，思想政治教育也强调诚信友爱的重要性，倡导全社会互帮互助、诚实守信，形成和谐友爱的人际关系。

最后，思想政治教育还能够激发人们的创造活力和社会责任感。它鼓励人们积极投身社会建设，发挥创造才能，为社会的进步和发展贡献力量。同时，通过培养社会责任感，能够使人们更加关注社会整体利益，积极参与社会公益事业，推动社会的和谐稳定发展。

（三）有助于推进社会主义核心价值体系的建设与发展

思想政治教育通过系统的教学和引导，能够帮助人们理解和接受社会主义核心价值体系的基本内容。它深入阐释马克思主义指导思想、中国特色社会主义共同理想、民族精神和时代精神，以及社会主义荣辱观，使这些价值观深入人心，成为人们的自觉追求。

思想政治教育在培养人们的社会主义核心价值观方面发挥着关键作用。它强调富强、民主、文明、和谐的国家价值，自由、平等、公正、法治的社会价值，以及爱国、敬业、诚信、友善的个人价值，引导人们树立正确的世界观、人生观和价值观。

思想政治教育还有助于增强人们对社会主义核心价值体系的认同感和归属感。通过讲解历史事实、分析社会现象、开展实践活动等方式，思想政治教育让人们深刻认识到社会主义核心价值体系的重要性和必要性，从而自觉践行这些价值观，成为推动社会进步的重要力量。

思想政治教育在推动社会主义核心价值体系与时俱进方面也具有重要作用。它关注社会发展新趋势，及时将新的价值理念融入教育内容，使社会主义核心价值体系始终保持鲜活的生命力。

（四）有助于进一步加强党管人才工作

党管人才的核心在于充分发挥人才的积极性和创造力，以实现人才资源的优化配置和高效利用。而思想政治教育作为培养人才的重要环节，对于提升人才的思想觉悟、道德品质以及社会责任感具有不可替代的作用。

首先，思想政治教育有助于引导人才树立正确的价值观和职业观。通过深入开展思想政治教育，可以帮助人才理解党的路线、方针、政策，认识到自身在国家和社会发展中的重要地位和作用，从而树立正确的价值观和职业观，增强为党和人民事业奋斗的信念和决心。

其次，思想政治教育有助于提升人才的综合素质。思想政治教育不仅注重知识的传授，更注重能力的培养和素质的提升。通过参与各种思想政治教育活动，人才可以锻炼自己的思维能力、表达能力、组织协调能力等，提升自己的综合素质，为更好地发挥人才作用奠定基础。

再次，思想政治教育还有助于增强人才的团队意识和协作精神。在思想政治教育中，强调集体主义和团队精神，鼓励人才之间互相学习、互相帮助、互相支持，这样有利于形成共同奋斗的良好氛围。这种氛围有助于促进人才之间的交流和合作，提升团队的凝聚力和战斗力，推动工作的顺利开展。

最后，思想政治教育还有助于构建良好的人才生态。通过加强思想政治教育，可以营造尊重人才、爱护人才、重用人才的良好氛围，激发人才的创造活力和工作热情。同时，也可以加强对人才的监督和管理，确保人才在工作中能够遵守法律法规和职业道德规范，为党和人民的事业做出积极贡献。

（五）有助于科教兴国战略和人才强国战略的实施

科教兴国战略和人才强国战略是国家发展的重要战略，旨在通过科技和教育的发展，培养高素质人才，推动国家的繁荣和进步。在这一战略实施过程中，思想政治教育发挥着至关重要的作用。

第一，思想政治教育为科教兴国战略的实施提供了思想保障。通过加强思想政治教育，可以引导广大科技工作者和教育工作者树立正确的价值观，坚定理想信念，激发创新精神和奉献精神，为科教事业的发展提供源源不断的动力。同时，思想政治教育还可以提高全民的科学素养，增强国家的科技创新能力，为科教兴国战略的实施奠定坚实的社会基础。

第二，思想政治教育对于人才强国战略的实施同样具有重要意义。人才是国家发展的核心资源，而思想政治教育则是培养人才的重要途径。通过加强思想政治教育，可以培养人才的爱国情怀和社会责任感，引导他们将个人发展与国家需要紧密结合，为国家的现代化建设贡献自己的力量。同时，思想政治教育还可以提升人才的综合素质和创新能力，使他们成为具备国际竞争力的高素质人才，为人才强国战略的实施提供有力的人才保障。

第三，思想政治教育有助于营造良好的人才成长环境。通过加强思想政治教育，可以推动形成尊重知识、尊重人才、崇尚创新的社会氛围，为人才的成长和发展提供良好的社会环境。同时，思想政治教育还可以培养人才的团结协作精神，促进人才之间的交流与合作，形成人才集聚效应，推动人才强国战略的实施。

第二节　思想政治教育面临的机遇与挑战

一、新时代思想政治教育面临的机遇

（一）全球化带来的机遇

全球化进程中资本、技术、人才的流动为人们提供了更加广阔的视野，使人们能够更深入地理解世界各国的发展现状，这对于增强人们对中国特色社会主义的道路自信、理论自信、制度自信和文化自信具有积极意义。

首先，全球化让人们能够直观地看到中国经济的快速发展和综合国力的提升，与西方国家近年来面临的经济困境和社会治理难题形成鲜明对比。这种对比使人们深刻认识到，中国特色社会主义道路是一条符合中国国情、能够引领中国走向繁荣富强的正确道路。这种认识有助于增强人们对中国特色社会主义道路的自信。

其次，全球化促进了中西方理论的交流与碰撞，使人们能够更加客观地评价各种理论体系的优劣。通过对比研究，人们能够认识到中国特色社会主义理论体系的科学性、民主性和开放性，以及它在指导中国改革开放和现代化建设中的重要作用。这种认识有助于增强大学生对中国特色社会主义理论的自信。

再次，全球化提供了开展制度比较研究的机会。通过对比世界各国的社会制度，人们能够认识到中国特色社会主义制度是历史的选择、人民的选择，具有显著的优势和特色。同时，西方自由民主制度存在的问题和弊端也在全球化进程中暴露无遗，这进一步凸显了中国特色社会主义制度的优越性。这种认识有助于增强人们对中国特色社会主义制度的自信。

最后，全球化促进了中西方文化的交流与融合，使人们能够更加全面地认识中国特色社会主义文化的内涵和价值。通过学习和对比，人们能够认识到中国特色社会主义文化既传承了中华优秀传统文化的精粹，又吸收了西方先进文化的养分，具有独特的魅力和生命力。这种认识有助于增强人们对中国特色社会主义文化的自信。

（二）市场经济发展带来的机遇

市场经济发展带来的机遇是多方面的，它不仅为思想政治教育提供了更加广阔的实践平台，也推动了思想政治教育方法的创新，同时为思想政治教育提供了更为坚实的物质基础。

1.为学生提供了丰富的实践机会

市场经济的发展带来了大量的社会实践机会，使大学生能够将课堂上学到的理论知识与实际工作相结合。通过参与实习、兼职、创业等实践活动，大学生可以更加深入地了解市场经济的运作规律，提升自己的实践能力和职业素养。同时，这些实践活动也有助于大学生形成正确的世界观、人生观和价值观，增强他们的社会责任感和创新精神。

2.推动了思想政治教育方法的创新

市场经济的竞争性、开放性和创新性等特点，为思想政治教育方法的创新提供了动力。教育者需要不断更新教育观念，采用更加符合市场经济特点的教学方法，如案例教学、实践教学、互动式教学等，以激发大学生的学习兴趣和积极性。同时，教育者还需要关注大学生的思想动态和心理需求，加强心理疏导和人文关怀，帮助他们更好地适应市场经济的机遇和挑战。

3.为思想政治教育提供了物质基础

市场经济的繁荣发展为社会积累了大量的物质财富，这为思想政治教育提供了更为坚实的物质基础。一方面，物质基础的改善使得学校可以投入更多的资源用于思想政治教育，如建设现代化的教学设施、购买丰富的教学资料、开展多样化的文化活动等。另一方面，市场经济的发展也提高了人们的生活水平，使得大学生有更多的时间和精力投入思想政治教育中，从而提高了思想政治教育的效果。

（三）科技革命带来的机遇

科技革命作为人类社会发展的重要推动力，不仅深刻改变了我们的生产方式和生活方式，也为各个领域带来了前所未有的机遇。尤其在思想政治教育领域，科技革命的影响更是广泛而深远。

首先，科技革命为思想政治教育提供了更为丰富和便捷的教育资源。随着信息技术的飞速发展，互联网、大数据、人工智能等新技术不断涌现，为思想政治教育提供了海量的信息资源和教育手段。教育者可以通过网络平台获取最新的教育资讯，利用多媒体技术制作生动有趣的课件，通过在线教育平台进行远程授课，极大地丰富了教育内容和形式。同时，大学生也可以利用互联网自主学习，获取更多的知识和信息，提高自身的综合素质。

其次，科技革命为思想政治教育提供了创新性的教育方法和手段。传统的思想政治教育往往采用单一的讲授方式，难以激发学生的学习兴趣和积极性。而科技革命带来的新技术，如虚拟现实、增强现实等，可以为学生创造更加真实、生动的学习环境，让学生在亲身体验中感受和理解教育内容。此外，教育者还可以利用社交媒体、移动应用等新媒体平台，与学生进行实时互动和交流，增强教育的针对性和实效性。

再次，科技革命拓宽了思想政治教育的空间和渠道。互联网的普及使得信息传播的速度和范围都得到了极大的提升，思想政治教育的影响力也随之扩大。通过建立官方网站、开设微信公众号、制作教育视频等方式，教育者可以将思想政治教育的内容传播到更广泛的受众中。同时，利用互联网平台进行舆论引导和价值传播，也有助于增强社会主义核心价值观的凝聚力和影响力。

最后，科技革命还为思想政治教育提供了更为科学的评估手段。传统的思想政治教育评估往往依赖于问卷调查、考试等方式，难以全面反映学生的真实情况。而借助大数据技术，教育者可以对学生的学习行为、兴趣爱好、思想动态等进行全面跟踪和分析，从而更加准确地评估教育效果，为改进教育方法和手段提供科学依据。

二、新时代高校思想政治教育面临的挑战

全球化、经济市场化以及新科技革命在带来机遇的同时，也带来了不少挑战。科学认识这些挑战，对于加强思想政治教育具有至关重要的意义。

（一）全球化给思想政治教育带来的挑战

全球化背景下，思想政治教育面临着多方面的新挑战，特别是在对社会主义道路、理论、制度和文化的认同等方面。这些挑战不仅源于西方社会思潮、意识形态和错误价值观的涌入，还涉及经济、政治、文化等多个层面的复杂因素。

首先，全球化过程中，西方敌对势力借助各种手段推行“和平演变”，试图削弱大学生对中国特色社会主义道路的认同。同时，一些高污染、高排放的企业项目进入中国，对我国的经济转型发展和生态文明建设构成不利因素，这也影响了大学生对社会主义道路的认同。

其次，在理论层面，全球化裹挟着各种社会思潮冲击中国主流意识形态。新自由主义、民主宪政、民主社会主义等思潮，以及历史虚无主义等错误观点，都在一定程度上干扰了大学生对中国特色社会主义理论的认同。这些思潮和观点往往通过互联网、书籍等媒介传播，使大学生陷入理论陷阱和话语陷阱，对党和国家的理论、路线、方针、政策产生怀疑。

再次，西方敌对势力不断对中国特色社会主义制度进行丑化、矮化，试图颠覆中国共产党的执政地位。他们利用互联网等手段，宣扬西方政治制度，抹黑共产党员形象，降低、削弱、否定共产党执政能力与合法性。这些做法在不同程度上动摇了大学生对中国特色社会主义制度的认同。

最后，在文化层面，随着资本主义企业文化、商品文化的输入，国内消费观念及文化观念受到冲击。一些人产生文化自卑心理，缺乏对中国特色社会主义文化的自信。西方资本观念、消费观念的入侵，以及个人主义、享乐主义、利益至上等思想的传播，都在侵蚀大学生对民族传统文化和社会主义文化的认可。此外，境外民间组织和资本主义国家的中文媒体也在加大对华

影响，其偏颇、错误的观点容易迷惑大学生，影响他们对中国特色社会主义文化的认同。

（二）经济社会转型给思想政治教育带来的不同问题

首先，经济社会转型过程中的负面影响不容忽视。随着社会的快速发展，大学生所处的社会环境日益复杂，这增加了他们个体特征的复杂性。例如，不同家庭背景的学生可能带有不同的价值观念和行为习惯，这在校园内可能引发价值观念的冲突和隔阂。此外，转型过程中出现的贪污腐败现象削弱了党和政府的威信与公信力，进而影响了大学生对政治体系的信任和认同。这些消极因素不仅对大学生个体产生影响，也给思想政治教育带来了挑战。

其次，各类民生问题给思想政治教育带来了难题。经济社会转型期，由于收入分配不均、区域发展差异等因素，民生问题日益凸显。房价高涨、城市治理难、留守儿童多、医疗卫生体系不健全、乡村教育滞后等问题都直接或间接地影响着大学生的生活和学习环境。这些问题不仅关乎大学生的切身利益，也影响着他们对社会公平和正义的认知。因此，如何引导大学生正确看待和应对这些民生问题，成为思想政治教育的重要任务。

最后，多元化价值观对大学生的思想产生了冲击。随着市场经济的深入发展，西方价值观如自由主义、个人主义、享乐主义等不断涌入，与社会主义核心价值观产生了碰撞和冲突。这种价值观的多元化倾向使得大学生在价值判断和价值选择上面临困惑和挑战。一些大学生可能受到西方价值观的影响，过分追求物质享受和个人利益，忽视社会责任和集体利益。这对思想政治教育提出了更高的要求，需要加强对大学生的价值引领和道德教育，帮助他们树立正确的价值观和人生观。

（三）新科技革命给思想政治教育带来的挑战

随着科技的快速发展，互联网、大数据、人工智能等新技术在大学生思想政治教育中的应用越来越广泛，但同时也带来了一系列新的挑战。

第一，信息化、网络化使得思想政治教育面临着信息爆炸和多元价值观的冲击。在互联网上，各种信息纷繁复杂，既有正面的、积极的内容，也有负面的、消极的内容，甚至包括一些错误思潮和极端言论。大学生作为互联网的主要使用群体之一，其思想意识、价值观念和行为习惯不可避免地会受到互联网的影响。这使得思想政治教育工作者在引导大学生树立正确的价值观、世界观和人生观方面面临着更大的难度。

第二，新科技革命考验大学生甄别信息的能力。在信息化社会中，大学生获取信息的方式更加多样化和便捷化，但同时也面临着信息真伪难辨的问题。一些不良信息、虚假信息甚至有害信息往往披着“真实”的外衣，混淆视听，对大学生造成误导。因此，如何培养大学生的信息素养，提高其辨别信息真伪的能力，是思想政治教育面临的重要任务。

第三，依赖网络的行为习惯也给错误思潮以可乘之机。一些大学生过度依赖网络，沉迷于虚拟世界，导致与现实生活脱节，对现实社会缺乏深入的了解和认识。这种行为习惯容易使大学生受到网络上错误思潮和极端言论的影响，进而产生错误的价值观念和行为方式。

（四）思想政治教育本身存在的问题

思想政治教育的客观条件在不断变化，外部冲击力度加大，从其教育工作本身来看，也面临不少问题。

首先，从工作实施层面来看，思想政治教育工作的系统性和深入性不足。在党建工作、团务工作、学生工作中，存在对思想政治教育重视不够、融合度不足的现象。基层组织弱化、党员培养教育不到位以及考核形式化等问题，都使得思想政治教育难以真正落到实处。同时，部分高校对思想政治教育的理论研究和实践活动投入不足，缺乏必要的支持和引导，这也导致了思想政治教育工作滞后和缺乏创新。

其次，从教学方法上看，传统的“灌输论”教学方法已经难以满足当代大学生的需求。随着社会的变化和大学生个体特征的多样化，单一的灌输式教学已经显得力不从心。思想政治理论课存在课堂教学模式僵化、学生厌学、教学效果不佳等问题，这与教学方法的陈旧和缺乏创新密切相关。此外，部分思想政治理论课教师教学形式单一，缺乏互动，教学技能落后，也影响了教学效果。

再次，从辅导员队伍来看，辅导员的思想政治工作能力有待提高。辅导员在大学生思想政治教育中扮演着重要角色，但由于其业务工作的繁重和缺乏专业背景，往往难以充分履行思想政治教育的职责。同时，辅导员的科研能力弱化，对思想政治工作的科学研究不足，也制约了其工作创新能力的提升。

最后，从教材和内容方面来看，现有的思想政治教育教材和内容也存在一定的问题。教材更新不及时，内容单调乏味，难以引起学生的兴趣。同时，面对中国社会发展中遇到的新矛盾和新问题，思想政治教育缺乏及时有效的回应和解释，这使得其在实际应用中的说服力大打折扣。

第三节　思想政治教育教学的政策保障

在当前国际形势复杂多变、国内改革发展任务艰巨繁重的背景下，加强和改进思想政治教育，提升大学生的思想政治素质，显得尤为重要。为此，国家出台了一系列政策，为思想政治教育教学的顺利开展提供了有力保障。

一、《关于加强和改进新形势下高校思想政治工作的意见》

2017年，为了坚持党对高校的领导，加强和改进思想政治工作，培养中国特色社会主义合格建设者和可靠接班人，中共中央、国务院印发了《关于加强和改进新形势下高校思想政治工作的意见》(以下简称《意见》)[①],旨在指导和推动高校思想政治工作的深入开展。该文件强调高校肩负着人才培养、科学研究、社会服务、文化传承创新、国际交流合作的重要使命,而加强和改进高校思想政治工作则是实现这些使命的关键所在。首先,《意见》指出要加强思想理论教育和价值引领,坚持用习近平新时代中国特色社会主义思想武装头脑、指导实践、推动工作。这意味着高校需要深入学习和贯彻党的创新理论,引导学生树立正确的世界观、人生观和价值观,培养德智体美劳全面发展的社会主义建设者和接班人。其次,《意见》还强调了发挥哲学社会科学育人功能的重要性。哲学社会科学是人类认识世界、改造世界的重要工具,也是高校思想政治工作的重要载体。通过加强哲学社会科学研究和教学,可以帮助学生深化对中国特色社会主义的理解,增强历史使命感和社会责任感。再次,《意见》还提出了加强对课堂教学和各类思想文化阵地的建设管理的要求。高校应该加强对课堂教学的监管,确保教学内容符合党的教育方针和社会主义核心价值观。同时,还要加强对各类思想文化阵地的管理,防止不良信息的传播,要建立健全校领导、院(系)领导联系师生、谈心谈话制度,在平等沟通、民主讨论、互动交流中进行思想引导;要加强互联网思想政治工作载体建设,运用新媒体新技术开展思想政治教育;要强化社会实践育人,增加实践教学比重等。最后,《意见》还强调了加强和改善党对高校的领导的重要性。高校党委要履行好管党治党、办学治校的主体责任,把方向、管大局、作决策、保落实。要完善高校党的领导体制,坚持和完善党委领导下的校长负责制,充分发挥党委的领导核心作用。

① 中共中央、国务院印发关于加强和改进新形势下高校思想政治工作的意见[EB/OL]. [2017-02-27]. http://www. gov. cn/xinwen/2017-02/27/content_5182502. htm.

二、《高校思想政治工作质量提升工程实施纲要》

为深入贯彻落实习近平新时代中国特色社会主义思想和党的教育方针，加强和改进高校思想政治工作，2017年中共教育部党组发布《高校思想政治工作质量提升工程实施纲要》（以下简称《实施纲要》）。《实施纲要》是新时代下提升高校思想政治工作质量的重要指导文件，旨在解决高校思想政治工作面临的新挑战，提升育人成效，培养德智体美劳全面发展的社会主义建设者和接班人。

《实施纲要》指出思想政治工作的总体目标是以习近平新时代中国特色社会主义思想为指导，全面提升高校思想政治工作质量，构建全员、全过程、全方位育人格局，培养担当民族复兴大任的时代新人，不断开创新时代高校思想政治工作新局面。《实施纲要》指出思想政治教育工作要坚持以下几项原则：（1）坚持育人导向，突出价值引领。全面统筹办学治校各领域、教育教学各环节、人才培养各方面的育人资源和育人力量，推动知识传授、能力培养与理想信念、价值理念、道德观念的教育有机结合，建立健全系统化育人长效机制。（2）坚持遵循规律，勇于改革创新。遵循思想政治工作规律、教书育人规律和学生成长规律，坚持以师生为中心，把握师生思想特点和发展需求，优化内容供给、改进工作方法、创新工作载体，激活高校思想政治工作内生动力。（3）坚持问题导向，注重精准施策。聚焦重点任务、重点群体、重点领域、重点区域、薄弱环节，强化优势、补齐短板，加强分类指导、着力因材施教，着力破解高校思想政治工作领域存在的不平衡不充分问题，不断增强师生的获得感。（4）坚持协同联动，强化责任落实。加强党对高校思想政治工作的领导，落实主体责任，建立党委统一领导、部门分工负责、全员协同参与的责任体系。加强督导考核，严肃追责问责，把“软指标”变成“硬约束”。

《实施纲要》规划了课程、科研、实践、文化、网络、心理、管理、服务、资助、组织等“十大育人”体系的实施内容、载体、路径和方法，这是提升高校思想政治工作质量的顶层设计，也是高校思想政治工作“由全面施工到内部精装修”的施工蓝图。一是统筹推进课程育人，深入推动习近平新时代中国特色社会主义思想进教材、进课堂、进头脑；二是着力加强科研育人，构建集教育、预防、监督、惩治于一体的学术诚信体系；三是扎实推动实践育人，开展“牢记时代使命，书写人生华章”“百万师生追寻习近平总书记成长足迹”等项目；四是深入推进文化育人，实施“高校原创文化经典推广行动计划”；五是创新推动网络育人，建设高校思想政治工作网，编制《高校师生网络素养指南》；六是大力促进心理育人，按照师生比不低于1∶4000配备心理健康教育专业教师；七是切实强化管理育人，加强教育立法，严把教师聘用、人才引进政治考核关；八是不断深化服务育人，充分发挥各类服务岗位的育人功能；九是全面推进资助育人，建立国家资助、学校奖助、社会捐助、学生自助“四位一体”的发展型资助体系；十是积极优化组织育人，启动实施高校党建工作评估，实施“高校基层党建对标争先计划”。

《实施纲要》指明了当前和今后一个时期高校思政工作的努力方向和工作重点，具有重要的指导意义。贯彻落实《实施纲要》要紧密结合党的指导精神和习近平新时代中国特色社会主义思想，全面总结、科学谋划，做到学以致用，不断增强各项工作的前瞻性、预见性和有效性。

三、《关于深化新时代学校思想政治理论课改革创新的若干意见》

中共中央办公厅、国务院办公厅于2019年8月印发实施《关于深化新时代学校思想政治理论课改革创新的若干意见》[①]，旨在深入贯彻落实习近平新时代中国特色社会主义思想和党的十九大精神，贯彻落实习近平总书记关于

① 中共中央办公厅国务院办公厅印发《关于深化新时代学校思想政治理论课改革创新的若干意见》[EB/OL].（2019-8-15）. http：//www. moe. gov. cn/s78/A13/moe_773/201908/t20190815_394663. html.

教育的重要论述，特别是在学校思想政治理论课教师座谈会上的重要讲话精神，全面贯彻党的教育方针，解决好培养什么人、怎样培养人、为谁培养人这个根本问题。

该文件强调了思政课在落实立德树人根本任务中的关键地位，提出了深化新时代学校思想政治理论课改革创新的重要意义和总体要求。它明确了思政课改革创新的基本原则，包括坚持党对思政课建设的全面领导，坚持思政课建设与党的创新理论武装同步推进，坚持守正和创新相统一，坚持思政课在课程体系中的政治引领和价值引领作用，坚持培养高素质专业化思政课教师队伍，以及坚持问题导向和目标导向相结合等。

通过这份文件，我们可以看到新时代中国对于教育，特别是思想政治教育的高度重视。在新的历史时期，中国正处于实现中华民族伟大复兴的关键时期，社会主义核心价值观的培养对于社会稳定和全面发展具有重要作用，而思想政治理论课正是实现这一目标的重要途径。它有助于引导学生树立正确的价值观念，增强对社会主义核心价值观的认同和信仰，培养维护社会主义制度和国家安全的意识，为建设社会主义现代化强国提供坚实的思想基础。

同时，该文件也强调了思政课在提升学生政治素质和道德水平方面的重要作用。它注重培养学生的道德品质，弘扬社会主义核心价值观，引导学生树立正确的人生观、世界观和价值观，形成健康向上的人格。这对于新时代下的中国来说，无疑是十分重要的。

四、《关于新时代加强和改进思想政治工作的意见》

2021年，在中国共产党成立100周年之际，中共中央、国务院印发了

《关于新时代加强和改进思想政治工作的意见》[①]。这一文件的印发，不仅是对新时代思想政治工作重要性的再强调，更是对如何在新时代背景下进一步加强和改进思想政治工作提出的明确要求和指导。文件明确指出，新时代加强和改进思想政治工作的指导思想是以习近平新时代中国特色社会主义思想为指导，全面贯彻党的十九大和十九届二中、三中、四中、五中全会精神。这一指导思想的确立，为新时代思想政治工作提供了根本遵循和行动指南。文件强调，思想政治工作是党的优良传统、鲜明特色和突出政治优势，是一切工作的生命线。加强和改进思想政治工作，事关党的前途命运，事关国家长治久安，事关民族凝聚力和向心力。这一论述深刻揭示了思想政治工作的极端重要性，凸显了其在党和国家事业发展中不可替代的作用。此外，文件还提出了一系列具体要求和措施，包括坚持稳中求进工作总基调，围绕巩固马克思主义在意识形态领域的指导地位、巩固全党全国人民团结奋斗的共同思想基础这一根本任务，自觉承担起举旗帜、聚民心、育新人、兴文化、展形象的职责使命。这些要求和措施的实施，将有力推动新时代思想政治工作向纵深发展。

五、《高等学校思想政治理论课建设标准（2021年本）》

为全面推动习近平新时代中国特色社会主义思想进教材、进课堂、进学生头脑，充分发挥思政课作为落实立德树人根本任务的关键课程的作用，推动新时代思政课改革创新，不断增强思政课的思想性、理论性、亲和力和针对性，教育部在2015年印发的《高等学校思想政治理论课建设标准》基础上，修订印发了《高等学校思想政治理论课建设标准（2021

① 中共中央国务院印发《关于新时代加强和改进思想政治工作的意见》[N]. 人民日报，2021-07-13（001）.

年本）》[①],《高等学校思想政治理论课建设标准（2021年本）》是对高校思想政治理论课程建设的新要求，旨在进一步加强和规范高校思想政治理论课的宏观指导。该标准在组织管理、教学管理、队伍管理和学科建设等方面提出了具体的要求和指标，以推动高校思想政治理论课的教学质量和效果的提升。首先，在组织管理方面，标准要求学校党委直接领导，支持校行政负责实施，并成立相应的领导机构。党委书记、校长须作为第一责任人，带头推动思想政治理论课建设，并每学期至少给学生讲授一定数量的思想政治理论课。此外，标准还要求将思想政治理论课建设列入学校事业发展规划，并纳入学校党的建设工作考核和办学质量评估体系。其次，在教学管理方面，标准要求规范课程设置，确保教学内容以社会主义核心价值观为核心，注重思想政治理论知识的沉淀和与新技术、新工具的结合。同时，鼓励教师采用多种教学方法和手段，激发学生的学习兴趣和主动性，形成自觉品德修养。再次，在队伍管理方面，标准强调加强师资队伍建设，提高教师的思想政治素质、教学水平和科研能力。教师的实际平均收入应不低于本校教师的平均水平，以确保教师的积极性和稳定性。最后，在学科建设方面，标准要求加强学科建设和学术研究，推动思想政治理论课的教学改革和创新。鼓励教师开展相关领域的科研工作，提高学科的整体水平和影响力。

为促进思想政治教育工作的开展，国家出台了一系列政策文件，这些政策文件是确保教育教学工作顺利开展、提升大学生思想政治素质的重要保障。我们应该继续加强政策研究和制定工作方案，不断完善政策保障体系，为培养德智体美劳全面发展的社会主义建设者和接班人做出更大的贡献。

① 教育部. 教育部关于印发《高等学校思想政治理论课建设标准（2021年本）》的通知[EB/OL].（2021-11-30）[2021-11-30]. http：//www. gov. cn/zhengce/zhengceku/2021-12/18/content_5661767. htm.

六、《全面推进“大思政课”建设的工作方案》

2022年8月教育部等十部门印发《全面推进“大思政课”建设的工作方案》(以下简称《工作方案》)[①],《工作方案》包括总体要求、改革创新主渠道教学、善用社会大课堂、搭建大资源平台、构建大师资体系、拓展工作格局、加强组织领导等七个部分。其中，22条举措主要围绕五个方面展开。

一是突出主渠道建设。聚焦“大思政课”的“课程”属性，坚持用好思政课课堂教学这一主渠道。方案提出，建构党的创新理论研究阐释和教育教学的自主知识体系、建强思政课课程群、优化思政课教材体系、拓展课堂教学内容、创新课堂教学方法、优化教学评价体系。

二是强化实践育人。针对有的课堂理论联系实际不够，提出思政小课堂与社会大课堂有机结合，进一步加强和规范实践教学，明确构建实践教学工作体系、落实实践教学学时学分，组织开展多样化的实践教学。教育部会同有关部门，分专题设立一批“大思政课”实践教学基地，大中小学校要用好基地，积极开发现场教学课程和资源，不断提升实践育人实效。

三是大力推进思政教育信息化。按照“应用为王、服务至上、示范引领、安全运行”的要求，提出大力推进国家智慧教育平台建设使用，建设线上线下联动的全国高校思政课教研系统，推进优质教学资源供给侧改革，组织开发科学权威实用的课件、讲义，打造案例库、重难点问题库、素材库、在线示范课程库等优质教学资源库，不断推出一批思政“金课”。加强中小学思政课网络资源建设。会同中央网信办打造“大思政课”网络教育宣传云平台。加强协同联动，组织开展“同上一堂思政大课”活动。

四是加强队伍建设。加大力度建设专兼结合的教师队伍。实行思政课特聘教授、兼职教师制度。深入实施马克思主义学院院长（书记）培养工程，通过集中培养培训、委托研究项目、加强实践锻炼、开展国际国内访学等方

① 教育部等十部门. 教社科〔2022〕3号：全面推进“大思政课”建设的工作方案[EB/OL]. http://www.moe.gov.cn/srcsite/A13/moe_772/202208/t20220818_653672.html，2022-08-18.

式，培养一批青年马克思主义理论家。进一步加强教师培养培训，搭建教师研究平台，不断提升能力素质。

五是拓展工作格局。整合多方资源，共同推动“大思政课”建设。分层分类开展“大思政课”综合改革试点，深入推进大中小学思政课一体化建设，鼓励高校积极开展与中小学思政课共建，全面推进高校课程思政高质量建设，扎实开展日常思政教育活动，推动学校党委书记、校长结合开学毕业典礼讲好“思政大课”，加快构建高校思想政治工作体系。

该方案主要强调应善用社会大课堂，建好用好实践教学基地。以党的工作指示为指引，高校不断推进产学研紧密结合的实践教学体系，学生通过实践调研、下乡宣讲、参加创新创业教育基地活动等方式，提高自身实践素养，同时提升学校影响力。

第三章　新时代思想政治教育的价值主旨

第一节　牢记“立德树人”的根本任务

“培养什么人、怎样培养人”这一根本性问题，是教育改革和发展的核心议题，它直接关联到党的生命力、国家的前途、民族的命运和人民的幸福。这不仅是对当前教育改革发展方向的明确指示，更是党和国家对人才培养质量和规格的总体要求的体现。在中华民族的历史长河中，“国无德不兴，人无德不立”的理念深入人心。中国共产党历来坚持德育为先，把德育放在教育工作的首位。这是因为，无论是国家的繁荣昌盛，还是个人的成长发展，都离不开道德的滋养和支撑。在全面建成社会主义现代化强国、实现中华民族伟大复兴的伟大征程中，更需要大批德才兼备的时代新人来担当重任。

习近平总书记对立德树人的地位和作用给予了高度重视，在党的十九大报告中，习近平总书记指出：“要全面贯彻党的教育方针，落实立德树人根本任务……培养德智体美全面发展的社会主义建设者和接班人。”[①]在“3·18”学校思想政治理论课教师座谈会上强调——“思政课是落实立德树人根本任

① 习近平. 习近平谈治国理政：第三卷[M]. 北京：外文出版社，2020：36.

务的关键课程”“办好思想政治理论课关键在教师”[①]，这一系列重要论述阐明了教师对于立德树人根本任务的不可替代性和建设一支专业化教师队伍的迫切性。习近平总书记2022年10月在党的二十大报告上强调——“教育是国之大计、党之大计，要坚持教育优先发展，建设教育强国，坚持为党育人，为国育才，立德树人是根本。”[②]可见，“立德树人”自党的十八大被确立为教育的根本任务以来，习近平总书记对“立德树人”作出了丰富的理论、实践阐述，新时代对“立德树人”重要论述进行深入分析，是思想政治教育贯彻“立德树人”根本目标的时代需求。

立德树人的理念可以追溯到中国古代的儒家文化。儒家思想强调德行的重要性，认为德行是人们生活中最重要的品质之一，并主张通过培养人的德行来实现个人的成长和社会的和谐。在儒家经典中可以看到诸如“君子务本，本立而道生”等名句，这些都强调了德行培养与人格塑造的重要性。宋明理学进一步发展了这一理念，提出了道德发展的具体路径，如格物致知、诚意正心等，这些思想为立德树人理念的形成提供了深厚的理论基础。

“立德树人”，“立”是前提，意味着要确立正确的教育理念和教育方向。在思想政治教育工作中，需要坚持以马克思主义为指导，确保教育工作的正确方向。“德”是基础，强调了德育在教育工作中的重要性。德育不仅是培养学生道德品质的关键，也是塑造学生健全人格的必要条件。在思想政治教育中，要始终将德育放在首位，通过课程教学、实践活动等多种方式，加强学生的思想道德教育。“树”是手段，指的是通过有效的教育方法和途径来培养学生。在思想政治教育中，要注重创新教育方式，采用启发式、讨论式、案例式等教学方法，激发学生的学习兴趣和主动性，帮助学生树立正确的世界观、人生观和价值观。“人”是目的，即教育的最终目标是培养德智体美劳全面发展的社会主义建设者和接班人。高校要通过思想政治教育，引导学生坚定理想信念，践行社会主义核心价值观，成为具有社会责任感、创

① 习近平.思政课是落实立德树人根本任务的关键课程[M].北京：人民出版社，2020：1-10.

② 习近平.高举中国特色社会主义伟大旗帜为全面建设社会主义现代化国家而团结奋斗——在中国共产党第二十次全国代表大会上的报告[M].北京：人民出版社，2022：34.

新精神和实践能力的人才。

坚持立德树人，要求高校在办学过程中始终坚持社会主义办学方向，以马克思主义为指导，全面贯彻落实党的教育方针。在这一过程中，加强和改进思想政治工作显得尤为重要，它有助于师生们掌握科学的世界观和方法论，提高他们运用马克思主义的立场、观点和方法来认识和改造世界的能力。为了完成人才培养、科学研究、社会服务、文化传承创新、国际交流合作等重要职责，必须坚守立德树人的根本价值取向。这意味着要注重提升学生的思想政治素质，引导他们正确认识世界和中国的发展大势，了解中国特色，明确时代责任和历史使命。这样，学生才能在复杂的国内外环境中辨明方向、看清趋势、把握未来，自觉将个人的理想追求融入国家和民族的事业中，把远大抱负落实到实际行动中，成为走在时代前列的奋进者和开拓者。在立德树人的过程中，师资队伍的建设是关键环节。高校要大力加强师资队伍建设，确保教师具备高尚的道德情操、扎实的学识和仁爱之心。为此，高校需要健全教师政治理论学习制度，引导教师增强对中国特色社会主义的思想认同、理论认同和情感认同。同时，加强师德师风建设，培养一支优秀的教师队伍，确保立德树人根本任务能够落到实处。

加强思想政治教育工作是一项既具深远意义又紧迫的任务。从教育“育人”的本质要求出发，思想政治教育不仅是传授知识，更是塑造灵魂、培养人的事业，这要求我们必须站在国家意识形态战略的高度审视并加强这一工作。课程思政是实现立德树人目标的重要途径。通过将思想政治教育元素融入各门课程，教师能够将理论知识、价值理念及精神追求潜移默化地传递给学生，影响他们的思想意识和行为举止。这种教育方式不是简单的灌输，而是通过课程内容的深入挖掘和教学方法的创新，使学生在学习知识的同时，也能感受到思想的力量和道德的魅力。课程思政的本质是教育，它要求高校将育人育才有机统一起来。在传授知识的同时，更要注重培养学生的道德品质、价值观念和精神风貌。这不仅需要教师的言传身教，更需要高校构建一个全方位的育人环境，让学生在这样的环境中自然而然地受到熏陶和感染。

思想政治教育是做人的工作，它解决的是“培养什么样的人”和“如何培养人”的问题。在这个过程中，教师要始终坚持以德立身、以德立学、以德施教的原则，加强对学生的世界观、人生观和价值观的教育。同时，教师还要传承和创新中华优秀传统文化，引导学生树立正确的国家观、民族观、历史观和文化观，从而培养他们的民族自豪感和文化自信心。

力行“立德树人”的根本任务，要求新时代的思想政治教育必须全面贯彻落实党的教育方针，坚持以“树人”为核心，以“立德”为根本。教师要引导青年学生确立正确的政治方向，坚定听党话、跟党走的人生追求，自觉弘扬和践行社会主义核心价值观。只有这样，他们才能更好地肩负起民族复兴的时代重任，书写无愧于时代的壮丽青春篇章。在新征程中，教师要不断深化对“培养什么人、怎样培养人”这一根本性问题的认识和实践，努力培养出更多德才兼备的时代新人，为中华民族的伟大复兴贡献智慧和力量。

第二节　培养担当民族复兴大任的时代新人

在新的历史时期，实现中华民族伟大复兴成为党的中心工作和全体中华儿女的共同期盼。这一伟大梦想的实现，归根结底依赖于人才和教育。“培养什么人,是教育的首要问题。”“每个国家都是按照自己的政治要求来培养人的……我国社会主义教育就是要培养社会主义建设者和接班人。”[①]因此，新时代思想政治教育肩负着培养能够担当民族复兴大任的时代新人的重要使命。

① 习近平. 在北京大学师生座谈会上的讲话[M]. 北京：人民出版社，2018：6.

一、培育习近平新时代中国特色社会主义思想的信仰者、贯彻者、捍卫者

培养造就习近平新时代中国特色社会主义思想的信仰者、贯彻者、捍卫者，是新时代党的建设的重要任务，也是实现中华民族伟大复兴的必然要求。习近平新时代中国特色社会主义思想作为当代中国马克思主义、21世纪马克思主义，是我们党在新的历史条件下对马克思列宁主义、毛泽东思想、邓小平理论、“三个代表”重要思想、科学发展观的继承和发展，是党和人民实践经验和集体智慧的结晶，是中国特色社会主义理论体系的重要组成部分。

作为担当民族复兴大任的时代新人，首先要深刻领会习近平新时代中国特色社会主义思想的时代价值和实践指导意义。这一思想深刻回答了新时代坚持和发展什么样的中国特色社会主义、怎样坚持和发展中国特色社会主义的重大时代课题，提供了科学的世界观和方法论，是实现中华民族伟大复兴的行动指南。

为此，大学生要深入学习领会习近平新时代中国特色社会主义思想的科学体系、精神实质、核心要义和实践要求。通过系统学习，切实掌握贯穿其中的马克思主义立场观点方法，不断提高运用科学理论解决实际问题的能力。同时，要坚持理论联系实际的学风，紧密结合新时代中国特色社会主义伟大实践，在实践中不断加深对这一思想的理解和认同。

在深刻领会思想的基础上，大学生要提高政治站位，坚决维护以习近平同志为核心的党中央权威和集中统一领导。要增强“四个意识”，坚定“四个自信”，做到“两个维护”，确保党中央的决策部署得到贯彻落实。此外，大学生还要将学习成果转化为推动工作的强大动力，不断推动实践创新、理论创新、制度创新，为实现中华民族伟大复兴的中国梦贡献智慧和力量。

二、培育社会主义核心价值观的崇尚者、践行者、传播者

社会主义核心价值观是我们民族的精神支柱，是国家的思想道德基石，也是我们实现民族复兴的重要精神力量。

作为担当民族复兴大任的时代新人，首先要深刻认识到树立社会主义核心价值观的重要性。它不仅是我们的精神追求，更是我们行动的指南。我们必须坚定中国特色社会主义共同理想和共产主义远大理想，这是精神寄托和前进方向。同时，我们还要树立正确的世界观、人生观、价值观，确保自身的思想和行为始终与社会主义核心价值观保持一致。

在日常生活中，我们要大力弘扬以爱国主义为核心的民族精神和以改革创新为核心的时代精神。爱国主义是民族精神的核心，是推动我们不断前进的强大动力。改革创新则是我们时代的精神，是推动社会进步的重要力量。我们要时刻保持对祖国的热爱和对时代的敏锐洞察，以实际行动践行这些精神。

此外，我们还要严格遵守社会公德、职业道德、家庭美德、个人品德，这是我们作为社会成员的基本素养。总之，我们要在各个方面都做到诚信、友善，尊重他人、关爱他人，推动形成知荣辱、讲正气、作奉献、促和谐的良好风尚。

三、培育中华民族优秀传统文化的坚守者、传承者、弘扬者

中华民族拥有5000多年的灿烂文明，积淀了极为丰富的优秀传统文化，这是我们民族的瑰宝，也是我们前行的精神支柱。

作为担当民族复兴大任的时代新人，要深刻理解优秀传统文化的价值，坚持古为今用，去粗取精、去伪存真。我们要继承和发扬中华民族在长期历

史进程中形成的独特思想理念和道德规范，如自强不息、敬业乐群、扶正扬善、扶危济困、见义勇为、孝老爱亲等美德。这些美德不仅是我们民族的优秀传统，更是现代社会所需要的道德力量。

同时，也要紧跟时代步伐，培养超前眼光和辩证思维，形成创新意识和创新精神。在传承和弘扬优秀传统文化的过程中，要结合现代社会的实际，赋予其新的时代内涵，使其焕发出新的生机和活力。要以开放包容的心态吸收借鉴其他文明的优秀成果，不断丰富中华民族的文化宝库。

在具体实践中，可以通过多种途径来培养自己的文化素养和传承能力。比如，可以深入学习经典文献，了解传统文化的精髓和内涵；可以参与文化活动，亲身感受传统文化的魅力；还可以积极传播优秀传统文化，让更多的人了解和认同我们的文化。

四、培育全面建设社会主义现代化强国的追求者、奋斗者、贡献者

全面建设社会主义现代化要靠实干、实现中华民族伟大复兴要靠实干。担当民族复兴大任的时代新人要深知实干的重要性，深知只有通过不懈的奋斗和贡献，才能实现国家的繁荣富强和民族的伟大复兴。首先，要树立坚定的理想信念，明确自己的奋斗目标和方向。全面建设社会主义现代化强国是我们的共同目标，我们要以此为导向，不断提升自己的能力和素质，为实现这个目标贡献自己的力量。其次，我们要保持永不懈怠的精神状态和一往无前的奋斗姿态。在干事创业的过程中，要敢于面对困难和挑战，勇于担当责任，以时不我待、只争朝夕的紧迫感和使命感，开拓进取、求实创新，不断推动工作的进展和事业的发展。再次，还要注重实干，一步一个脚印，确保每一项任务都能落到实处、取得实效。要让撸起袖子加油干成为“座右铭”和“主旋律”，以实际行动践行理想和信念。最后，要积极投身社会主义现代化强国建设，为实现更高质量、更有效率、更加公平、更可持续的发展贡献自己的力量。

五、培育构建人类命运共同体的倡导者、参与者、推动者

构建人类命运共同体是一个宏大的理念，需要每一代人的共同努力和持续推动。时代新人肩负着培育构建人类命运共同体的倡导者、参与者、推动者的重任。这不仅是时代的召唤，更是历史的使命。

第一，要深入理解人类命运共同体的理念。人类命运共同体强调各国间的相互依存和共同利益，倡导和平、发展、合作、共赢的国际关系。要通过学习和思考，不断增强自己的全球意识，认识到每个国家都是世界大家庭的一员，人类的命运是相互关联的。

第二，要积极倡导人类命运共同体的理念。作为时代新人，要敢于发声，勇于表达自己对人类命运共同体的理解和支持。要通过社交媒体、文化交流、学术研讨等途径，传播人类命运共同体的理念，让更多的人了解和认同这一理念。

第三，要积极参与构建人类命运共同体的实践。无论是在国内还是国外，人们都要以实际行动践行人类命运共同体的理念。可以参与志愿服务、文化交流、国际合作等活动，增进不同国家人民之间的了解，推动各国间的合作与交流。

培养担当民族复兴大任的时代新人，是一项既深远又紧迫的历史使命。这一使命不仅关乎党的事业的延续与发展，更关乎国家的未来与民族的振兴。在新征程中，我们必须深刻认识到培养时代新人的极端重要性，并采取切实有效的措施，确保这一战略任务落地生根、开花结果。

第三节　促进“人的全面发展”

思想政治教育的根本目的是指思想政治教育活动所要达到的终极目标。

现代思想政治教育目标的建构与确立，就是要使教育目标回归到人的现实生活世界中去，并体现人性的丰富性、生成性与超越性。这个根本价值目标就是不断推进和实现人的全面发展。

前面我们提到过，人的全面发展理论在马克思主义整个思想体系中居于实质和核心的地位。人的全面发展是马克思从人的发展的角度提出的最高目标，也是社会主义社会的本质要求，因而也是当代中国共产党人的根本任务，当然，也就成为思想政治教育的根本目标。

一、思想政治教育是实现人的全面发展的重要途径

从思想政治教育的内在价值出发，其不仅是提升个体精神境界、塑造健全人格的重要手段，更是实现人的全面发展的重要途径。人的全面发展是一个与政治、经济、文化、自然生态等多个方面相互协调、相互促进的辩证历史过程，它受到社会生产力和经济文化发展水平的深刻影响。马克思深刻剖析了人的全面发展所面临的外部限制，如旧的强制性分工、阶级和私有制等，这些社会关系对人的发展构成了外在的束缚。然而，人的发展同样受到内在的限制，即个体既有的能力和素质与现实的实践需求之间的巨大反差。这种内在的限制需要通过全面发展的教育来消除，而思想政治教育在其中起着至关重要的作用。马克思明确指出，教育不仅是提高社会生产力的一种方法，更是造就全面发展的人的唯一方法。教育的核心作用在于唤醒人潜在的本质力量和价值，提升人的精神境界。在无产阶级革命中，思想政治教育具有特殊的重要性，它能够帮助工人阶级摆脱统治阶级的意识形态束缚，形成实现根本革命的意识，即共产主义的意识。

在现阶段我国生产力和物质文化取得长足发展的背景下，精神方面的制约因素显得尤为突出。因此，通过思想政治教育帮助人们树立正确的世界观、人生观和价值观，坚定共同理想，树立实现共产主义的最高理想，成为推进人的全面发展的重要途径。这不仅是新时代对思想政治教育提出的新要求，也是思想政治教育自身内在价值的体现。

二、提升人的主体性是实现人的全面发展的内在要求

超越性是思想政治教育的本质属性，突出表现为提升人的主体性。人的主体性是人作为活动主体的质的规定性，是在与客体相互作用中得到发展的人的自觉、自主、能动和创造的特性。人的主体性是人性中最集中体现人的本质的部分，它是人在作用于社会环境和自我发展过程中形成的。这种主体性的提升是人的全面发展的重要标志，也是一个螺旋式上升、波浪式前进的辩证过程。在马克思看来，主体不是精神、理性或作为唯一者的我，而是活生生的社会历史中行动的人，是社会化了的人。培育人的主体意识，增强主体能力，充分发挥人的本质力量，实现人的自由自觉的个性，是人的全面发展的本质要求，也是思想政治教育的重要任务。因为思想政治教育作为一项提升人的全面素质的实践活动，其主客体都是具有一定价值倾向性、个性以及不同程度能动性和创造性的个体，都具有一定的主体性。思想政治教育不是我教你学的知识传授过程，而是积极利用教育者和受教育者自身生活实践经验，不断激发人的主观能动性与创造性，解决人的当下思想道德素质与人的思想道德理想状态之间的矛盾，即人的思想道德素质发展的矛盾的实践过程。这种矛盾运动构成了思想政治教育的内在逻辑，它是推动思想政治教育发展的基本动力，决定着思想政治教育的环节阶段和客观趋势。现代思想政治教育就是在不断激发和提升受教育者的主体性，使受教育者在教育者的引导下持续产生提升自身思想道德品质的内在需要，主动去求真、求善、求美，并自觉按照思想政治教育的目标，通过自我教育、自我修养、自我反省、自我调节、自我批评、自我改造等方式，提高思想觉悟和道德品质。

三、人的全面发展是现代思想政治教育的最终目标

思想政治教育目标不是单一的，而是复合的，是一个具有内在结构层次的目标系统。概而言之，因空间的不同，有总体目标和具体目标之分；因时

间的不同，又有长期目标、中期目标和近期目标之分；因教育对象的不同，则有社会目标、群体目标和个体目标之分；等等。在纷纭复杂的目标类型中，较为长期的社会目标和个体目标是影响其他各类目标的主要目标。社会目标是个体目标的指导，个体目标是社会目标的基础，二者是相辅相成、辩证统一的。

思想政治教育的社会目标，是指在一个民族、国家内，全社会所要达成的目标，主要是促进社会的全面进步。思想政治教育的个体目标则是对社会成员个体的思想政治教育所确立的目标，即提高受教育者的思想道德素质，促进受教育者德智体美劳等诸方面发展，把受教育者培养成适应社会发展需要的人。思想政治教育不可能直接作用于社会，其直接目标只能是改变人的思想道德素质。思想政治教育的社会目标必须通过作用于具体的人才能实现。

思想政治教育最终是要通过人的素质尤其是思想道德素质的提高和潜能的发挥来促进生产力的发展，推动社会的进步。离开了人，社会目标就成了无本之木、无源之水。尤其在当前改革开放不断深入和社会主义市场经济不断完善的新时代，在社会成员的权利和义务关系方面发生重大调整、人的主体性意识越来越充分显现出来的过程中，脱离了人的思想政治教育社会目标，必然会因缺乏实践基础而显得软弱无力，无法发挥感召作用。不仅如此，社会和个人的关系也表明，社会的经济发展、政治发展、文化发展都必须以人的全面发展为前提，只有提高了受教育者个体以思想政治素质为核心的综合素质，促进了每个人的全面发展，才能提高整个民族的思想道德素质和科学文化素质，促进社会的全面发展，进而实现思想政治教育的社会目标。可见，实现人的全面发展在思想政治教育目标体系中处于核心地位。对思想政治教育目标的设计必须始终坚持以人为本，因人因时因地制宜，从每个人的思想实际出发，把受教育者培养成为德智体美劳全面发展的人。我国现阶段思想政治教育的具体目标是要培养有理想、有道德、有文化、有纪律的社会主义四有新人，这正是实现人的全面发展在现阶段的阶段性目标，是人的全面发展在社会主义初级阶段的本质要求。

第二部分
新时代“大思政”育人格局的多维构建

第四章　内容维度：新时代构建“大思政”育人格局的内容遵循

第一节　思想政治教育内容确立的依据

思想政治教育内容确立的客观依据既有外在思想政治教育目标及形势发展要求，又有内在的受教育者身心发展规律和思想品德发展规律等，只有紧跟形势，遵循思想政治教育内容发展的规律，才能科学地确立思想政治教育内容，才能很好地完成党的思想政治教育的任务，培养出思想政治品德过硬的优秀人才。

一、思想政治教育目标决定思想政治教育内容的性质

思想政治教育目标作为教育活动的指向和预期成果，其设定是根据社会的政治经济发展状况和需求来确定的。这意味着，不同历史时期和社会背景下，思想政治教育目标会有所不同，以反映当时社会的主流价值观和教育需求。因此，思想政治教育目标的性质和内容直接受到社会的政治经济状况的制约。

由于目标具有方向性和指导性，它自然会对思想政治教育内容的性质产

生直接影响。思想政治教育内容是为了实现这些目标而被选择和组织的，它必须紧密围绕目标展开，确保教育活动的针对性和实效性。因此，思想政治教育目标的性质决定了教育内容的性质，它们之间具有本质上的一致性。

同时，思想政治教育内容又是为实现一定的思想政治教育目标服务的。它通过提供具体的教育素材、理论知识和实践案例，帮助受教育者形成符合社会期望的思想政治素质，从而达成教育目标。因此，教育内容是教育目标的具体化和实践化，是实现教育目标的重要手段和途径。

需要注意的是，虽然思想政治教育目标和内容在本质上具有一致性，但它们的表现形式和功能却有所不同。目标较为抽象集中，具有方向性，它给教育活动提供了一个明确的指向和框架；而内容则较为具体分散，具有可操作性，它通过具体的教育活动来实现目标。

如果不遵循思想政治教育目标这一主要依据，思想政治教育内容也就失去了根基和准绳。这意味着，教育内容的选择和组织必须紧密围绕教育目标进行，确保教育活动的针对性和实效性。如果脱离了目标，教育内容就会变得杂乱无章、缺乏针对性，无法实现预期的教育效果。

二、受教育者身心发展特点和思想政治品德发展规律制约思想政治教育内容的深度和广度

人的身心发展是一个逐步成熟的过程，不同年龄段的人有着不同的心理特征和认知能力，对于思想政治教育内容的接受和理解也会有所差异。

对于年龄较小、身心发展尚不成熟的受教育者，他们可能更易于接受一些基础、直观、生动的思想政治教育内容，如基础的道德规范、社会常识等。这些内容有助于他们形成正确的世界观、人生观和价值观，为他们的未来发展奠定坚实的基础。而对于年龄较大、身心发展较为成熟的受教育者，他们可能更关注一些深层次、抽象、复杂的思想政治教育内容，如政治理论、哲学思想等。这些内容有助于他们深化对社会的认识，提高他们的思想政治素质，从而更好地应对复杂多变的社会环境。

因此，在设置思想政治教育内容时，必须充分考虑受教育者的身心发展特点和思想政治品德发展规律，确保内容的深度和广度与他们的实际情况相适应。同时，也要注重内容的科学性和系统性，确保内容之间的衔接和连贯，使受教育者在接受教育的过程中能够逐步深入、循序渐进地提升自己的思想政治素质。

此外，还要关注受教育者的个体差异，因材施教，针对不同的人群选择不同的教育内容和方法，以满足他们的个性化需求。只有这样，才能有效地提高思想政治教育的针对性和实效性，促进受教育者的全面发展。

三、形势的要求和受教育者的思想实际情况制约思想政治教育内容的针对性

社会环境是动态变化的，国内外形势的不断变化、党和国家的政策调整等因素，都会对思想政治教育内容产生影响。因此，为了及时应对这些变化，保持思想政治教育的时效性和针对性，教师需要根据形势的要求调整教育内容。同时，受教育者的思想实际情况也是制约思想政治教育内容针对性的重要因素。不同受教育者的思想状况、认知水平和价值观念存在差异，这就要求教师在选择教育内容时要充分考虑他们的个体差异，因材施教。通过深入了解受教育者的思想动态、需求和困惑，教师可以更加精准地确定教育内容，提高思想政治教育的针对性和实效性。因此，在选择思想政治教育内容时，教师需要综合考虑形势的要求和受教育者的思想情况，既要关注基本内容的稳定性，又要注重多变性内容的及时调整和补充。通过科学合理地设置教育内容，教师可以更好地满足受教育者的需求，推动他们全面发展，同时也能够为社会培养出更多具有高尚品德和坚定信念的优秀人才。

第二节 思想政治教育的内容

思想政治教育内容丰富多样，是依据思想政治教育的目标和教育对象的实际情况确定的，它涵盖思想、政治、道德、法律、心理等多个领域。在进行思想政治教育时，针对不同的教育对象和实际情境，教育内容的选择和侧重应当有所不同。这里我们针对高校学生简要分析几个方面的教育内容。

一、世界观教育

世界观教育指的是对大学生进行马克思主义的辩证唯物主义和历史唯物主义教育，使之树立正确的世界观。辩证唯物主义和历史唯物主义是在实践中被发现的，其是科学的世界观和方法论，它关系到大学生能否正确地认识世界和改造世界。因此，马克思主义世界观教育是思想政治工作的一项最根本的教育内容。

（一）辩证唯物主义教育

首先，辩证唯物主义强调物质观的教育。它主张世界在本质上是物质的，物质是客观存在的，意识则是物质世界在人脑中的反映。这一观点引导学生从客观实际出发，实事求是地看待问题，而不是从主观想象出发。同时，它要求学生尊重客观规律，按照客观规律办事，力求使主观符合客观。

其次，辩证唯物主义教育注重物质第一性、意识第二性的原理以及意识的能动作用。它帮助学生理解主观能动性和客观规律性的关系，鼓励学生在学习、工作和生活中，既要从实际出发，尊重客观规律，又要发挥主观能动性，积极创新，勇于实践。

再次，辩证唯物主义教育还涉及唯物辩证法的基本规律和基本观点。它引导学生学会运用联系、发展的观点看问题，理解事物之间的普遍联系和永恒发展，认识到对立统一是宇宙的根本规律。这样可以帮助学生在面对复杂问题时，能够全面、客观地进行分析和判断，避免片面性和错误。

最后，辩证唯物主义教育还强调实践的重要性。它认为实践是检验真理的唯一标准，只有通过实践，学生才能真正理解和掌握辩证唯物主义的基本原理和方法。

（二）马克思主义认识论教育

马克思主义认识论是能动的革命的反映论，是关于人类认识的来源以及认识发展过程的唯一科学的认识理论。它强调实践在认识中的基础地位和决定作用，认为实践是认识的来源，也是推动认识发展的动力。同时，实践还是检验认识真理性的唯一标准，只有通过实践，人们才能验证认识的正确性和有效性。

在马克思主义认识论中，认识的发展具有曲折性和前进性，是一个从感性认识到理性认识，再从理性认识到能动地改造客观世界的过程。这种认识过程并不是一蹴而就的，而是需要经过反复的实践和认识的循环往复，才能够不断深化和完善。

此外，马克思主义认识论还强调了认识的无限性和上升性。由于社会实践是不断发展的，因此认识也是永无止境的。随着社会实践的深入和扩展，人们的认识也会不断深化和扩展，不断接近真理。

（三）历史唯物主义教育

历史唯物主义教育的核心目标是帮助人们正确运用唯物史观分析历史现象和历史人物，从而理解社会发展的根本原因。这一教育不仅关注历史的发展过程，更重视揭示历史背后的规律性，使受教育者能够站在现实历史的基础上，描绘出人类发展的真实过程。

历史唯物主义教育的内容主要包括两个方面。首先，它帮助人们了解历史唯物主义的基本观点，如社会存在决定社会意识，生产方式是社会发展的决定力量，生产力决定生产关系，经济基础决定上层建筑，以及社会内部的矛盾运动如何推动社会不断向前发展等。这些观点为人们提供了理解历史进程和社会变迁的理论框架。

其次，历史唯物主义教育强调历史唯物主义的范畴和规律是在不断发展变化的。它指出，每一种社会因素和社会制度在不同国家和不同历史时期都具有不同的形式。历史发展进程的总趋势虽然不可违背，但具体进程和方式可能千差万别。这有助于人们更加全面地理解历史，避免对历史进行简单化的解读。

在进行历史唯物主义教育时，应注重培养受教育者的辩证思维能力。通过引导他们运用联系、发展的观点看问题，可以帮助他们避免认知的片面性和绝对化，提高他们分析问题和解决问题的能力。同时，还应注重历史唯物主义教育与现实生活的结合，使受教育者能够在实践中深化对历史唯物主义的理解和应用。

二、人生观教育

人生观反映了个人对于生活目的和意义的基本理解和态度。以马克思主义为基础的共产主义人生观，被认为是最先进和科学的人生观。通过定期进行人生观教育，人们可以更清晰地认识到生活的目标和意义，坚持正确的生活方向，克服挑战，抵御消极思想的侵蚀，并在事业和个人生活中取得成功和幸福。人生观教育涵盖多个方面，包括理想、价值、态度教育，以及个人成长、审美和生活方式的培养。

人生理想代表了个人对社会和生活的美好愿景和追求，它基于对现实潜力的认识和对未来的期望。崇高的理想是历史发展规律的正确体现，是激励人们奋斗的动力，也是高尚道德的支柱。人生理想可以分为社会、道德、职业和生活等多个方面，其中社会理想尤为重要，共产党人追求的是共产主义理想。教育的目标是让人们理解社会发展的规律，树立共产主义信仰，并为之奋斗，为实现中国特色社会主义现代化贡献力量。

人生价值是人生观的核心，它体现了个人与社会的关系，包括个人在社会中的地位、作用和意义。马克思主义强调，个人对社会的责任和贡献是人生价值的重要方面，全心全意为人民服务是其核心。树立这一价值观是实现壮丽事业和幸福生活的基础。

人生态度是实现理想的关键，它体现在个人面对生活挑战时的一贯立场和方法。正确的人生态度能够引导人们以公正的心态处理问题，保持积极进取的精神，主宰自己的命运。

成才教育强调个人应具备的知识水平和能力，并在社会实践中做出创新贡献。正确的成才观鼓励人们提升综合素质，成为社会主义现代化建设所需的人才。

审美教育在物质生活提升的背景下尤为重要，它引导人们树立健康的审美意识，提高艺术鉴赏能力，抵制不良文化影响，追求语言、环境、行为和心灵的美。

生活方式教育旨在清除消极生活方式的影响，鼓励人们在物质富裕的同时保持艰苦奋斗的精神，建立科学、文明、健康的生活模式。

人生观教育还包括对幸福、荣誉、生死、苦乐等方面的认知，它是一个全面的体系。在实施过程中，应注重教育的针对性和系统性，以促进个人的全面发展。

三、政治观教育

政治观教育对于培养人们的政治觉悟、坚定政治立场、增强政治认同感具有至关重要的作用。通过政治观教育，可以帮助人们深入理解国家政治结构、党的路线方针政策以及社会主义的爱国主义等核心内容，从而坚定地走中国特色社会主义道路，为实现中华民族伟大复兴的中国梦贡献力量。

在新时代，政治观教育尤其要突出党的基本路线教育。党的基本路线是党和国家的生命线、人民的幸福线，是指导中国特色社会主义事业发展的总纲领、总遵循。通过教育，要使人们深刻认识到坚持四项基本原则、坚持改革开放的重要性，理解这是立国之本、强国之路，缺一不可。同时，要引导人们正确理解和把握改革开放和四项基本原则的内在联系，认识到改革开放是在坚持四项基本原则的前提下进行的，四项基本原则是在改革开放的历史进程中不断得到巩固和发展的。

形势和政策教育也是政治观教育的重要组成部分。通过形势和政策教育，可以帮助人们了解国内外形势的发展变化，理解党的路线方针政策的制定背景和实施意义，从而增强对党的信任和支持。在教育中，要注重引导人们用马克思主义的立场、观点和方法去分析形势，正确认识主流和支流、本质和现象、局部和整体、眼前利益和长远利益等关系，提高分析问题和解决问题的能力。

爱国主义教育则是政治观教育的永恒主题。通过爱国主义教育，可以激发人们的民族自豪感和归属感，增强维护国家统一和民族团结的自觉性。在教育中，要引导人们正确认识国情，理解社会主义制度的优越性，将爱国情感转化为实际行动，为实现国家的繁荣富强和人民的幸福安康而努力奋斗。

在实施政治观教育时，还需要注意以下几点：一是要注重针对性，根据不同群体的特点和需求选择教育内容和方法；二是要注重系统性，使政治观教育与其他教育内容相互衔接、相互补充；三是要注重实践性，引导人们将政治观教育的内容落实到实际行动中，通过实践来深化理解和认识。

四、道德观教育

道德观教育在塑造人的品质、提升人的素养、构建和谐社会等方面起着至关重要的作用。通过道德观教育，可以引导人们树立正确的道德观念，培养良好的道德情感，形成正确的道德行为，为社会的和谐稳定和发展进步提供有力的道德支撑。

集体主义道德原则教育是道德观教育的核心内容之一。集体主义强调集体利益高于个人利益，但并不排斥正当的个人利益。在社会主义市场经济条件下，我们要正确处理国家、集体和个人三者之间的利益关系，既要保障集体利益的最大化，也要尊重和保护个人的合法权益。通过集体主义道德原则教育，可以培养人们的集体荣誉感和责任感，增强社会的凝聚力和向心力。

道德规范和范畴教育是道德观教育的基础内容。道德规范是人们在社会生活中应该遵循的行为准则，它告诉人们什么是善、什么是恶，什么是应该做的、什么是不应该做的。通过道德规范和范畴教育可以帮助人们形成正确的道德判断和行为习惯，提升人们的道德品质和道德水平。

职业道德教育是道德观教育的重要组成部分。各行各业都有自己的职业道德规范，这些规范不仅是对从业人员行为的约束，也是对社会公众权益的保障。通过职业道德教育，可以培养从业人员的职业责任感和敬业精神，提高他们的工作质量和效率，从而促进社会的和谐稳定发展。

恋爱观教育也是道德观教育不可忽视的方面。爱情是人类生活中的重要组成部分，正确的恋爱观对于个人的幸福和社会的稳定具有重要意义。通过恋爱观教育，可以帮助人们树立正确的择偶标准，正确处理恋爱与婚姻的关系，避免“爱情至上”的错误观念，使恋爱成为个人成长和事业发展的助力。

此外，社会主义人道主义教育也是道德观教育的重要内容。社会主义人道主义强调对人的尊重、关心和帮助，体现了社会主义社会的温暖和关怀。通过社会主义人道主义教育，可以培养人们的同情心、爱心和责任感，促进人与人之间的和谐共处和社会的共同进步。

五、法制观教育

法制观教育是教育人们认识、尊重和遵守法律和制度的过程。在社会主义国家，法制是体现无产阶级和人民群众意志的法律体系，旨在保护人民权益、打击犯罪、维护社会秩序、保障社会主义经济基础和推动社会生产力发展。由于历史原因，我国的法制建设曾遭受严重破坏，导致法制观念普遍淡薄。因此，加强法制建设和法制教育显得尤为重要。

社会主义法制的核心原则是“有法可依、有法必依、执法必严、违法必究”。这四项原则体现了法制的严肃性和权威性，且它们是相互关联、不可分割的。教育群众了解、理解并遵守法律，是社会主义法制教育的关键。只有当群众普遍认识到法律的重要性并遵守法律，社会的安定团结才能得到保障。

社会主义民主教育旨在帮助人们正确理解和实践社会主义民主。社会主义民主是社会主义国家特有的形式，它结合了民主与专政，既保障了人民的民主权利，又确保了对敌对分子的有效管理。社会主义民主教育的重点是区分社会主义民主与资产阶级民主的不同，理解民主与集中的结合，以及认识到民主权利与法律的一致性。

纪律教育则强调了纪律在维护社会秩序和推动社会主义现代化建设中的重要作用。纪律是一套行为规则，要求人们遵守秩序、执行命令和履行职责。纪律教育的目标是让人们理解自由与纪律的辩证关系，坚持原则，抵制破坏纪律的行为，并培养遵守纪律的良好习惯。

通过法制观教育，可以增强公民的法律意识，促进法治社会的建设，保障社会主义制度的稳定和发展。

六、大学生诚信教育

“诚”即真心实意，是对人对事的一种实事求是的态度，是待人真心实意的友善表现。“信”即信用信任，孔子曾有言：“民无信不立，与朋友交，言而有信。”强调的正是守信用原则。所以“诚信”二字合在一起，其内涵即为诚实不欺、讲求信用，强调人与人之间应该真诚相待，言而有信。做到待人以诚，纳人以信，方为真正的诚信。诚信作为中华民族的传统美德，既是大学生的基本素质要求和全面发展的前提，也是大学生步入社会的“通行证”。

大学生诚信教育以诚实守信为核心，包括诚信待人、诚信立人、公平竞争意识、传统诚信、校规校纪的诚信以及责任意识等方面的教育，旨在培养大学生的诚信品德。

诚信教育采取自律与他律相结合的教育方式。诚信是内在的道德要求，主要通过内心信念维系（自律），但也离不开制度规范的约束和失信行为的惩处（他律）。学生的诚信道德教育效果受到社会风气的影响，由于大学阶段是学生社会化的关键时期，他们的诚信意识、信念和行为会受到社会环境的影响。因此，在实施诚信教育时，需要注意消除大学与社会之间可能存在的反差带来的负面影响。

现在部分大学生的诚信意识淡薄，为了一时私利不惜在生活和学习中欺骗老师和同学，践踏自己珍贵的诚信形象，因此，加强大学生诚信教育迫在眉睫。高校应建立科学、系统、完整的诚信监督和评价体系，将大学生的诚信行为与评奖评优有机结合，定期评判汇总，并纳入综合考评；应把“以诚信为本”的思想放在大学生思想政治教育的首位，采用多种形式进行诚信教育，如典型事例报告、社会实践活动等，营造并维护诚信氛围；要充分发挥新媒体工具的宣传引导作用，提高校园诚信文化教育方式的创新力及校园诚信文化教育的影响力，营造良好的校园诚信文化氛围。

七、大学生国家安全观教育

国家安全指的是国家政权主权统一、领土完整，人民的广大福祉、社会经济持续发展、国家的其他重要利益等处在没有危险以及不受威胁的状态之下，具备保证持续安全的能力。国家安全是一个明确而又细致的概念，并不是人们过去认知当中的那么遥远模糊，而且国家安全和每个人都有着密不可分的关系。国家安全不仅和国家兴亡相关，还影响到公民切实利益的获得。最大化地保障国家安全，不仅能够让国家的利益得到最大化的保障，还能够让个体利益得到充分满足，但是如果国家安全受到冲击或者是严重受损的话，那么每个人都将会遭受灾难。

2014年4月15日，习近平总书记主持召开中央国家安全委员会第一次会议，在讲话中首次提出总体国家安全观，强调要准确把握国家安全形势变化的新特点、新趋势，坚持总体国家安全观，走出一条中国特色国家安全道路。[①]总体国家安全观是一个内容丰富、开放包容、不断发展的思想体系，其核心要义可以概括为五大要素和五对关系。五大要素就是以人民安全为宗旨，以政治安全为根本，以经济安全为基础，以军事、科技、文化、社会安全为保障，以促进国际安全为依托。五对关系就是既重视发展问题，又重视安全问题；既重视外部安全，又重视内部安全；既重视国土安全，又重视国民安全；既重视传统安全，又重视非传统安全；既重视自身安全，又重视共同安全。

牢固树立和践行总体国家安全观，要把握“总体”这个关键，必须树立安全理念，将政治、军事、国土、经济、金融、文化、社会、科技、网络、粮食、生态、资源、核、海外利益、太空、深海、极地、生物、人工智能、数据等诸多领域纳入其中，并随着社会发展不断动态调整。

中华人民共和国公民、一切国家机关和武装力量、各政党和各人民团体、企业事业组织和其他社会组织，都有维护国家安全的责任和义务。我国目前所面临的国际环境非常复杂，充满着变数，另外国家安全受到威胁和挑战的情况也有所增多，所以重视国家安全的维护，开展国家安全观教育已经刻不容缓。高校大学生群体作为未来的建设者和接班人，作为未来高素质人才群体的重要组成部分，更是要有极强的安全意识，树立正确的国家安全观，并主动为国家安全做出积极贡献。

第三节 新时代“大思政”育人内容建设的新要求

我国改革发展和现代化建设已步入全新的历史阶段，这对思想政治教育内容建设提出了新的、更高的标准。面对日新月异的社会形势和艰巨繁重的任务，构建适应时代需求的“大思政”育人内容体系显得尤为迫切和重要。

① 习近平. 习近平在主持中央国家安全委员会第一次会议上的讲话[N]. 人民日报，2014-04-15.

一、加强核心价值观教育

在新时代背景下，加强核心价值观教育成为思想政治教育内容建设的核心任务。核心价值观不仅是中国特色社会主义核心价值体系的重要组成部分，更是塑造学生正确人生观、价值观和自我观的关键。首先，在课程设置上需要实现核心价值观教育的全面渗透。除了专门的培训课程，其他学科也应巧妙融入核心价值观元素。例如，在历史课中讲述英雄人物的事迹，引导学生理解奉献精神；在科学课中强调科学精神与探索精神，培养学生的创新思维和责任感。这样，学生在学习各门课程的过程中，能够自然而然地接受核心价值观的熏陶。其次，构建并实施一套科学的核心价值观教育评价体系和考核制度至关重要。教师可以设立明确的评估指标，如学生的道德表现、社会参与度等，并通过定期的考核来激励学生践行核心价值观。同时，这一体系还应注重过程评价，关注学生在日常生活中的点滴进步，给予及时的肯定和引导。最后，课外活动是巩固和提升学生核心价值观认知的重要途径。学校可以定期举办讲座、讨论会等活动，邀请社会各界人士分享他们的价值观和实践经验，为学生提供更广阔的视野和思考空间。此外，志愿者活动和社会公益项目能够让学生亲身投入社会实践中，感受奉献他人的喜悦和成就感，从而深刻领悟核心价值观的真谛。

二、提升思辨能力和创新精神

新时代对人才的要求日益提高，除了传统的知识技能，综合素质和创新能力也成为衡量一个人才的重要标准。因此，在思想政治教育中注重培养学生的思辨能力和创新精神变得尤为重要。思辨能力是指学生通过分析、判断和推理来深入思考和独立思考问题的能力；而创新精神则是指学生具备勇于探索、开拓进取、创造性思维和实践能力的特质。为了提升学生的思辨能力和创新精神，可以采取以下措施。

（一）引入启发式教学法

启发式教学法是一种注重学生主动参与和思考的现代教学策略。在这种教学模式下，教师的角色转变为引导者和促进者，而非仅仅是知识的传递者。通过提出开放式问题和设定情境，教师鼓励学生积极思考、讨论和辩论，从而培养他们的批判性思维和问题解决能力。

在实施启发式教学法时，教师可以设计一系列的活动，让学生在小组中合作，共同探讨问题。例如，在讨论环节，教师可以提出一个复杂的社会问题，并要求学生先对其进行分类和排序，明确问题的优先级，然后逐一分析和解决。这样的过程不仅能够锻炼学生的组织和规划能力，还有助于他们在实际讨论中形成共识，提升团队协作精神。

此外，启发式教学法强调通过比较、分析和推理等方法，引导学生深入理解知识点。在历史课程中，教师可以组织学生围绕特定的历史事件进行深入讨论，分析其背后的社会、经济和政治原因，以及它对当代社会的影响。这种分组讨论的方式能够有效地拓宽学生的视野，提高他们分析和解决问题的能力。

为了进一步激发学生的创造性思维，教师还可以设计一些具有挑战性的问题和任务。通过运用头脑风暴、团体列名法、鱼骨图法、六顶思维帽法等多样化的研讨方法，学生能够自由地表达自己的观点和想法，从而培养他们的创新能力和想象力。

（二）提供科学研究和创新项目的机会

为了培育具备全面素质的未来人才，教育过程中应当大力推广学生参与研究和创新项目的活动。通过参与这些项目，学生们能够提升解决实际问题的能力，并激发创新意识与提升实践技能。为此，教育体系应当设计一系列灵活而多样化的教学活动和培训方案，确保学生能够获得必要的设施和资源支持。在这样的教学环境中，学生将有机会投身于自己感兴趣的科研和创新领域。他们可以探索包括科技、产业、农业等多个方面的创新项目，并与本地企业建立紧密的合作关系。通过与地方科研机构和企业的积极合作，学生将获得更广泛的研究与创新实践机会。在培训过程中，学生不仅能够参与到真实的科研项目之中，还有机会与科研人员和工程师并肩工作，共同探索科学问题。他们将经历科学研究的完整流程，包括问题的提出、实验设计、数据收集与分析，以及结果的讨论与发表。这种亲身参与的实践经历，不仅能够加深学生对科学研究方法的认识，还能够锻炼他们的团队协作和沟通交流能力。通过这样的教育模式，学生能够在实践中学习和成长，从而为将来的学术研究或职业生涯打下坚实的基础。

（三）强化信息技术教育

在当前的数字化时代，能够有效地获取、分析和运用信息成为衡量人才能力的重要标准。为了使学生能够适应未来社会的发展并提升他们的创新能力和信息处理技能，加强信息技术教育显得尤为关键。通过在教育体系中融入信息技术课程，可以有效地提高学生对大数据和信息化概念的理解力，并增强他们运用专业软件解决实际问题的能力。系统性的学习和实践将帮助学生逐步掌握信息技术的关键技能和知识。同时，采纳现代化的教学方法和工具对于提升信息技术教育的效果至关重要。网络教学平台作为现代化教学的重要工具，为学生提供了便捷的在线学习资源和互动式的学习环境。学生可以利用这些平台随时随地获取学习材料，并与教师及同学进行在线交流，这种灵活的学习模式能够极大地激发学生的学习热情和创新能力。此外，充分利用互联网上的丰富教育资源也是开展信息技术教育的有效途径。学生可以利用在线视频教程、学术数据库和开放式教育资源库等进行自主学习和研究。这样的学习方式不仅能够培养学生的信息检索和筛选技能，还能够促进他们在信息海洋中发现并利用有价值的信息。在推进信息技术教育的过程中，重视培养学生的创新意识和信息素养是至关重要的。创新意识体现了学生对新观念和新趋势的敏感性和探索精神，而信息素养则是学生理解和运用信息的能力。通过信息技术教育，学生将学会如何运用信息来解决问题，如何从海量信息中甄别出有价值的内容，并将其应用于实际情境中。

三、注重国际视野和文化交流

（一）加强对国际问题和国际事务的教育

在全球化背景下，各个领域的发展趋势和影响正变得日益紧密和复杂。学生应当具备广阔的国际视野和深刻的国际理解能力。学校可以通过设置一系列涵盖国际关系、经济、法律等领域的课程，帮助学生系统地掌握国际事务的知识。这样的课程设置能够让学生深入理解全球化对各个领域的影响，提高他们对国际动态的敏感性和分析能力。还可以举办国际新闻分析讲座，邀请专家解读时事，让学生紧跟国际发展的步伐。此外，也可以通过成立国际事务研究小组，鼓励学生积极参与国际问题的探讨和分析，锻炼他们对复杂国际形势的思考和应对能力。

（二）开展国际交流活动

通过国际交流项目，学生不仅能与其他地区的学生进行深入互动，还能在跨文化的环境中培养全球意识和协作能力。这些项目可以包括学术交流、文化体验、实地考察等多种形式。通过参与这些活动，学生将有机会与来自不同背景的伙伴共同学习、研究和解决问题，这不仅能够促进学科间的交流，还可以拓宽学生的思维视野，提升他们综合解决问题的能力。在与不同文化背景的学生的互动中，学生将学会适应和理解文化差异，提高跨文化团队合作的能力，为未来的国际合作奠定基础。通过亲身体验和交流，学生可以更深入地了解其他国家和地区的文化特色，促进国际友好合作，推动构建人类命运共同体。

（三）加强国际合作与交流

与其他国家和地区的个人、机构建立良好的合作关系，可以实现资源共享、互利共赢，提升教育质量和国际影响力。通过与其他高校或教育机构合作共同开展联合培训项目，可以为学生提供全面、深入的学习机会，这有助于培养更多具有国际视野和背景的人才，提高学生的综合素质。通过与国际研究机构和学者合作，分享研究成果，开展共同研究项目，解决跨国、跨文化的问题，不仅能够拓宽研究领域，还可以提升高校在国际学术界的地位。通过国际交流，引入先进的经验和理念，不仅可以丰富思想政治教育的内容，还可以提高教育质量。此外，通过建立广泛的人际网络，可以为高校带来更多合作机会和资源支持，促进国际学术交流。同时，通过与国际知名高校的合作，可以充分利用对方资源，共同推动理论研究和教育创新。

四、融入创新科技元素

在新时代背景下，以创新科技为动力，思想政治教育的模式也需与时俱进，融合科技元素，以增强教学效果和吸引力。利用现代科技手段，例如虚拟现实和人工智能，能够打造富有吸引力和参与感的教育环境，激励学生的积极参与和探索欲望。

信息化和数字化的快速发展使得将科技元素融入思想政治教育成为必然趋势。通过虚拟现实技术，学生可以沉浸在模拟的历史场景中，直观体验历史事件和政治决策，从而加深理解。例如，在历史课程中，学生通过VR设备，仿佛亲临历史事件现场，与历史人物互动，使学习过程更加生动和有趣。

人工智能技术的应用则让思想政治教育更加个性化和智能化。通过开发符合学生特点的学习软件和平台，实施智能化教学和评估，可以满足每个学生的学习需求。这些平台能够根据学生的兴趣和进度提供定制化的教学内容和策略，帮助学生更高效地学习，并及时获得反馈。同时，AI技术还能辅助教师更好地掌握学生的学习状况，优化教学方法。

融合创新科技也鼓励学生运用科技进行研究和实践，培养他们的科学思维和创新能力。学生可以利用AI技术进行社会调查和数据分析，通过大数据挖掘发现问题并提出解决方案。此外，学生还可以通过科技手段进行创新设计，如开发应用程序、制作教育视频等，通过实践提升个人能力。

为了更好地整合创新科技，还应提供丰富的在线学习资源和社交平台，促进师生互动和合作，拓宽视野。通过在线课程、电子教材和在线讨论区等方式，学生可以随时随地访问学习资源。此外，建立社交平台，让学生分享学习经验和成果，还可以激发学生的创新思维和培养学生的团队精神。通过这些方式，思想政治教育将更加生动、高效，从而更好地适应新时代的发展需求。

第五章　载体维度：新时代构建“大思政”育人格局的载体建设

第一节　新时代思想政治教育载体的形式

思想政治教育的载体是承载、传导思想政治教育因素，能为思想政治教育主体所运用且主客体可借此相互作用的一种思想政治教育活动形式。这些载体在教育过程中起着至关重要的作用，它们能够帮助教育者将教育内容有效地传达给受教育者，促进双方的互动和交流，从而实现教育目标。

一、思想政治教育的管理载体

（一）管理载体的内涵

管理载体即“以管理为载体”之意，是指将思想政治教育内容寓于管理活动之中，通过与管理手段的相互配合，提高人们的思想道德素质，规范行为，并激发他们在生产、工作和学习中的积极性。这一概念的提出，是基于管理与思想政治教育之间的紧密联系，以及管理活动在社会生活中的普遍性和以人为本的实质。

将管理作为思想政治教育的载体，是由管理自身的特征、管理与思想政治教育的内在联系以及思想政治教育自身发展的要求所决定的。

首先，管理活动作为社会生活的基本组成部分，具有广泛的覆盖面，与每个人的工作和生活都密切相关。这使得管理成为思想政治教育的一个理想载体，能够有效地触及广大社会成员。

其次，管理的实质在于协调人与人之间的关系，调动人的积极性，这与思想政治教育的目标高度契合。思想政治教育同样关注人的全面发展，致力于培养有道德、有文化、有纪律的社会主义新人。因此，通过管理活动开展思想政治教育，能够更有效地实现两者的共同目标。

最后，随着我国社会生活的巨大变化，传统的思想政治教育方式已不能完全适应新的形势。在这种情况下，利用管理活动作为思想政治教育的载体，能够更好地适应社会变革的需求，实现对社会成员的全方位教育。

（二）管理载体在思想政治教育中的作用

管理载体在思想政治教育中的应用展现出了其独特且不可替代的作用，主要体现在以下几个方面。

第一，管理载体促进了思想政治教育与经济、业务工作的深度融合。在过去，思想政治教育与经济、业务工作往往存在“两张皮”的现象，彼此割裂，难以形成合力。然而，通过管理载体，人们可以将思想政治教育渗透到经济、业务工作的各个环节，使二者相互促进、相得益彰。这样一来，不仅提高了思想政治教育的实效性，也推动了经济、业务工作的健康发展。

第二，管理载体有助于对人们进行深入细致的思想政治教育。与传统的思想政治教育方式相比，管理载体更加注重对人的思想、行为和心理的深入研究和分析。通过制定和执行各种管理规章制度，可以对人的行为进行规范和约束，同时辅之以相应的思想政治教育，引导人们树立正确的价值观和行为准则。这种深入细致的思想政治教育方式，更容易被人们所接受和认可，从而取得更好的教育效果。

第三，管理载体还有利于及时有效地解决人们的思想认识问题。在日常工作中，人们往往会遇到各种思想认识问题，如困惑、疑虑、矛盾等。这些问题如果得不到及时解决，就会影响到人们的工作积极性和创造力。通过管理载体，我们可以及时发现并解决这些问题，帮助人们消除疑虑、解开困惑，从而保持积极向上的精神状态。

第四，管理载体在促进人们良好品德、行为习惯的养成方面也具有显著优势。通过制定和执行严格的规章制度和纪律要求，管理载体可以对人们的行为进行规范和约束。在这个过程中，人们会逐渐养成遵守制度、遵守纪律的良好习惯，并将这些习惯内化为自己的品德修养。这种养成教育的效果是长期而稳定的，能够为人们的成长和发展奠定坚实的基础。

二、思想政治教育的文化载体

（一）文化载体的内涵

习近平总书记2018年在全国宣传思想工作会议上强调："育新人，就是要坚持立德树人、以文化人，建设社会主义精神文明、培育和践行社会主义核心价值观，提高人民思想觉悟、道德水准、文明素养，培养能够担当民族复兴大任的时代新人。"[①]在党的二十大报告中习近平总书记指出："中华优秀传统文化源远流长、博大精深，是中华文明的智慧结晶。"[②]文化载体是指以各种物化的和精神的形式承载、传播文化的媒介体和传播工具，它是文化得以形成与扩散的重要途径与手段。简而言之，文化载体就是承载文化使之具象化的实体。

文化载体可以分为内部文化载体和外部文化载体，具体形式包括物质文化载体、精神文化载体、制度文化载体、活动文化载体等。它们通过不同的

① 习近平. 习近平谈治国理政：第三卷[M]. 北京：外文出版社，2020：312.

② 习近平. 高举中国特色社会主义伟大旗帜为全面建设社会主义现代化国家而团结奋斗——在中国共产党 第二十次全国代表大会上的报告[M]. 北京：人民出版社，2022：18.

方式记录和表现文化的内容，使得文化得以传承和扩散。

在思想政治教育中，文化载体具有特殊的意义。它不仅是传递思想政治教育内容的媒介，更是通过其多样性和全面性的影响，润物无声地感染和教育人们。通过文化载体，大学生可以在参与各种文化活动的过程中不知不觉地接受思想政治教育，提升思想道德素质。

同时，文化载体也承载着特定的文化内涵和价值观念，对于塑造大学生的文化认同和文化自信心具有重要作用。例如，校园文化载体能够传递学校的精神文化内涵，帮助学生树立正确的世界观、人生观和价值观；而企业文化载体则能够体现企业的核心价值观和经营理念，增强员工的归属感和凝聚力。

（二）文化载体的思想政治教育功能

首先，文化载体具有强大的吸引力和渗透力，能够扩大思想政治教育的影响面。文化本身具有生动、形象、直观的特点，通过文化活动和文化建设，可以将思想政治教育的内容寓于其中，使教育更加生动活泼，更具吸引力。这种寓教于乐的方式，更容易被人们接受，从而产生“润物细无声”的效果。同时，文化的覆盖面非常广，能够触及社会的各个角落，通过文化载体进行思想政治教育，可以扩大教育的影响面，使更多的人受到教育和影响。

其次，文化载体能够全面提高人们的思想道德素质和科学文化素质。文化对人的影响是全面的，它不仅能够提供知识和技能的学习，还能够通过其内在的思想道德观念和价值观潜移默化地影响人们的思想和行为。因此，通过文化载体进行思想政治教育，可以在提高人们文化科学知识素养的同时引导人们树立正确的思想道德观念，全面提升人的素质。

再次，文化载体有利于形成与社会主义现代化相适应的全民一致的价值观。在当前社会变革的背景下，人们的价值观念正在发生深刻变化。通过文化载体，可以将社会主义现代化所要求的价值观融入文化建设中，通过文化的传播和影响，引导人们形成正确的价值观，进而在全社会形成符合社会主义现代化要求的共同价值观。这对于维护社会稳定、促进社会和谐具有重要意义。

最后，文化载体还具有促进思想政治教育创新和发展的作用。随着社会的不断进步和文化的不断发展，文化载体也在不断丰富和创新。这种创新不仅为思想政治教育提供了更多的形式和手段，也为其注入了新的活力和内涵。通过运用新的文化载体，可以使思想政治教育更加贴近实际、贴近生活、贴近群众，更好地满足人们的精神文化需求，推动思想政治教育的创新和发展。

三、思想政治教育的活动载体

（一）活动载体的内涵

活动载体是指教育者为了达到特定的思想政治教育目的，有意识地组织和开展各种形式的活动，将思想政治教育的内容融入其中，使受教育者在参与活动的过程中受到教育，从而提高其思想道德素质。

活动载体强调受教育者的参与和实践，通过亲身参与活动，受教育者能够更深入地理解和体验思想政治教育的内容，增强教育的实际效果。同时，活动载体也是一种寓教于乐的教育形式，能够使受教育者在轻松愉快的氛围中接受教育，增强教育的吸引力和感染力。

（二）活动载体的思想政治教育功能

首先，活动载体能够将思想政治教育内容“活化”，增强教育的生动性和感染力。传统的思想政治教育往往侧重于理论灌输，而活动载体则能够将教育内容融入具体的实践活动中，使受教育者在亲身参与中感受到教育内容的真实性和实用性。通过活动，教育内容得以生动、形象地展现，使受教育者在参与中得到深刻的教育和启示。

其次，活动载体能够促进受教育者的自我教育，实现教育与自我教育的统一。在活动过程中，受教育者不仅接受来自教育者的教育和引导，同时也通过自身的实践、反思和体验进行自我教育。这种自我教育过程有助于培养受教育者的独立思考能力和自我完善能力，使他们在活动中不断成长和进步。

再次，活动载体有助于实现思想政治教育的客体主体化，扩大教育的影响面。在活动过程中，受教育者的角色不仅仅是教育的对象，同时也是教育活动的参与者和实践者。他们在活动中发挥主体作用，通过自身的行为影响和带动周围的人，从而扩大教育的影响面。这种客体主体化的过程有助于增强思想政治教育的实效性。

最后，活动载体还具有寓教于乐的功能，使受教育者在轻松愉快的氛围中接受教育。通过丰富多彩的活动形式，如文化娱乐活动、社会服务活动、社会调查活动等，受教育者能够在参与中感受到乐趣和成就感，从而更加积极地接受教育内容，增强思想政治教育的吸引力和实效性。

四、思想政治教育的大众传播载体

（一）大众传播载体的内涵和特征

大众传播载体是指思想政治教育主体通过各种大众传播工具向广大群众传导思想政治教育内容，使人民群众在接收广泛的社会信息的同时接受思想政治教育，从而全面提高群众的思想道德素质和科学文化素质。这一概念包括传导具有时代特色的思想政治教育信息，以及积极引导群众的阅读、收听、收看行为。

大众传播载体因其使用的媒体不同，有多种具体形式，如报纸、期刊、书籍、广播、电视、电影、录音、录像、网络等。尽管形式各异，但它们都具备一些共同的特征。

第一，覆盖面广。大众传播渠道多样，尤其是电子媒介的普及，使得传播内容能够深入社会的每个角落，影响每一个人，使思想政治教育具有全民性。

第二，传递迅速，时效性强。大众传播媒介利用先进的通信网络和手段，能够迅速及时地进行信息传播，甚至在事件发生时进行同步传播，这使得教育者能够迅速对大众进行教育，并使其效果迅速显现。

第三，影响具有增殖力。信息一经大众传播，其影响会得到扩展，产生广泛的影响。因此，教育者需要精心组织教育内容，充分运用大众传播的影响力，以提升思想政治教育的效果。

（二）大众传播载体的思想政治教育功能

大众传播载体在思想政治教育中发挥着多重功能，这些功能不仅有助于提升教育的效果，更能有效地促进社会主义精神文明建设和人的全面发展。

首先，大众传播载体具有强大的宣传教化功能，能够直接推动社会主义精神文明建设。大众传播媒介，如电视、广播、报纸和网络等，是传播党的路线、方针、政策以及社会主义核心价值观的主要渠道。通过持续、深入的宣传教育，大众传播能够引导广大人民群众形成共同的理想信念，坚定对中国特色社会主义的道路自信、理论自信、制度自信和文化自信。这种宣传教育不仅能够提高全体社会成员的思想道德水平，还有助于形成积极向上、和谐稳定的社会氛围，为社会主义精神文明建设提供有力的支撑。

其次，大众传播载体能够满足人们社会化的需求，促进人的全面发展。在现代社会，大众传播已经成为人们获取信息、学习知识、了解社会的重要途径。通过大众传播，人们可以接触到各种各样的信息和观点，从而丰富自己的知识和见识。同时，大众传播还能够帮助人们形成正确的价值观和行为规范，引导人们更好地适应社会、融入社会。因此，大众传播在人的社会化过程中发挥着不可替代的作用，通过大众传播进行思想政治教育，有助于促进人的全面发展。

再次，大众传播载体能够调剂人们的生活，提升人的精神生活质量。在快节奏、高压力的现代社会中，人们需要寻找各种途径来放松身心、缓解压力。大众传播为人们提供了丰富多彩的娱乐内容和文化活动，如电视剧、电影、音乐、综艺节目等，这些内容不仅能够满足人们的娱乐需求，还能够让人们在欣赏中感受到美的熏陶和精神的愉悦。通过大众传播进行思想政治教育，可以将教育内容融入这些娱乐活动中，使人们在轻松愉快的氛围中接受教育，从而提升人的精神生活质量。

最后，大众传播载体能够营造良好的思想政治教育氛围，强化教育效果。大众传播具有传播速度快、覆盖面广、影响力强的特点，能够迅速地将各种信息传递给广大受众。通过大众传播宣传先进典型、表彰优秀事迹、批判落后现象等，能够形成积极向上的社会舆论氛围，为思想政治教育提供有力的环境支持。同时，大众传播的互动性和参与性也能够增强思想政治教育的吸引力和感染力，使教育更加贴近实际、贴近生活、贴近群众，从而强化教育效果。

五、思想政治教育的网络载体

（一）网络载体的内涵与特征

习近平总书记在2016年全国高校思想政治工作会议上提出：“要运用新媒体新技术使思想政治工作活起来，推动思政工作传统优势同信息技术高度融合，增强时代感和吸引力。”[①]网络载体是指利用互联网技术，构建一个虚拟的、开放的信息交流平台，以传递、共享、交流思想政治教育信息为主要功能的新型媒介形式。它不仅仅是技术的集合，更是信息的集散地、思想的交汇点和文化的传播场。

网络载体作为思想政治教育的新型工具，具有鲜明的内涵和特征。

第一，网络载体具有信息海量化和专门性的特征。互联网的信息容量几乎无限，涵盖了政治、经济、文化、社会等各个领域的信息。这种海量化的信息为思想政治教育提供了丰富的素材和参考，使得教育者可以根据需要随时查找和获取相关信息。同时，网络载体还能够通过专门化的网站、论坛等

① 把思想政治工作贯穿教育教学全过程[N]. 人民日报，2016-12-09（010）.

平台，将思想政治教育信息进行分类和整合，方便受众有针对性地获取所需信息。

第二，网络载体的信息传播和更新具有快捷性。互联网的传播速度极快，信息更新周期短，几乎可以实时反映社会动态和时事热点。这使得思想政治教育者能够迅速捕捉到最新的教育素材和话题，及时将相关信息传递给受众。同时，受众也能够通过网络载体及时了解教育者的最新观点和解读，从而保持与教育者之间的紧密互动。

第三，网络载体的传播手段具有兼容性，即多媒体化。网络载体可以融合文字、图片、音频、视频等多种媒体形式，使得信息呈现方式更加生动、形象、直观。这种多媒体化的传播手段能够吸引受众的注意力，增强思想政治教育的吸引力和感染力。

第四，网络载体的传播方式具有交互性。与传统媒体的单向传播方式不同，网络载体能够实现教育者和受众之间的双向互动。受众可以通过网络载体发表自己的观点和看法，提出问题和建议；教育者则可以根据受众的反馈及时调整教育内容和方法，提高思想政治教育的针对性和实效性。

（二）思想政治教育以网络为载体的可行性与必要性

随着网络技术的迅猛发展，网络已经成为信息传播的重要渠道。高速的互联网连接、稳定的服务器运行以及丰富的软件开发资源，为思想政治教育提供了强大的技术支持。教育者可以通过网络平台，将教育内容以文字、图片、视频等多种形式进行呈现，使得教育内容更加生动、形象、易于接受。网络上蕴藏着丰富的思想政治教育资源，无论是经典著作、历史事件还是现代案例，都可以通过网络轻松获取。此外，网络上的互动平台也为教育者提供了与受众实时交流的机会，可以及时了解受众的思想动态，从而调整教育内容和方法。现代年轻人普遍具有较高的网络素养，对网络信息的接受度高。将思想政治教育与网络相结合，可以更好地吸引年轻受众的注意力，提高他们对思想政治教育内容的接受度。

网络已经成为大学生获取信息、交流思想的主要渠道。将思想政治教育与网络相结合，是适应时代发展趋势、跟上时代步伐的必然要求。传统的思想政治教育方式往往受到时间、地点等限制，而网络载体则打破了这些限制，使得教育可以随时随地进行。通过网络平台，教育者可以将教育内容传播给更广泛的受众群体，扩大思想政治教育的覆盖面。网络载体的互动性、实时性等特点，使得教育者可以更加精准地了解受众的需求和反馈，从而调整教育内容和方法，提高思想政治教育的针对性和实效性。同时，网络上的多媒体资源也可以使教育内容更加生动、形象，提高受众的学习兴趣和参与度。

鉴于网络载体对于思想政治教育十分重要，因此必须注意充分运用这一新载体，大力传播与我国社会发展要求相一致的思想观念、价值观点、道德规范以及其他先进文化。要努力建立思想政治教育网络系统，构筑网络化的思想政治教育阵地；要加强网络思想政治教育人才培养，造就一支网络思想政治教育队伍；要建立健全网络思想政治教育的管理制度，加强网络思想政治教育管理；要充分运用网络技术开展形式多样、生动活泼的网上思想政治教育。只有这样，网络载体的思想政治教育功能才能得到充分发挥。

第二节　新时代思想政治教育载体的开发与运用

载体作为思想政治教育的传播媒介和实践平台，其选择与运用直接关系到教育效果的实现。因此，深入探索思想政治教育载体的开发与运用，对于提升思想政治教育的针对性和实效性，推动思想政治教育创新发展具有重要意义。

一、影响思想政治教育载体开发和运用的因素

影响思想政治教育载体开发和运用的因素众多且复杂，它们相互交织，共同作用于整个教育过程。

（一）思想政治教育主体因素的影响

思想政治教育主体在整个教育过程中扮演着至关重要的角色，他们不仅是思想品德规范的传授者，更是整个教育活动的组织者和引导者。他们的职责和使命决定了他们需要对思想政治教育载体进行精心选择和有效运用，以最大程度地发挥载体的教育功能。

思想政治教育载体的选择与运用，实际上是思想政治教育主体个性特征的一种外在表现。每位主体都有自己独特的兴趣、爱好以及对思想政治教育载体特性的把握和熟悉程度。这些个性因素会直接影响他们对载体的选择和使用方式。例如，有的主体可能更倾向于使用传统的课堂讲授方式，而有的则可能更喜欢利用新媒体技术进行互动式教育。

值得注意的是，即使面对同一思想政治教育客体，在同一思想政治教育环境下实施同一内容的思想政治教育，不同的主体也可能会采取不同的教育载体。这是因为不同的主体对教育目标、教育对象以及教育环境的理解存在差异，他们会根据自己的经验和判断选择最适合当前情况的载体。这种差异性不仅体现了思想政治教育主体的个性特征，也反映了他们在教育过程中的主动性和创造性。正是这种差异性和创新性，使得思想政治教育能够不断适应时代的变化和社会的需求，实现教育的多样化和个性化。

（二）思想政治教育客体因素的影响

思想政治教育客体作为教育活动的依托者和教育效果的体现者，其状况对思想政治教育载体的选择具有直接影响。思想政治教育载体不仅要作用于客体，同时也要受到客体的反作用，这种相互作用的关系体现了思想政治教育活动的复杂性和动态性。

第一，思想政治教育客体的文化水平和受教育程度是选择载体的重要考虑因素。客体的知识水平和受教育程度越高，他们接受和理解信息的能力就越强，因此可以选择更多种类、更高科技含量的载体。这些载体往往更加注重自我教育和理论教育，能够满足客体深入学习和思考的需求。相反，如果客体的知识水平和受教育程度较低，那么就需要选择更为简单、直观、易于理解的载体，以确保信息的有效传递。

第二，思想政治教育客体的生理状况也是选择载体时需要考虑的因素。不同客体的感官优势不同，有些可能以视觉为主，有些可能以听觉为主。因此，在选择载体时，需要充分考虑客体的生理特点，选择适合他们感官需求的载体。例如，对于以视觉为优势的客体，可以选择文字、图片等视觉载体；而对于以听觉为优势的客体，则可以选择音频、视频等听觉载体。这样可以确保信息能够以最有效的方式传递给客体。

第三，思想政治教育客体的兴趣和需求也是选择载体时需要考虑的重要因素。客体的兴趣和需求直接影响他们对载体的接受程度和参与意愿。因此，在选择载体时，需要深入了解客体的兴趣和需求，选择能够激发他们学习兴趣和积极性的载体。这样不仅可以提高思想政治教育的效果，还可以增强客体对教育活动的认同感和参与感。

（三）思想政治教育内容和环境的影响

思想政治教育内容作为教育活动的核心，不仅承载着教育目的和任务，还直接影响着思想政治教育载体的选择和运用。不同的教育内容需要不同的载体形式来呈现和传播，因此，开发和运用思想政治教育载体时，必须紧密结合教育内容的特点和要求，确保载体能够准确、有效地传达教育内容。

针对特定的思想政治教育内容，教育者需要积极探索和寻求最适合的载体形式。例如，进行职业道德教育时，除了利用传统的宣传教育载体外，还应注重发挥管理载体的作用。通过制定和执行职业道德规范，将职业道德意识内化为个体的自律行为，从而形成良好的职业道德习惯。这种针对性的载体选择，有助于增强思想政治教育的针对性和实效性。

同时，思想政治教育环境也是影响载体选择的重要因素。不同地区、不同经济条件下的教育环境差异显著，因此，在选择和运用载体时，必须充分考虑环境因素。在偏僻、落后的地区，由于资源和技术条件的限制，可能更多地依赖于语言、行动等基本载体；而在发达的城市地区，则可以充分利用传媒、网络等现代载体，以扩大教育的覆盖面和影响力。

在开发和运用思想政治教育载体的过程中，还应关注受教育者的实际需求和接受程度。通过深入了解受教育者的特点和需求，选择他们易于接受和喜爱的载体形式，从而增强思想政治教育的吸引力和感染力。此外，教育者还应不断创新载体形式，探索新的教育方法和手段，以适应时代的发展和社会的变化。

二、开发和运用思想政治教育载体的主要原则

思想政治教育载体形态多种多样，随着社会生产力的日益发展和科学技术的不断进步，还会有更多、更新的载体涌现。其中，每一种载体形式都拥有自己独特的特点与功能。开发和运用思想政治教育载体，必须按整体性、主导性、层次性、有效性等原则的要求，对现有的各载体形式进行统筹规划，立体建构，充分发挥各载体的功能优势。

（一）整体性原则

整体性原则强调在开发和运用过程中要统筹兼顾，追求各载体的全面、协调发展。这一原则体现了系统论的思想，将思想政治教育视为一个整体，各种载体作为整体中的各个部分，相互关联、相互影响。

第一，树立整体开发、整体设计的理念是贯彻整体性原则的关键。这意味着需要从全局出发，将思想政治教育视为一个系统工程，综合考虑各种载体的特点和功能，进行统筹规划和设计。这样不仅可以避免单一载体运用的局限性，还可以发挥各种载体的优势，形成合力，提高思想政治教育的效果。

第二，反对“一点论”和“均衡论”是确保整体性原则得以遵循的重要方面。“一点论”强调只突出一种载体形态的建设，忽视了其他载体的作用，容易导致片面性和局限性。而“均衡论”则主张平均使用力量，不区分主次和重点，同样会导致教育资源的浪费和效果的降低。因此，需要根据实际需要和载体的特点，有所侧重地进行开发和运用，既要突出重点，又要兼顾

全面。

在实践中，可以采取以下措施来贯彻整体性原则：一是加强载体之间的协调与配合，形成教育合力；二是注重载体的创新与发展，不断探索新的载体形式，以适应时代的发展和社会的变化；三是加强载体运用的评估与反馈，及时调整和优化载体选择和运用策略，确保思想政治教育的效果。

（二）主导性原则

在实践中，主导性原则要求在开发和运用思想政治教育载体时，始终坚持以马克思主义理论为指导，确保载体的内容符合社会主义、共产主义政治方向。这意味着要深入学习和理解马克思主义理论，将其贯穿于载体的设计、选择、运用等各个环节，确保载体能够准确传达党的路线方针政策，为经济建设和思想文化建设服务。

同时，主导性原则也要求构建一个由多个载体形态组成的载体体系，其中以一种载体形态为主导，其他载体形态为补充。这种多元化的载体体系能够更好地满足受教育者的不同需求，提高思想政治教育的针对性和实效性。例如，在职业道德教育中，可以以管理为载体，通过制定和执行职业道德规范来强化职业道德意识；同时，辅以语言、活动、传媒等多种载体形态，全方位、多角度地倡导职业道德，形成教育合力。

（三）层次性原则

由于教育客体在思想发展状况上存在不平衡性，这种不平衡性既来自先天条件和后天影响，也受到个人主观努力程度的影响，因此，人的思想品德会呈现出千差万别的特点。特别是在当前社会背景下，随着市场经济的深入发展，大学生的思想状况变得更加复杂和多元化。

在遵循层次性原则开发和运用思想政治教育载体时，首先要做的是在调查研究的基础上，科学划分教育客体的思想层次。通过深入了解和分析不同教育客体的思想特点和需求，可以更有针对性地选择和运用合适的载体形式。

其次，针对不同思想层次的教育客体，应选择不同的思想政治教育载体和方法。例如，对于知识层次较高的客体，可以通过召开理论研讨会、利用现代网络载体等方式进行深入的理论探讨和思想交流；而对于知识水平较低的客体，则更适合采用严格管理、说服教育等更为直接和实用的方法。

最后，开发和运用思想政治教育载体应遵循循序渐进的原则，反对急于求成。人的思想发展是一个渐进的过程，需要逐步引导和教育。因此，在载体的运用上，也应根据教育客体的思想发展规律，层层推进，逐步深化，使不同层次的教育客体都能在各自原有的基础上不断进步。

（四）有效性原则

有效性原则强调在开发与运用思想政治教育载体的过程中，要紧密围绕思想政治教育的目的要求，力求取得最佳效果，实现实际效果与预期效果的统一。

首先，坚持实事求是的思想路线是实现思想政治教育载体有效性的基础和前提。这意味着教育者需要深入了解教育客体的实际情况和个性特点，遵循人的思想生成和发展的规律，选择具有针对性的载体形式。只有这样，才能确保思想政治教育内容与实际相符合，主观与客观相统一，从而达到最佳的思想政治教育效果。

其次，反对形式主义是确保思想政治教育载体有效性的重要一环。形式主义追求表面的热闹和形式，忽视了实际效果，这不仅损害了思想政治教育的形象和声誉，还可能导致教育资源的浪费和教育效果的降低。因此，在开发和运用思想政治教育载体的过程中必须坚决摒弃形式主义，注重实际效果，力求使每一项载体活动都能产生实实在在的教育效果。

此外，为了遵循有效性原则，需要关注以下几点：一是加强载体运用的针对性和实效性。在选择和运用载体时，要充分考虑教育客体的需求和特点，选择那些能够直接触及思想深处、引起共鸣的载体形式，确保教育内容能够深入人心。二是注重载体的创新与发展。随着时代的发展和社会的变化，需要不断探索新的载体形式，以适应新的教育需求和环境。三是加强载体运用的评估与反馈。通过对载体运用的效果进行定期评估，可以及时发现问题和不足，进而调整和优化载体选择和运用策略，确保教育效果的最大化。

三、思想政治教育载体的运用要求

（一）管理载体的运用要求

第一，提高思想政治教育者运用管理载体的自觉性。这意味着思想政治教育者需要深刻认识到管理作为载体的潜在价值，自觉地在日常工作中融入管理元素，从而增强思想政治教育的针对性和实效性。为此，教育者需要不断更新观念，提升对管理载体的认识，确保能够充分发挥其思想政治教育功能。

第二，提升管理人员的思想政治素质和思想政治教育意识。管理人员作为管理载体的直接运用者，其素质的高低直接影响到管理载体的运用效果。因此，加强管理人员的思想政治教育培训，提高其思想政治素质，使其具备在管理中开展思想政治教育的能力，是确保管理载体有效运用的重要保障。

第三，建立健全“一岗两责”制度。这一制度要求管理者在承担管理任务的同时也要肩负起思想政治教育的责任。这不仅能够解决思想政治教育与经济、业务工作脱节的问题，还能提高管理效率和思想政治教育效果。通过明确岗位责任，实现管理与思想政治教育的有机结合，可以为管理载体的运用提供有力支持。

第四，将思想政治教育的某些要求和内容制度化。通过将思想政治教育的导向性要求和具体内容融入法律法规和规章制度中，使受教育者在遵守制度的同时，也能受到思想政治教育的熏陶。这不仅能够增强制度的约束力，还能提高思想政治教育的渗透力和影响力。

第五，提高管理水平。一个科学、规范的管理体系能够为思想政治教育创造良好的环境，减少因管理混乱而引发的思想问题。因此，加强管理工作，提高管理水平，是确保管理载体有效运用的基础。

（二）文化载体的运用要求

文化载体的运用要求涉及多个方面，这些要求不仅体现了文化载体在思想政治教育中的重要性，也展示了如何有效地利用文化载体来推动思想政治教育的发展。

首先，确保文化建设的社会主义性质是至关重要的。这意味着在文化建设过程中，必须坚持社会主义核心价值观，确保文化内容符合社会主义发展的要求。这样，文化载体才能有效地传播社会主义先进文化，培养具备社会主义道德观念和价值观的新时代公民。

其次，文化事业是文化载体的重要组成部分，它们直接影响着人们的思想道德素质和科学文化素质。因此应该大力发展各类文化事业，包括文学艺术、新闻出版、广播影视、网络文化等，为人们提供丰富多样的文化产品和服务，满足人民群众日益增长的精神文化需求。

再次，群体文化如社区文化、校园文化、企业文化等，对于塑造人们的价值观念和行为习惯具有重要影响。因此，应该注重培育和建设这些群体文化，使它们成为传播社会主义先进文化、弘扬社会主义核心价值观的重要阵地。

从次，文化市场是文化产品和服务的交易平台，它的健康发展对于保障文化产品的质量、维护文化秩序具有重要意义。因此，人们应该加强对文化市场的监管和管理，制定和完善相关法律法规，打击违法违规行为，确保文化市场的公平竞争和健康发展。

最后，思想政治教育与文化建设是相辅相成的，它们应该相互促进、协调发展。因此，应该注重将思想政治教育的内容融入文化建设中，使人们在享受文化成果的同时受到思想政治教育的熏陶和影响。同时，也应该通过思想政治教育来引导文化建设的发展方向，确保文化建设符合社会主义发展的要求。

（三）活动载体的运用要求

运用活动载体进行思想政治教育时，为了确保活动的有效性和教育功能的充分发挥，需要注意以下几点要求。

第一，加强对活动的组织和指导是关键。教育者应当深刻认识到活动在思想政治教育中的重要作用，并主动将活动纳入整体教育计划中。同时，要指定专人负责活动的策划、组织和实施，确保活动有序进行。对于群众自发性的活动，也要进行适当引导，使其符合思想政治教育的目标和要求。

第二，明确活动的目的和内容至关重要。每一项活动都应该有明确的教育目的，并且要根据目的来确定活动的内容和形式。教育者应当认真思考和规划，确保活动能够针对性地解决受教育者在思想、道德、行为等方面存在的问题。同时，活动目的要具体、可操作，以便激发受教育者的参与热情。

第三，活动应因地制宜、形式多样、具有吸引力。在策划活动时，要充分考虑受教育者的实际情况和兴趣爱好，结合当地的文化传统和资源条件，开展具有地方特色的活动。同时，要注重活动的多样性和创新性，避免活动形式单一、内容重复。要通过丰富多彩的活动形式，吸引受教育者的积极参与，提高他们的学习兴趣和主动性。

第四，注重活动的实效性，避免形式主义。开展活动时，要力戒形式主义、走过场等倾向，确保活动能够真正取得实效。教育者要深入了解受教育者的实际需求和问题，针对问题开展有针对性的活动。同时，要注重活动的长期性和持续性，避免一阵风式的短期行为。通过持续不断的努力，使活动成为推动思想政治教育深入发展的有效手段。

第五，要充分发挥活动参与者的主动性和创造性。活动参与者是活动的主体，他们的主动性和创造性是活动取得成功的关键。因此，教育者要尊重受教育者的主体地位，鼓励他们积极参与活动并发挥自己的主观能动性。在活动中，要引导受教育者自主思考、自主行动、自主解决问题，培养他们的独立思考能力和创新精神。

（四）大众传播载体的运用要求

大众传播载体的运用要求，不仅关乎其作为思想政治教育工具的有效性，更关乎其对社会主义精神文明建设和社会发展的深远影响，因此，在运用时需要注意以下几个方面。

首先，要确保大众传播始终坚持正确的政治方向和价值取向。大众传播是意识形态工作的重要阵地，必须旗帜鲜明地坚持党性原则，坚定维护党中央权威和集中统一领导，坚持马克思主义新闻观，巩固壮大主流思想舆论，弘扬主旋律，传播正能量。同时，大众传播应坚持以人民为中心的工作导向，贴近实际、贴近生活、贴近群众，反映人民心声，增进人民福祉，为人民群众提供丰富多样的精神食粮。

其次，要充分发挥不同大众传播媒介的优势，形成合力。不同的传播媒介具有不同的特点和优势，在运用大众传播载体进行思想政治教育时，应根据教育内容和教育对象的特点，选择最适合的传播媒介，并充分发挥其优势。同时，也可以将多种传播媒介结合起来，形成互补效应，提高思想政治教育的针对性和实效性。

再次，要增强大众传播的互动性和参与性，激发受众的积极性和创造性。大众传播不仅仅是单向的信息传递过程，更是传播者与受众之间互动和交流的过程。因此，在运用大众传播载体时，应注重增强传播的互动性和参与性，鼓励受众积极参与传播过程，发表自己的观点和看法，提出自己的意见和建议。这不仅可以提高思想政治教育的吸引力和感染力，还可以增强受众的认同感和归属感。

最后，要加强对大众传播的监管和引导，确保其健康发展。大众传播作为社会舆论的重要来源和影响力巨大的信息传播工具，必须受到严格的监管和引导。应建立健全大众传播的法律法规体系，规范传播行为，防止不良信息的传播和扩散。同时，还应加强对大众传播从业人员的职业道德教育和培训，增强他们的责任意识，确保大众传播的健康发展。

（五）网络载体的运用要求

思想政治教育网络载体的运用要求主要包括以下几个方面。

第一，树立服务意识。思想政治教育网络载体是为实现思想政治教育目的服务的，必须始终围绕教育内容、教育目标以及教育对象的需求来设计和运用。网络载体应成为传递教育内容、引导教育对象思想转变的有效工具，而不是简单地作为信息发布或娱乐的平台。

第二，强调互动性。网络平台作为思想政治教育的重要载体，应具备双向或多向信息传递的功能。这包括通过问卷、投票、征集意见等方式收集教育对象的反馈，以及通过私聊、建群等方式进行个性化的思想交流和情感沟通。这样的互动过程有助于主客体间更好地表达思想情感，增强教育的针对性和实效性。

第三，注重信息筛选与整合。网络信息的海量化和专门性要求思想政治教育工作者具备信息筛选和整合的能力。他们需要从海量的信息中筛选出与思想政治教育相关的、有价值的内容，并进行整合和呈现，以便教育对象能够更便捷地获取所需信息。

第四，追求持续性和稳定性。思想政治教育是一个长期的过程，网络载体需要能够在较长时间内持续发挥作用。这要求网络载体不仅要有稳定的运行环境和良好的维护机制，还要能够随着教育实践的发展不断更新和完善，以满足教育对象不断变化的需求。

第五，加强网络安全管理。在使用网络载体进行思想政治教育时，必须注意加强网络安全管理，防止不良信息的传播和侵害。同时，还要建立相应的信息审核机制，确保发布的信息内容健康、积极、向上。

第三节　新时代“大思政”育人载体的创新

一、树立思想政治教育载体的服务意识

思想政治教育载体作为传递教育内容、实现教育目的的重要工具，必须始终为经济建设和思想文化建设服务，为转变人的思想、完成思想政治教育任务而服务。

首先，要明确思想政治教育载体的角色定位。载体是服务于思想政治教

育内容的，它的存在是为了更好地传递教育内容，实现教育目标。因此，在开发和运用思想政治教育载体时，必须牢牢把握这一角色定位，不能随意忽视或无限夸大载体的地位与作用。

其次，要反对两种错误倾向。第一种倾向是片面夸大思想政治教育载体的地位与作用，认为思想政治教育就是不断完善载体的建设与改造，这是典型的以点代面、以手段代目的的错误观点。思想政治教育是一个系统工程，各要素之间相互独立又相互配合，载体只是其中的一个组成部分，不能取代整个思想政治教育。第二种倾向是忽视思想政治教育载体的作用，认为载体是可有可无的，这种观点忽视了载体在传递教育内容、实现教育目标过程中的重要作用。

正确的态度应该是既要看到思想政治教育载体的有限性，又要看到其有效性。我们要充分认识到载体在思想政治教育中的重要作用，同时也要看到它的局限性，不能将其视为万能的。在开发和运用载体时，要根据教育目标和内容的需要，选择适合的载体形式，注重载体的创新与发展，以满足不同教育对象的需求。

二、结合时代和教育对象的变化，不断创新“大思政”育人载体

第一，要敏锐洞察时代变迁对教育对象的影响。随着社会的快速发展，教育对象的思想观念、行为方式等都发生了显著变化。思想政治教育载体需要紧跟时代步伐，准确把握教育对象的新特点和新需求，从而有针对性地开展教育工作。

第二，要充分利用现代科技手段创新思想政治教育载体。例如，可以运用新媒体平台如微博、微信、短视频等，开展线上思想政治教育活动，吸引年轻人的关注和参与。同时，也可以利用大数据、人工智能等技术手段，对教育对象的思想动态进行实时监测和分析，为精准施教提供数据支持。

第三，要注重思想政治教育载体的多元化和个性化。不同的教育对象有

不同的需求和兴趣点，因此需要开发多样化的思想政治教育载体，以满足不同群体的需求。同时，也要注重个性化教育，根据每个教育对象的实际情况和特点，制订个性化的教育方案，提高教育的针对性和实效性。

第四，在创新思想政治教育载体的过程中，还要注重理论创新和实践探索的结合。一方面，要加强对思想政治教育载体理论的研究和探索，形成具有前瞻性和指导性的理论成果；另一方面，要积极开展实践探索，将理论成果转化为具体的教育实践，不断检验和完善理论体系。

第五，要避免在创新过程中出现的错误倾向。既不能盲目求新、忽视历史继承性，也不能因循守旧、缺乏前瞻性。要在继承优良传统的基础上，结合时代特点进行科学创新，推动思想政治教育载体的不断发展和完善。

三、不断提升思想政治教育主体、客体的素质，增强其开发和运用载体的自觉性

第一，增强载体意识，明确角色定位。思想政治教育主体和客体应首先树立明确的载体意识，深刻理解载体在思想政治教育过程中的地位与作用。要明确载体是连接教育内容与教育目标的桥梁，是传递教育信息、实现教育目的的重要工具。同时，要明确载体与经济建设、思想文化建设之间的紧密关系，以及载体对教育过程的影响与反作用。

第二，全面提升主体素质，优化知识结构。思想政治教育主体应具备全面而合理的知识结构，包括思想政治教育学的专业知识、教育学、心理学、伦理学等相关学科的基本原理，以及哲学、人类学、社会学、传播学、管理学、计算机科学等跨学科知识。通过不断学习和实践，提升主体的专业素养和综合能力，使其能够更好地开发和运用思想政治教育载体。

第三，提升客体素质，增强自觉性和主动性。思想政治教育客体也应通过教育、实践等途径，不断提升自身的思想道德素质和科学文化素质。要激发客体的学习热情和参与意识，使其能够自觉接受思想政治教育，积极参与载体开发和运用的过程。同时，要加强对客体的引导和教育，帮助其树立正

确的世界观、人生观和价值观。

第四，勇于实践，善于总结，推动理论创新。思想政治教育主体应大胆实践，勇于探索新的载体形式和教育方法。要善于总结经验教训，将实践经验提升到理论层面，形成具有创新性的理论成果。通过理论创新与实践创新的相互促进，推动思想政治教育载体建设的不断进步。

第五，加强培训与交流，促进共同发展。对于思想政治教育主体和客体，可以定期举办培训班、研讨会等活动，提升他们的专业素养和综合能力。同时，可以建立交流平台，促进不同领域、不同地区的思想政治教育工作者之间的交流与合作，共同推动思想政治教育事业的发展。

第六章　机制维度：新时代构建“大思政”育人格局的机制保障

第一节　建立健全管理机制

高校思想政治教育是一个系统而复杂的工程，离不开科学有效的管理机制。进行高校思想政治教育管理机制的优化，对于调节高校思想政治教育的各种问题、促进高校思想政治教育目标的实现十分有利。因此，建设全面、系统、科学的高校思想政治管理机制是非常重要的。

一、高校思想政治教育管理机制的内涵与特征

（一）高校思想政治教育管理机制的内涵

机制一词最初用来描述机器的构造和工作原理，指机器运转过程中各个零部件之间的相互联系、相互制约及其运转方式。现在机制一词已广泛运用于政治、经济、文化、教育等社会领域，用以描述事物在运动过程中各相关因素、各组成部分间通过一定的方式形成的联动作用关系等。

从字面上来看,“管理”包含了“管辖”和“治理”两层含义。其中,“管

辖”意味着对事物或人员进行有效的控制和引导，而“治理”则强调了管理过程中需要运用到的思考、判断和决策能力。而在实质上，管理是为了取得预期的效果、达成一定的目标，根据管理工作的性质及规律有效整合各种资源和实施各种管理职能的过程。这一定义突出了管理的目的性、系统性和动态性。管理的核心在于通过对各种资源的合理配置和运用，以及对各种管理职能的有效实施，来推动组织或团队朝着既定的目标前进。管理是一个动态的过程，它需要根据内外部环境的变化和实际情况的发展，不断调整和优化管理策略和方法，确保始终能够保持高效和有效。

高校思想政治教育管理工作是根据高校思想政治教育的目标和要求，通过一系列的管理活动如计划、组织、控制等来有效利用各种资源，以期达到预期的思想政治工作目标。在这个过程中，学生的思想工作被置于核心地位。学生的思想形成和发展受到多种因素的影响，包括认知、情感、意识、精神等内部因素，以及社会生产力水平、生产关系性质等外部因素。高校思想政治教育管理工作需要综合考虑这些因素，制定科学合理的管理策略和方法。

高校思想政治教育工作不仅仅是一种教育活动，它更是一种社会机制。这种机制体现了社会中人与人之间的联结关系，通过思想政治教育，可以增进人与人之间的理解和沟通，促进社会的和谐稳定。高校思想政治教育管理机制是指高校思想政治教育管理者在一定的目标指引下，遵循思想政治教育的客观规律，通过协调利用各种管理资源，实现思想政治教育的整体目标和整体功能的过程。

（二）高校思想政治教育管理机制的特征

高校思想政治教育管理机制是一个复杂而多维的系统，其特征是多样且相互关联的。为了更好地发挥这一机制的作用，需要不断适应时代的变化，明确教育目标，提高教育者和受教育者的思想政治觉悟，并不断完善和优化管理机制。

第一，高校思想政治教育管理机制具有时代性。这是因为高校思想政治教育工作的开展是为了顺应时代发展下社会对素质型人才的基本需求，它符合学生全面发展的教育方针，具有一定的时代意义。随着全球化的扩张、我国对外开放的深化和综合国力的显著提高，高校思想政治教育面临的形势也发生了一些显著的新变化，从而对高校思想政治教育提出了更高的新要求。因此，高校思想政治教育工作也要遵循时代发展的基本原则，与时俱进，不断创新，以适应我国市场经济发展的脚步。

第二，高校思想政治教育管理机制具有目的性。教育者在进行高校思想政治教育工作之前，需要明确教育工作的目标，并围绕这一目标，结合实际的社会发展和需求制订科学有效的教学计划，以此来提高教育工作的有效性。

第三，高校思想政治教育管理机制具有全面性。这种全面性不仅体现在对大学生的思想政治教育上，还包括对高校教师职工的思想政治教育工作。只有提高教育者和管理者的思想政治觉悟，才能更好地开展各项教育活动，为学生的思想品质发展树立榜样。

第四，高校思想政治教育管理机制具有能动性。这主要体现在思想政治教育系统具有自我约束、自我调整、自我完善的自觉性和主动性。随着客观情况的变化和人们思想认识的变化，思想政治教育机制也在不断深化和完善，它在适应—不适应—新的适应过程中前进。

第五，高校思想政治教育管理机制具有整合性。高校思想政治教育管理机制是一个复杂的系统工程，由多种要素共同组成。这些要素在系统中各自发挥着不同的作用和功能，但在系统运行中需要相互协调、共同作用，以适应思想政治教育管理机制整体功能的要求。

二、高校思想政治教育管理机制的重要作用

高校思想政治教育管理机制的重要作用体现在多个方面，不仅对于提高大学生的思想政治素质至关重要，而且在协调管理工作中各方关系、优化教育资源配置以及促进校园文化的建设与发展等方面也发挥着不可替代的作用。

高校思想政治教育管理机制有利于提高大学生的思想政治素质。通过系统、科学的管理，机制能够确保思想政治教育活动的有序进行，使教育内容更加贴近学生的实际需求，教育方法更加符合学生的认知特点。这样大学生的思想政治素质将得到全面提升，他们能够更好地适应社会发展，具备较高的道德水准和社会责任感。

高校思想政治教育管理机制有利于协调管理工作中的各方关系。机制的运行涉及多个部门和人员，通过明确职责、优化流程、加强沟通等方式，能够确保各方之间的协同合作，形成合力。这不仅有助于提高工作效率，还能增强团队的凝聚力和向心力，为高校的稳定发展提供有力保障。

高校思想政治教育管理机制还有利于优化教育资源配置。通过科学的管理和调度，机制能够确保教育资源得到合理分配和有效利用，避免出现资源浪费或资源不足的情况。这样不仅可以提高教育教学的质量，还能为学生的全面发展创造更好的条件。

高校思想政治教育管理机制对于促进校园文化的建设与发展也具有重要意义。通过加强校园文化建设，营造良好的学习氛围和道德风尚，可以进一步提升大学生的思想政治素质和文化素养。机制的运行还能够促进校园文化的传承和创新，为高校的长远发展注入新的活力和动力。

三、高校思想政治教育管理机制的建设与优化

高校思想政治教育管理机制的建设与优化可从加强组织领导机制建设、注重互动机制建设以及强化激励机制建设几个方面入手。

（一）加强组织领导机制建设

一般来说，高校思想政治教育的组织领导机制不仅应考虑组织机构的设置以及各级教育行政机构的职权划分和相互之间的隶属关系，还应建立起合理的管理制度与管理结构，这样才能对各种相关要素进行优化整合，促进工

作的顺利开展。具体来说，包括以下几个部分。

1.构建高校思想政治教育三维决策系统

高校思想政治教育三维决策系统涵盖决策咨询系统、决策信息系统以及决策中枢系统三个重要维度。这样的设计能够确保管理决策的科学性、合理性和有效性，从而提升高校思想政治教育的整体效果。

决策咨询系统作为第一个维度，其重要性不言而喻。它汇聚了学生代表、用人单位代表、基层思想政治工作者、校内外专家以及在校学生代表等多方力量，他们从不同角度和层面提供宝贵的意见和建议，为决策提供了丰富的参考信息。这样的系统设计能够确保决策具有广泛的代表性和实践性，避免脱离实际和脱离学生需求的情况发生。

决策信息系统作为支撑决策的重要基础，发挥着信息传递、存储、加工和收集的关键作用。决策信息系统能够实现教育对象、教育执行者与决策者之间的有效沟通，这不仅能够提高决策的效率和质量，还能够确保决策基于准确、全面的信息，降低决策失误的风险。

决策中枢系统作为领导核心，承担着决策、指挥和领导的重要职责。它由具有决策权的领导组成，负责统筹协调决策咨询系统和决策信息系统的工作，确保整个决策系统的顺利运行。通过定期分析学生思想状况和德育工作状况，研究相关政策、任务和方针，制订计划和总体规划，决策中枢系统能够确保高校思想政治教育的方向正确、目标明确、措施得力。

2.积极促进组织领导机制的创新

随着高校教学管理模式的不断变革，特别是在学分制等新型教育管理制度的推广下，传统的高校思想政治教育组织领导机制面临着新的挑战和机遇。为了适应这些变化，须积极促进组织领导机制的创新。

加强横向联合，实现资源共享与整合。在学分制下，学生可能不再局限于某个固定的班级或院系，而是拥有更多的选择权。因此，高校可以通过建立院系间的横向联合机制，加强不同院系之间的沟通与协作，实现学生事务的有效管理和资源共享。例如，可以建立跨院系的学生事务管理平台，实现学生信息的共享和统一管理，提高管理效率。

优化组织结构，实现扁平化管理。对于规模较小的高校，可以尝试减少管理层次，加大管理幅度，采用扁平化的管理模式。这样可以加快决策和执行的速度，提高管理效能。可以根据职能分工设立专门的学生事务服务中心，直接为学生提供服务和指导，解决学生在生活、学习、就业等方面的问题。

建立功能专一的新机构，提高专业化水平。高校可以通过对现有部门、科室的重组，成立功能专一的新机构，如学生活动中心、心理咨询中心、就业指导中心等。这些机构可以专注于某一方面的学生事务管理，提供专业的服务和指导，从而提高学生的满意度和获得感。

完善考核评价机制，激发工作积极性。为了确保组织领导机制的创新能够得到有效实施，高校还需要建立完善的考核评价机制。通过设定明确的考核指标和评价标准，对各部门、各机构的工作绩效进行定期评估和反馈，激励工作人员积极投入工作，提高工作质量。

（二）注重互动机制建设

注重互动机制建设是提升高校思想政治教育管理效果的关键环节。在传统的教育理念中，教师作为管理者往往占据主导地位，而学生作为被管理者则处于被动接受的地位，这种单向的教学模式限制了思想政治教育管理的实效性。因此，构建以学生为中心的互动机制显得尤为重要。

互动机制的建设应充分发挥教师的主导作用和学生的主体作用。教师作为教育信息的编码者和发送者，在互动机制中扮演着引导者和促进者的角色。而学生作为教育信息的解码者和接受者，是互动机制的核心。教师应积极营造轻松、和谐的学习氛围，鼓励学生发表观点、参与讨论，使学生在互动中感受到自己的主体地位，从而更加积极地投入学习。

互动机制的建设应尊重学生的主体地位，实现平等和谐的教育。在教育管理过程中，教师和学生应相互尊重、平等对待。教师应充分了解学生的需求和兴趣，以激发学生的学习兴趣和动力。学生也应积极向教师反馈学习情况，与教师共同探讨问题，形成双向交流的互动模式。

互动机制还应注重体验式教育和多向互动。通过实践活动、案例分析等方式，使学生能够在实践中体验和应用所学知识，从而加深对思想政治教育内容的理解和认识。互动机制也应包括教育者之间、教育者与学生之间以及教育者、学生与教育环境之间的多向互动关系，形成全方位的互动网络。

为了更有效地实现师生互动，需要探究教育者与学生互动的结合点。这可以通过深入了解学生的需求、兴趣和心理特点，以及探索更加贴近学生实际的教育方式和方法来实现。教师也应不断提升自己的专业素养和教育能力，以更好地引导学生参与互动，提升思想政治教育管理的实效性。

（三）强化激励机制建设

激励机制不仅有助于挖掘学生的潜力、激发他们的创造性，还能激发学生的学习动力，形成良好的学风，并最终强化思想政治教育管理的效果。

在实施激励机制时，我们必须遵循一定的原则，以确保其有效性和公正性。

差别原则要求充分考虑到学生的个体差异，包括性别、年龄、文化背景等，以确保激励措施能够真正满足学生的需求。通过正视并尊重这些差异，我们可以创造出更加人性化的激励环境，使每个学生都能感受到被重视和被关注。

同步原则强调物质激励与精神激励的结合。物质激励可以满足学生的基本需求，激发他们努力学习的动力；而精神激励则能够激发学生的内在动力，使他们更加认同和接受思想政治教育的内容。只有将两者结合起来，我们才能确保激励效果的最大化和持久化。

适度原则。在实施激励机制时要注意把握合理的“度”。激励过度可能会导致学生产生骄傲自满的情绪，而激励不足则可能使学生感到沮丧和失望。我们需要根据学生的实际情况和需要，合理调整激励措施的频率和强度，以确保其能够发挥最佳作用。

除了遵循这些原则外，我们还应积极探索新的激励方式和手段。例如，可以通过举办各类竞赛活动、设立奖学金、提供实践机会等方式来激励学生积极参与思想政治教育活动。我们还可以利用现代科技手段，如在线教育平台、社交媒体等，来拓展激励的渠道和形式，使激励机制更加符合时代发展的需要。

第二节　建立健全保障机制

高校思想政治教育工作的有效开展，有赖于健全有效的保障机制。简单而言，保障机制就是为了确保某项工作正常地进行所必需的条件。为确保大学生思想政治教育工作的有序进行，需要完善高校思想政治教育保障机制。

一、高校思想政治教育保障机制的内涵与特征

高校思想政治教育保障机制是确保思想政治教育活动得以顺利进行并取得预期效果的重要支撑体系。它涵盖了高校思想政治教育工作中所需的各项保障措施，旨在通过系统内部各要素的相互制约和相互作用，构建高效、有序的工作方式和管理规范。

思想政治教育保障机制的特征包括主体性、系统性和层次性，这些特征共同构成了保障机制的核心要素和运行机制。

主体性特征强调了教育主客体在思想政治教育过程中的平等互动关系。教育者应尊重受教育者的主体地位，通过创新的教学理念激发其主体意识，实现教育者和受教育者的双向良性互动。这种互动不仅有助于提升受教育者的思想政治素质，还能确保思想政治教育工作的顺利进行。

系统性特征则体现了思想政治教育工作的复杂性和整体性。保障机制的构建需要纳入全校教学管理工作的整体规划，处理好大系统与子系统、子系统与子系统之间的关系。高校各部门应积极参与、相互协调，发挥各自在思想政治教育工作中的积极作用，形成整体合力，确保保障机制的科学性和系

统性。

层次性特征则关注于解决思想政治教育的个性化问题。保障机制应根据学生的不同特点和需求进行构建，以确保思想政治教育的有效性。在教育过程中，要注意因材施教，从低层次逐步引导学生向高层次努力，使不同层次的学生的思想素质都能得到普遍提高。这种层次性的教育过程有助于使保障机制落到实处，确保每个学生都能在思想政治教育中有所收获。

二、思政教育保障机制构建的难点

思政教育保障机制构建的难点不仅影响了思政教育工作的效果，也制约了保障机制构建的进程。

（一）思政教育合力不足

目前，大学生在理想信念、价值目标追求、心理抗压能力以及社会道德责任感等方面存在诸多问题，这迫切需要加强“三全育人”的合力。现实情况中，思政教育往往被视为辅助性课程，学生的学习态度和教师的授课方式都存在问题。学生缺乏学习热情，课堂互动性差，而教师则侧重于知识灌输，忽视了学生的个性化需求。另外，各门课程中的思政资源没有得到充分挖掘，全员育人的理念也没有得到全面贯彻。这些因素都导致了思政教育合力的不足，使得保障机制构建缺乏坚实的基础。

（二）人才队伍素养的滞后

随着社会的快速发展，对人才的需求不断增加，但现有的教师数量、人员结构以及教学能力却无法满足大学生全面发展的需求。信息传播技术的迅速发展使得传统教育方式面临挑战，教师需要不断提升自身素养以应对新的教学需求。然而，教师队伍的稳定性和凝聚力却受到人事制度改革等因素的影响，部分教师存在短期行为现象，缺乏对学生发展需求的关注和对思政教育工作的深入研究。人才队伍素养较低不仅影响了思政教育的质量，也制约了保障机制构建的进程。

（三）校园文化环境的复杂性

健康积极向上的校园环境是思政教育工作的重要基础，但现实中却存在着各种消极思想文化的影响。信息网络技术的发展为不良思想文化的传播提供了便利条件，西方价值观念通过各种渠道渗透到大学生的学习和生活中，对他们的价值观产生冲击。大学生群体对价值导向缺乏理性选择，容易受到不良思潮的影响，这给思政教育工作带来了极大的挑战。校园内各种利益关系的复杂交织也增加了思政教育工作的难度，使得保障机制构建面临更多的不确定性和风险。

三、高校思想政治教育保障机制的建设

通过完善组织领导保障、人才队伍保障、环境支持保障和法律法规保障，可以构建科学、有效、持续的大学生思想政治教育保障机制，为大学生的全面发展提供有力支持。

（一）完善领导体制，提供组织保障

第一，坚持党组织的核心地位是完善领导体制的核心。党的领导对于大学生思想政治教育保障机制的构建具有至关重要的意义。通过坚持党的统一领导，明确党委的各项职责，能够确保党委在政治方向、决策制定、活动协调和监督领导等方面发挥积极作用。加大党政各部门和各主体之间的合作力度，能够形成强大的工作合力，推动保障机制的高效运行。

第二，完善行政运行系统是提升组织保障效能的重要一环。随着高校教

育体制改革的不断深化，行政运行系统在思想政治教育保障机制中的作用日益凸显。高校行政部门应密切配合，将保障机制的构建贯穿于日常工作中，强化行政部门的思想政治教育职能。这不仅能够增强思想教育合力，还能有效推动“三全育人”理念的落实。

在完善领导体制的过程中，还需要注意以下几点：一是要确保领导体制的科学性和合理性，避免出现职能重叠、责任不清等问题；二是要加强领导体制的创新性，不断适应时代发展和大学生思想政治教育的新需求；三是要强化领导体制的执行力，确保各项决策和措施能够得到有效落实。

（二）强化人才素养，提供人力保障

教育工作者作为思想政治教育活动的策划者和实施者，其政治素质、业务能力和作风态度直接影响着教育效果和大学生的成长成才。

政治强是教育工作者必备的素质。教育工作者必须坚定政治立场和方向，坚持走中国特色社会主义道路，深入贯彻党的路线方针政策。只有这样，他们才能正确引领大学生，帮助他们树立正确的世界观、人生观和价值观，坚定共产主义理想信念。

业务精是教育工作者履职尽责的基础。教育工作者应具备扎实的专业知识，熟悉教学工作规律，能够运用科学的教育方法和手段，提高大学生的思想政治素质。他们还应坚定职业理想，恪守职业道德，以高度的责任感和使命感投身于大学生思想政治教育工作。

作风正也是教育工作者不可或缺的品质。教师应以身作则，言传身教，当好模范榜样。通过自身的言行举止，展示良好的道德风尚和精神风貌，引导大学生树立正确的道德观念。

为了提升教育工作者的素养，我们可以采取以下措施：一是加强教育培训，提高教育工作者的政治理论水平和业务能力；二是引导教育工作者善于利用新媒体平台，创新思想政治教育方式和方法；三是鼓励教育工作者强化自我学习，形成“乐教”心理，不断提升自身素养和教育教学水平；四是倡导教育工作者将中华民族优秀传统文化融入思想政治教育中，增强大学生的文化认同感和文化自信心。

（三）优化校园环境，提供环境保障

环境是教育的条件，它对学生的思想政治素质产生了深远的影响。因此，我们必须充分认识到优化校园环境的重要性，并积极采取措施加以实现。

优化校园物质环境。校园的规划建设应体现教育者的理念，传达出积极向上的文化信息。通过合理的布局、美观的设计，以及富有特色的建筑和设施，可以营造出一种浓厚的学术氛围和文化气息。这不仅有助于提升学生的审美水平，还能激发他们的学习热情和创造力。

加强校园精神文化建设。校园精神文化是校园文化的灵魂，它涵盖了学校的历史传统、文化观念、价值观念等多个方面。通过举办各种文化活动、讲座、展览等，可以丰富校园文化生活，提升学生的文化素养。同时，高校还要注重培养学生的核心价值观，引导他们自觉抵制腐朽思想的侵蚀，树立正确的世界观、人生观和价值观。

改善大学周边环境。周边环境的好坏直接影响到学生的学习和生活质量。因此，高校需要与政府相关部门协同合作，联合整治周边环境，稳定秩序，打造文明向上的社会环境。通过加强治安管理、环境卫生整治等措施，为学生提供一个安全、健康、舒适的学习生活环境。

（四）健全规章制度，提供制度保障

健全规章制度，提供制度保障，是确保思想政治教育工作有序、高效进行的关键所在。法规制度作为行为标准，具有全局性和规范性，能够避免思想政治教育工作的随意性和片面性。

加强思想政治教育法律法规建设。高校要以党和国家有关教育的法规文件为指导和依据，结合本校的发展实际，制定相关教育法规的实施细则。这些细则应明确思想政治教育的目标、任务、内容和方法，确保教育规定的落实和执行。加强法规的监督和检查，确保教育工作不偏离法规的轨道，从而保障思想政治教育的规范性和有效性。

加强思想政治教育制度建设。高校作为思想政治教育的主阵地，需要建

立一系列完善的制度来保障教育工作的顺利进行。这包括制定决策制度、执行制度、评估制度等，明确各部门、各岗位的职责和权限，确保教育工作的有序开展。要注重制度的创新和完善，根据时代发展和教育工作的新需求，及时调整和优化制度内容，使其更加符合实际、科学有效。

完善考核评估机制是确保思想政治教育工作落到实处的重要举措。高校应制定科学、公正、透明的考核评估标准和方法，对思想政治教育工作的过程和成果进行全面、客观的评估。通过考核评估，我们可以及时发现问题和不足，总结经验教训，不断改进和优化教育工作。考核评估结果也可以作为激励和约束的依据，对优秀的教育工作者进行表彰和奖励，对存在问题的工作进行整改和提升。

第三节　建立健全评价机制

评价作为教育活动的重要环节，对于高校思想政治教育同样具有不可或缺的作用。构建和完善高校思想政治教育评价机制，对于实时掌握教育效果、促进教育目标的达成具有重要意义。

一、高校思想政治教育评价的内涵

高校思想政治教育评价不仅仅是一个简单的评估过程，更是一个系统、全面、科学的价值判断机制。它涉及对思想政治教育目标、内容、方法、过程以及效果的综合考量，旨在通过科学的评价，推动高校思想政治教育工作的不断优化和提升。其内涵可以从以下几个方面来理解。

高校思想政治教育评价机制的评价对象不仅包括教育的效果，还涵盖教育的全过程。这意味着评价机制不仅关注教育最终培养出什么样的人才，以及这些人才是否适应社会的需求，同时也关注在培养过程中所采用的方法、手段、内容是否科学、合理、有效。教育的过程直接影响教育的效果，只有过程得当，才能取得理想的教育成果。

高校思想政治教育评价机制是教育工作整体的有机构成部分。它并非独立于教育过程之外的额外活动，而是教育活动的内在要求，是确保教育目标得以实现的重要保障。评价机制与教育活动相互依存，相互促进，共同构成完整的教育体系。

高校思想政治教育评价机制具有明确的指向性和目的性。其指向性体现在它专门针对高校思想政治教育的过程和教育效果进行评价，与其他教育领域的评价相区分，凸显其专业性和针对性。其目的性则体现在评价机制的目标与思想政治教育的培养目标高度一致，都是为了培养出有理想、有道德、有文化、有纪律的社会主义新人。

高校思想政治教育评价机制需要运用科学的测评方法。这包括制定合理的评价标准，采用多样化的评价手段，确保评价结果的客观性和公正性。还需要不断完善评价机制，使其能够适应时代发展的要求，更好地服务于高校思想政治教育工作。通过指标体系的科学设计，我们可以更准确地衡量学生在思想政治教育方面的成长和进步。我们可以借鉴心理学、教育学、社会学等多学科的研究方法，结合思想政治教育工作的实际，采用问卷调查、访谈、观察等多种方式收集数据和信息，确保评价结果的客观性和可靠性。

高校思想政治教育评价还具有重要的导向作用。通过评价，我们可以发现教育工作中存在的问题和不足，为教育决策提供科学依据。评价结果还可以作为考核教育工作者绩效的重要依据，激励他们不断提升教育水平和工作能力。

二、高校思想政治教育评价机制的功能

建立健全的思想政治教育评价机制能够改进和完善高校的思想政治教育工作。由此，思想政治教育评价也是围绕如何促进高校思想政治教育发展而

展开的，主要体现在以下几点功能。

（一）鉴定、诊断功能

通过对高校思想政治教育活动的全面评估，评价机制能够准确判断教育过程是否规范、教育内容是否科学、教育方法是否得当，以及教育效果是否达到预期目标。通过评价还能及时发现教育中存在的问题和不足，为后续的改进提供有针对性的建议。

（二）引导、调整功能

评价机制不仅是对过去教育活动的总结，更是对未来教育方向的指引。通过评价，我们可以明确哪些教育方法和手段是有效的，哪些需要改进或调整。这有助于引导教育者按照正确的方向进行教育创新，优化教育资源配置，提高教育效果。对于教育过程中出现的偏差或问题，评价机制也能及时发出警示，促使教育者进行调整，确保教育活动的健康发展。

（三）激发、鼓励功能

评价机制的存在，使得教育者和学生都能更加明确自己的目标和方向。对于教育者来说，评价结果是对其工作成果的一种认可或反馈，能够激发其工作热情和积极性，促使其不断探索更好的教育方法。对于学生来说，评价机制的公正性和客观性能够激发其学习的内在动力，使其更加主动地参与到思想政治教育活动中来。同时，通过评价机制的激励作用，还能挖掘学生的潜能，培养其创新精神和实践能力。

（四）反馈与改进功能

评价机制是一个持续的过程，它不仅要对教育活动进行评价，还要将评价结果反馈给教育者和学生，以便他们了解自己的优点和不足，进行有针对性的改进。这种反馈与改进的过程是循环往复的，有助于推动高校思想政治教育活动的不断发展和完善。

三、高校思想政治教育评价机制的创新与完善对策

在新形势下，高校思想政治教育面临着诸多新情况、新问题，必须积极应对，改革创新，拓宽眼界，动态体察，以形成一套科学、有效的教育思路、评价机制和运作方法。

（一）创新评价体系

在构建立体、开放、可持续的教育评价体系时，应充分考虑内外和上下的统筹与结合。

第一，要解决目前高校思想政治教育中存在的“自评价”问题，就需要创新评价主体，发展多元主体，实现主体交叉。评价不应仅限于校内和自评，而应引入校外评价和他评，形成包括自我、学生、同行、专家、督导、领导、上级、媒体、中介等在内的多元评价主体。这样的互动循环路线能够确保评价的客观性和公正性，避免单一主体带来的偏见和局限性。

第二，教育评价体系应由自我评价、学校评价及社会评价体系三部分组成，形成内外互动、多元参与的局面。自我评价能够激发教育主体的自主性和积极性，学校评价能够提供全面、系统的反馈，而社会评价体系则能够反映教育成果在社会中的认可度和影响力。通过这三部分的有机结合，可以形成一个完整、科学的评价体系。

在上下结合中，应该提倡外部力量介入，引入第三方评价机构，提高评价信度与效度。第三方评价机构通常具有专业的评价技能和独立的立场，能够提供更客观、公正的评价结果。这不仅可以增强评价的可信度，还能够为高校思想政治教育的改进提供有力的依据。

鉴于高校思想政治教育过程的客观性、多样性、开放性及结果的长效

性、复杂性、稳定性，评价机制应以内容的绝对性和相对性、指标的静态性和动态性、方法的质性和量性的结合为主。这意味着在评价过程中既要注重教育内容的稳定性和普遍性，又要关注其灵活性和特殊性；既要考虑指标的稳定性和可衡量性，又要关注其动态性和变化性；既要运用量化方法来衡量教育效果，又要注重质性分析来深入理解教育过程。

（二）完善指标体系

指标体系的设计应统筹考虑社会价值和人本价值，以学生为本，体现学校的育人理念。这要求我们在设计指标时，既要考虑社会对人才的需求和期望，又要关注学生的个人成长和发展，确保教育评价能够真正反映教育的本质和价值。

指标体系应坚持多个统一，包括德育和智育、体育的统一，主渠道和专业课的统一，过程和结果的统一等。这些统一能够确保指标体系的全面性和协调性，避免片面性和局限性。在构建指标体系时，我们可以从要素、过程和结果三个方面划分不同的等级标准进行考虑。一级指标可以包括组织领导、队伍建设、思想政治理论课、课外思想政治教育、条件保障和育人环境等方面。二级指标和主要观测点则需要根据具体情况进行细化和具体化，以确保评价的针对性和有效性。在设置权重分值时，应突出重点、兼顾个性，注重实效。我们可以根据教育目标和实际情况，对过程和效果进行权衡，设置合理的分值比例。还可以采取听、查、看、访、评等多种方式进行量级评定，以获取更全面、客观的评价信息。

根据二级指标和观测点的评级结果，我们可以得出整体的测评结果。这不仅能够为教育者提供反馈和改进的方向，还能够为学生提供明确的学习目标和强大的动力。

（三）优化量化体系

优化量化体系对于科学确定教育评价量化比例至关重要，它不仅能够确保评价的公正性和客观性，还能够激发教育者的积极性和创造力。在构建科学合理的教育评价量化比例体系时，我们需要综合考虑多方面的因素，形成内外上下互动的评价格局。

要正确处理不同评价主体之间的关系，包括组织和个人、同行和学生、学部和督导、专家与领导、单位与上级、业内与社会、即时与延期评价等。我们应该避免过分依赖某一种评价主体，要实现评价主体的多元化和交叉化，以获取更全面、客观的评价信息。

在量化比例的设置上，我们应该更加注重教育者的教育态度和教育质量，而不仅仅是教育表象。对于学校而言，应将单位自评、上级（专家）评价和社会评价相结合，充分尊重学校的主体价值，同时倾听外部监督的声音。对于思政课教师而言，应将个人自评、同行（专家）评价、学部（领导）评价、督导评价和学生评价相结合，避免将学生评价作为唯一标准，要综合考虑多方面的评价意见。对于学生而言，也应将自评、领导评价、教师评价和同学评价相结合，激发学生的主动性和积极性。

在优化量化体系的过程中，我们还应该注重解放教育主体，形成内外上下互动的评价机制。这意味着我们要打破传统的评价模式，让教育者更多地参与到评价过程中来，发挥他们的主动性和创造性。还应以同行评价和学部评价为主，学生评价为辅，形成更为科学合理的评价格局。

通过优化量化体系，我们可以建立公正、合理、可持续的教育评价量化比例体系，激发正能量，调动教育者的教育积极性。这将有助于提升高校思想政治教育的整体质量和效果，推动教育事业的健康发展。

（四）完善保障机制

在组织、队伍和物力财力等层面上，我们应采取一系列措施来加强保障机制的建设。

在组织层面上，应设置独立而权威的教育评价机构。这一机构应由学校领导牵头，整合组织、宣传、教务、学工、团委、思政课教学部门等各方力量，形成合力。可以吸纳社会力量，如邀请行业专家、学者等参与评价工作，以提高评价的客观性和权威性。此外，还应将评价机构制度化，明确其职责、权限和工作流程，确保其能够独立、公正地履行评价职责。

在队伍建设层面上，应建立专业化评价队伍。这包括引入职业化评价人员，他们应具备丰富的教育评价经验和专业知识，能够熟练运用各种评价方法和工具。还应加强对现有人员的培训和储备评价人才，提高他们的评价能力和专业素养。通过建设一支高素质、专业化的评价队伍，可以确保评价工作的准确性和有效性。

在物力财力层面上，应加大支撑全面教育评价的财政投入力度和资金扶持力度。这包括提供必要的设备和相应的统计测量工具，以保证评价工作的科学性和客观性。同时，还应建立稳定的经费保障机制，确保评价机构能够持续、稳定地开展工作。通过加大投入和扶持力度，可以为教育评价工作提供坚实的物质保障。

（五）转变评价理念

在新的历史时期，我们需要树立一种更加科学、全面、人性化的评价理念，以更好地促进学生的全面发展和提升教育质量。

评价的目的应着眼于学生的长远发展。评价不应仅仅是对学生现有知识水平的衡量，更应成为他们成长道路上的助推器。通过评价，我们要帮助学生树立自信，激发他们的学习动力，引导他们扩大潜能，坚定目标，主动探索适合自己的学习策略。因此，评价理念要突出发展性，注重评价对象持续、健康和全面的发展。

评价应彰显人格。在教育评价中，我们要摒弃“知识本位”的观念，转向“人格本位”，着力培养学生的完美人格。这包括智慧、道德和审美特性三个方面的发展，使学生形成健康人格，追求高尚人格，养成奉献人格、独立人格、开放人格和创新性人格。评价要关注学生在这些方面的成长和进步，以引导他们成为具有健全人格和高度社会责任感的人。

评价要采用定性与定量相结合的方法。定性评价能够深入挖掘学生的内在特质和潜力，而定量评价则能够提供客观、具体的数据支持。通过一体分析，我们可以更全面地了解学生的学习情况和成长轨迹。同时，评价表达应从形成结论性评价转变为动态过程性评价，着重表现评价的指导性，以推动教育的不断发展。

创新评价手段和方法。我们要突破传统模式的束缚，继承实效方法，探索新颖方法。评价方式要尊重教育、教学规律与学生特点，评价标准应作为参考而非一成不变的依据。通过多样化的评价手段和方法，我们可以更准确地评估学生的学习成果和潜力，为他们提供更有效的指导和支持。

（六）整合评价内容

要系统考虑评价内容所涉及的各个方面，包括领导体制、队伍与课程建设，日常工作、社会实践与校园文化建设，制度建设、投入及总体效果等。这些方面相互关联、相互影响，共同构成了教育评价的整体内容。在整合这些内容时，我们要注重它们之间的内在联系和逻辑关系，确保评价内容的全面性和系统性。

要以教育目标为导向，将知识获取、情感归属、意志养成和行为习得等目标体系作为整合评价内容的基本标准。这些目标体现了学生全面发展的要求，也是评价教育效果的重要依据。在整合评价内容时，我们要确保评价内容与这些目标相契合，能够全面反映学生在知识、情感、意志和行为等方面的成长和进步。

要注重评价内容的可操作性和可量化性。通过设定具体的评价指标和权重，将评价内容转化为可衡量的数据，以便于对教育效果进行客观、准确的评估。在整合评价内容时，我们要充分考虑数据的可获取性和可比性，确保评价结果的科学性和公正性。

要建立简约、系统的评价机制。避免评价内容过于烦琐和复杂，力求用简洁明了的方式呈现评价结果。同时，我们还要注重评价机制的灵活性和适应性，能够根据时代的发展和教育的变化及时进行调整和完善。

（七）改善评价环境

一个良好的评价环境能够激发评价主客体的积极性，促进评价工作的顺利开展，从而确保评价结果的客观性和公正性。为了改善评价环境，我们可以从以下几个方面入手。

领导要高度重视思想政治教育评价工作，将其摆在高校工作的首要位置。领导的支持和重视能够为评价工作提供有力的组织保障和政策支持，确保评价工作的顺利进行。领导还要积极参与评价工作，为评价工作提供指导和帮助，推动评价工作的深入开展。

评价者之间要团结一致、协同配合，形成合力。评价者应该具备高度的责任感和使命感，以客观、公正的态度对待评价工作。评价者之间要加强沟通和交流，共同研究评价标准和方法，确保评价工作的准确性和科学性。评价者还要注重自身素质和能力的提升，不断学习和掌握新的评价理念和方法，以更好地服务于评价工作。

评价工作还需要健全的组织机构、妥当的计划安排以及完备的条件保障。高校应该设立专门的评价机构，负责评价工作的组织和实施。要制订详细的评价计划和方案，明确评价目标、内容和方法，确保评价工作的有序开展。还要提供必要的物质条件和技术支持，为评价工作提供有力的保障。

教育者要善于驾驭社会大环境，特别是要关注社会风气对思想政治教育的影响。教育者要引导学生理性思考，正确看待社会现象和问题，避免理论脱离实际。教育者还要加强与学生的沟通和交流，了解学生的思想和需求，有针对性地开展教育工作，提升教育的针对性和实效性。

（八）更新评价技术

随着科技的进步，我们可以利用先进的技术手段来优化评价流程、提高评价效率，使评价工作更加系统、动态、即时、公平和高效。

可以借助网络平台进行网上教育评价，构建网上评价系统。这一系统能够实现在线数据采集、归纳和分析，方便评价者对教育主体、客体、环境以及介体等进行全面跟踪和分析。网上评价系统还可以实现定量分析与定性分析的结合，使评价结果更加科学、客观。

开发相关的评价软件系统也是更新评价技术的重要手段。这些软件系统能够根据不同的评价需求，设计相应的评价问卷、量表和模型，实现自动化数据采集、处理和分析。通过软件系统的支持，我们可以随时分类调查，对教育主体、客体、环境、介体等进行深入剖析，为改进思想政治教育工作提供有力支持。

利用大数据、云计算等先进技术进行教育评价也是未来的发展趋势。通过对海量数据的挖掘和分析，我们可以更加准确地了解思想政治教育工作的实际情况，发现存在的问题和不足，为制定针对性的改进措施提供依据。

为了确保评价技术的有效性和可靠性，我们还需要加强技术培训和指导，提高评价者的技术素养和应用能力。也要关注技术更新和升级，及时引入新的技术手段和方法，以适应教育评价工作的不断发展变化。

第七章　组织维度：新时代构建“大思政”育人格局的组织建设

第一节　坚持党建引领，构建高校组织育人工作体系

高等教育已经超越了传统的知识传授与技能训练，转向更为全面的人格教育和社会责任教育。这一转变旨在培养具备全面素质、能够积极贡献社会的高素质人才。其中高校党建不仅扮演着引领者的角色，更是推进三全育人组织体系建设的关键力量。

一、高校党建引领构建组织育人体系的优势

（一）党建引领是构建组织育人体系的根基

在庆祝中国共产党百年华诞的盛大庆典上，习近平总书记深情回顾了党百年奋斗的光辉历程，明确指出实现中华民族伟大复兴必须牢记历史、创新

未来，坚定维护中国共产党的坚强领导。[①]这一原则在教育领域同样具有深远意义。在构建三全育人体系的过程中，党建引领发挥着举足轻重的作用，它是确保育人工作正确方向、推动育人工作深入发展的根基。

党建引领为构建三全育人体系提供了明确的指导。全面落实党的教育方针，就是要回答我们要培养什么样的人、如何培养人、为谁培养人这三个根本问题。通过党建引领，我们能够坚持正确的育人方向，确保教育工作始终沿着党的教育方针前进。这不仅有助于培养符合社会主义现代化建设需要的高素质人才，还能够为国家的长远发展提供有力的人才保障。

党建引领有助于形成育人的价值共识。通过坚持马克思列宁主义、毛泽东思想和中国特色社会主义理论体系，特别是新时代中国特色社会主义思想，我们能够达成育人的价值共识。这不仅能够引导学生树立正确的世界观、人生观和价值观，还能够为他们的成长提供正确的价值导向。通过党建引领，我们能够在全校范围内形成弘扬社会主义核心价值观的行动共识，推动校园文化的健康发展。

党建引领还能够促进三全育人体系的落地实施。从高校党委的协调领导到教育教学、学生行政管理等各个环节，党建引领都能够发挥积极作用。通过加强党组织建设，发挥党员的先锋模范作用，我们能够推动各项育人工作的深入开展。党建活动的开展让我们能够增强师生的凝聚力和向心力，为育人工作提供强大的精神动力。

（二）党的组织力是构建育人体系的重要推力

党的组织力，深刻影响着育人目标的实现和基层组织力量的调动。这种力量由多个关键组成部分构成，包括政治方向设定力、组织辐射力、群体连接力、社会影响力、发展驱动力以及自我更新力。这些力量共同构成了党的组织力的丰富内涵，为育人体系的健康运行和持续发展提供了强大支撑。

自1921年中国共产党诞生以来，党就以其强大的组织力带领中国人民不

① 中共中央关于党的百年奋斗重大成就和历史经验的决议[N]. 人民日报，2021-11-17（001）.

断前进，取得了举世瞩目的辉煌成就。这种组织力不仅体现在党对国家和社会的全面领导上，更体现在党对教育事业的深刻影响和有力推动上。通过发挥党的组织力，我们能够确保教育工作的正确方向，推动育人体系的不断完善和创新。

三全育人理念强调全员、全程、全方位育人，涵盖了教育教学的各个环节和各个层面。在这一理念下，高校党组织可以充分发挥其组织优势，通过基层党组织的凝聚、创新和战斗实力，将党的组织力转化为推动教育发展的强大动力。具体来说，高校党组织可以通过加强师生党员的教育和管理，发挥党员的先锋模范作用，引领广大师生树立正确的价值观和人生观；还可以通过加强与社会各界的联系和合作，拓宽育人渠道和资源，为培养高素质人才提供有力保障。

党的组织力在育人体系中的作用还体现在对教育资源的整合和优化上。通过党组织的协调和组织，我们可以将各种教育资源进行有效整合，形成育人合力；通过优化资源配置，提高教育资源的利用效率，为育人工作提供更为坚实的基础。

（三）组织育人是高校治理现代化的有效保障

坚持以习近平新时代中国特色社会主义思想为指导，紧紧围绕立德树人这一根本任务，通过党建引领，使组织建设与思政教育相互融合、相互促进，这已成为高校各级基层党组织的核心使命。组织育人不仅是高校党建工作的重要组成部分，更是推动高校治理现代化的有效保障。

组织育人有助于强化高校内部各类组织的育人职责。通过加强各级团委、学生会、学生社团等组织的联系与服务，我们能够更有效地团结和凝聚师生，形成育人合力。这些组织在学生的成长过程中发挥着举足轻重的作用，它们不仅为学生提供了丰富的课外活动和实践机会，更是培养学生领导力、团队协作精神和创新能力的重要平台。

组织育人有助于将思想政治教育贯穿于教育教学各项工作中。通过党建引领，我们可以将党的教育方针和育人理念融入各类组织的日常工作中，使思想政治教育更加贴近学生实际，更加具有针对性和实效性。这不仅能够帮助学生树立正确的世界观、人生观和价值观，还能够为他们未来的职业发展和社会参与奠定坚实的基础。

将育人体系和高校党建工作有机结合，能够有力推进高等教育目标的实现。高校党建工作不仅是党的基层组织建设的重要组成部分，更是推动高等教育事业发展的重要力量。通过党建引领育人体系，我们能够更好地协调和落实育人工作，确保高等教育事业始终沿着正确的方向前进。

二、高校党建组织育人存在的问题

（一）高校党建组织育人功能不够突出

高校党建组织育人功能不够突出的问题，主要源于多个方面的挑战和限制。

基层党组织建设存在弱化虚化的现象。部分高校在党建工作中，对基层党组织的建设重视不够，导致党组织的功能和影响力有限。这主要表现在党员教育和管理的不足，基层党组织在思想引领、组织动员、服务师生等方面的作用发挥不充分，从而影响了其育人功能的发挥。

基层党组织活动创新不够。传统的党建活动形式单一，内容枯燥，难以吸引师生的兴趣和参与。部分高校基层党组织在活动开展中缺乏创新思维和活力，没有紧密结合学校的教学、科研、管理等工作实际，导致活动效果不佳，育人功能难以体现。

党组织设置方式不够科学。一些高校在党组织设置上缺乏科学性和合理性，没有充分考虑到学校的学科特点、师生分布等因素，导致党组织在覆盖面和影响力上存在不足。党组织之间的协同合作机制也不完善，难以形成育人合力。

基层党组织的战斗堡垒作用不突出。基层党组织在应对突发事件、解决师生实际问题等方面，缺乏足够的应对能力和处置经验，导致其在师生中的威信和影响力不足。这在一定程度上削弱了基层党组织的育人功能。

（二）高校党建组织育人效果不够明显

高校党建组织育人效果不够明显主要体现在以下几个方面。

第一，党员示范引领作用发挥不足。高校党组织应该是培养优秀党员和发挥党员先锋模范作用的重要平台。现实中部分党员并没有充分展现出应有的示范引领作用，他们在学习、工作、生活中与普通师生没有明显的区别，甚至在道德品行、学术诚信等方面出现失范行为，这严重削弱了党建组织的育人效果。

第二，基层党组织活动参与度低。基层党组织活动是加强党员教育、提升组织凝聚力的重要途径。然而，由于活动内容单一、形式陈旧，或者与师生的实际需求脱节，导致许多基层党组织活动参与度低，甚至出现“走过场”的现象。这不仅浪费了资源，也影响了党建组织育人功能的发挥。

第三，党建与业务工作融合度不高。高校的中心任务是教学、科研和人才培养，而党建工作应该紧紧围绕这些中心任务展开。然而，现实中部分高校党建组织存在与业务工作“两张皮”的现象，党建工作与业务工作缺乏有效融合。这导致党建工作难以深入教学、科研等实际工作中，也难以在业务工作中发挥应有的育人作用。

第四，师生对党建组织认同感不强。高校党建组织应该成为师生信赖和依靠的坚强后盾。不过由于部分党建组织工作不够深入、不够细致，或者存在形式主义、官僚主义等问题，导致师生对党建组织的认同感不强。这不仅影响了党建组织的形象和声誉，也制约了其育人功能的发挥。

（三）高校党建组织育人机制制度不够健全

高校构建党建组织育人体制机制，关键是要围绕“立德树人”这一根本任务，以党建为统领，把握思想政治工作规律，探索构建一体化育人体系，形成长效工作机制。在构建完善相关制度方面，高校党建组织育人机制制度不够健全。

在构建“三位一体”人才培养体系方面，高校党建组织往往过于注重知识传授，而忽视了价值塑造和能力培养的重要性。这导致学生在接受教育的过程中，可能只关注了专业知识的学习，而忽视了自身价值观的形成和实践能力的提升。因此，高校党建组织需要进一步完善制度，确保价值塑造、能力培养和知识传授三者并重，形成相互支撑、相互促进的人才培养格局。

在构建高素质专业化创新型人才引育体系方面，高校党建组织也面临着挑战。由于制度不健全，高校在引进和培育人才时可能缺乏明确的标准和程序，导致人才质量参差不齐，无法满足学校发展的需求。高校党建组织需要建立健全人才引育机制，制定科学的人才评价标准，加强人才的选拔、培养、使用和管理，为学校的长远发展提供有力的人才保障。

在构建党统一指挥、全面覆盖、权威高效的监督体系方面，高校党建组织也存在制度缺陷。由于缺乏有效的监督机制，一些基层党组织在执行党的路线方针政策时可能出现偏差，甚至出现违纪违法行为。高校党组织需要建立健全监督机制，加强对基层党组织和党员的监督和管理，确保党的路线方针政策得到正确贯彻执行。

三、高校党建组织育人体系的构建

（一）坚持把政治建设摆在首位，强化政治建设在高校党建组织育人体系构建过程的统领作用

一是以党的政治建设引领构建高校党建组织育人体系。通过加强党的政治建设，可以引导高校师生坚定政治信仰，树立正确的世界观、人生观和价值观，从而培养出更多具有社会责任感、创新精神和实践能力的优秀人才。

二是以新时代党的建设总要求为构建党建组织育人体系提供有力支撑，是确保高校育人工作符合时代要求、适应社会发展需求的重要保障。通过全面推进党的各项建设，可以不断提升高校党组织的组织力和战斗力，为高校育人工作提供坚实的组织保障和制度保障。

三是突出政治功能，以高标准、高质量党建引领教育事业改革发展，是

提升高校育人效果的重要途径。通过加强基层党建工作，可以激发基层党组织的活力和创造力，推动高校各项事业不断向前发展。

（二）全面加强基层党组织建设，把新时代党的组织路线贯穿高校党建组织育人体系构建的全过程

全面加强基层党组织建设，把新时代党的组织路线贯穿高校党建组织育人体系构建的全过程，这是一项具有深远意义的工作。这不仅是贯彻落实习近平总书记关于基层党组织建设重要论述的具体行动，也是推动高校党建工作与育人工作深度融合、共同发展的重要举措。

通过贯彻落实习近平总书记关于加强基层党组织的重要论述，高校能够明确基层党建的重点任务，并制订出切实可行的行动计划。例如，广东技术师范大学通过制订全面加强基层党组织建设三年行动计划，将高校基层党建重点任务落到实处，有效提升了基层党组织的组织力和战斗力。

构建完善的“十大育人”体系，培育党建组织文化，能够全面强化党建组织育人功能。这要求高校在推进党建工作的过程中，注重与育人工作的结合，通过打造基层党建精品，建设“学习型、服务型、创新型”党支部等方式，培育积极向上的党建组织文化，使党建工作成为推动学生全面发展的重要力量。

建立健全基层党组织建设工作制度，对于提升基层党组织建设的规范化、科学化、制度化水平至关重要。高校应制定与修订选人用人、支部建设、党员管理等方面的制度，确保基层党建工作的有序开展，并为党建组织育人提供坚实的制度保障。

在实践过程中，高校还应注重创新，利用现代信息技术等手段提高党建工作的效率。例如，通过建立线上党建平台、开展网络党课等方式，方便党员随时随地参与党建活动，提升党建工作的吸引力和影响力。

高校还应加强对基层党组织建设工作的监督和考核，确保各项任务得到有效落实。通过建立科学的考核评价体系和激励机制，可以激发基层党组织和党员的工作积极性和创造力，推动高校党建工作不断迈上新的台阶。

（三）认真办好思想政治理论课，坚持铸魂育人、守正创新，完善育人工作机制

创建“大思政”工作格局，形成一体化育人的合力机制。高校应坚持党对教育工作的全面领导，充分发挥党建的引领作用，从人才培养机制、教学改革、学科建设、科学研究、组织建设等多方面入手，将思想政治工作贯穿于教育教学全过程。通过构建党委领导、权责明确、齐抓共管的育人机制，形成全校上下共同参与、协同育人的良好氛围。

实施人才强校战略，增强一体化育人的师资力量。高校应着力加强思政课教师队伍建设，通过引进高层次人才、完善选拔培养机制、加强思想政治工作队伍和辅导员队伍建设等措施，打造一支政治素质过硬、业务能力精湛、育人水平高的师资队伍。加强师德师风建设，引导教师以德立身、以德立学、以德施教。

落实立德树人根本任务，创新育人载体，推进育人一体化。高校应积极探索落实立德树人工作机制的有效路径，通过开展主题教育、建立思政工作督查和通报工作机制、构建完善“十大育人体系”等方式，将立德树人融入课堂教学、社会实践、校园文化等各个环节。注重运用现代信息技术手段，创新育人方式和方法，提高育人效果。

在构建高校党建组织育人体系方面，高校应坚持党对教育工作的全面领导，发挥政治建设的引领作用，突出党建组织育人政治功能。通过创新基层党组织建设载体和制度，激活党建组织体系活力，构建完善党建组织育人体系。加强基层党组织建设，提升党组织的组织力和战斗力，为培养担当民族复兴重任的时代新人提供坚强的政治保障和组织保障。

第二节　坚持立德树人，深化“三全育人”综合改革

立德树人是高校的根本任务，这一点在新时代的教育工作中显得尤为重

要。它不仅是高校教育工作的核心，更是关乎党的事业后继有人、国家前途命运的重要任务。深化“三全育人”综合改革，提升高校思想政治工作质量，一体化构建高校思想政治工作体系，正是我们在新时代落实立德树人根本任务，回答“培养什么人、怎样培养人、为谁培养人”这一根本问题的关键举措。

一、“三全育人”格局逐步形成，让立德树人根本任务落地见效

习近平总书记在全国高校思想政治工作会议上强调指出：“要坚持把立德树人作为中心环节，把思想政治工作贯穿教育教学全过程，实现全程育人、全方位育人，努力开创我国高等教育事业发展新局面。”[①]“三全育人”格局的逐步形成，使得立德树人这一根本任务得以落地见效。这一格局的构建是对新时代教育工作的积极响应，旨在通过全员、全程、全方位的育人方式，实现立德树人的目标。

在全员育人方面，强调所有教育工作者都应当参与到育人工作中来，形成共同的教育合力。这要求教职工不仅要履行好自己的教学职责，还要积极参与学生的思想政治教育、心理辅导、职业规划等各个方面，为学生提供全方位的关怀和指导。

在全程育人方面，注重育人工作的连续性和系统性。高校德育工作并非一蹴而就，而是需要长期的努力和坚持。因此，要将立德树人贯穿于整个大学阶段，从入学教育到毕业教育，从课堂学习到社会实践，都要注重培养学生的道德品质和社会责任感。

在全方位育人方面，力求打破传统的德育模式，整合校内外各种教育资

① 习近平在全国高校思想政治工作会议上强调：把思想政治工作贯穿教育教学全过程开创我国高等教育事 业发展新局面[N]. 人民日报，2016-12-09.

源，形成全方位的育人网络。这包括加强校园文化建设、开展丰富多彩的课外活动、加强与社会的联系和合作等，让学生在多元的环境中成长和发展。

“三全育人”格局的形成是一个系统工程，需要高校全体师生的共同努力和配合。通过不断完善和优化这一格局，能够更有效地落实立德树人的根本任务，培养出更多德才兼备的优秀人才。

二、“三全育人”综合改革的时代意义

“三全育人”综合改革不仅是教育领域的一次深刻变革，更是对国家发展、社会进步和人才培养具有战略意义的重大举措。

第一，“三全育人”综合改革是对习近平总书记关于教育的重要论述的深入贯彻和实践。习近平总书记多次强调教育的重要性，特别是在立德树人方面的根本任务。深化“三全育人”综合改革，正是将这些重要论述转化为具体行动，确保教育的方向正确、目标明确、路径清晰。通过全员、全程、全方位的育人方式，我们能够更好地培养学生的综合素质，为党和国家事业培养更多优秀人才。

第二，“三全育人”综合改革是落实立德树人根本任务的重要方法论。在当前时代背景下，人才培养面临着前所未有的机遇和挑战。深化“三全育人”综合改革，有助于我们更好地回答“培养什么人、怎样培养人、为谁培养人”这一根本问题。通过全员参与、全程关注、全方位培养，我们能够更好地实现立德树人的目标，培养出更多具有高尚品德、扎实学识、创新精神和实践能力的人才。

第三，深化“三全育人”综合改革是加快建设中国特色世界一流大学的重要抓手。世界一流大学的建设不仅需要高水平的科研和教学成果，更需要培养出世界一流的人才。深化“三全育人”综合改革，有助于我们构建具有中国特色、时代特征的思政教育体系和更高水平的人才培养体系。通过改革创新，我们能够不断提升育人质量，为建设中国特色世界一流大学提供有力支撑。

第四，深化“三全育人”综合改革还具有推动社会进步和文明发展的重要意义。教育是社会进步的重要推动力量，而“三全育人”综合改革则能够进一步提升教育的质量和效益。通过培养更多具有社会责任感、创新精神和实践能力的人才，我们能够为社会进步和文明发展注入新的活力和动力。

三、“三全育人”综合改革的宏观指向

“三全育人”综合改革的宏观指向在于全面深化高校育人工作，形成全员、全程、全方位育人的新格局，以更好地落实立德树人这一根本任务。这一改革旨在通过系统性的思维、综合性的举措和配套的机制，破解高校思想政治工作中的深层次瓶颈问题，实现人才培养质量的全面提升。

（一）构建“大思政”工作格局

“三全育人”综合改革作为一项战略性、系统性、长期性工程，其深远意义和广泛影响不容忽视。这一改革并非简单的思想政治工作和人才培养工作的堆砌，而是构建了一个集宏观、中观、微观层面于一体的贯通式育人体系。这一体系不仅全面覆盖了育人的各个环节和方面，而且确保了育人工作的连贯性和系统性，从而实现了育人的全方位、全过程、全员参与。

在新发展阶段的背景下，我们必须贯彻新发展理念，构建新发展格局。在这一过程中，人才是第一资源，而“三全育人”综合改革正是为了更好地培养和输送优秀人才，以支持改革开放和社会主义现代化建设。通过改革，我们可以进一步优化育人环境，提升育人质量，为国家和社会的发展提供坚实的人才保障。

课程育人、科研育人、组织育人、服务育人等“十大”育人体系是“三全育人”的基础和主要方面。这些体系相互补充、相互促进，共同构成了育人的完整框架。通过完善这些育人体系，我们可以确保学生在各个方面都能得到充分的培养和锻炼，从而全面提升其综合素质和能力。

为了实现育人目标，我们还需完善体制机制，采取以项目带动引领、配齐建强队伍、组织条件保障等措施。这些措施的实施可以确保育人工作的顺利开展和有效推进，使各项工作能够协同协作、同向同行、互联互通。在此基础上可以形成更加健全有力的思想政治工作领导体制和更加协同高效的思想政治工作体系。

通过“三全育人”综合改革的深入推进，我们将构建出一个所有党政部门紧密协同、各院系和各部门有效实施、教职员工广泛参与的“大思政”工作格局。这一格局的形成将极大地提升高校思想政治工作的整体水平，为培养更多德智体美劳全面发展的社会主义建设者和接班人提供有力保障。

（二）发挥党建引领作用

加强党对教育工作的全面领导，是办好教育的根本保证，深化“三全育人”综合改革，更是必须坚持党对学校工作的全面领导。在推进“三全育人”综合改革的过程中，各级党组织要形成联动效应，共同推动改革任务的落实。

校党委作为学校整体工作的“中心线”，具有引领方向、把握大局、科学决策、保证落实的核心作用。在推进“三全育人”综合改革的过程中，校党委必须始终保持政治定力，确保改革始终沿着正确的方向前进。校党委还要加强顶层设计，制订科学的改革方案，并统筹协调各方力量，确保改革措施的顺利实施。

院系党组织作为学校党委和基层党支部之间的桥梁纽带，发挥着承上启下、组织执行的重要作用。院系党组织要深入学习领会党中央和学校党委的决策部署，确保各项改革任务在院系层面得到有效落实。院系党组织还要加强自身的组织建设，提升党组织的凝聚力和战斗力，为“三全育人”综合改革提供坚强的组织保障。

基层党支部是党的基层组织的重要组成部分，是落实“三全育人”综合改革任务的前沿阵地。基层党支部要紧密结合自身实际，创新工作手段和活动方式，提高党员参与“三全育人”工作的积极性和主动性。通过推进“互联网+党建”，提升党员培育的质量，将“三全育人”要求融入支部书记培训中，不断增强党支部的战斗堡垒作用。

（三）深化评价机制改革

“三全育人”综合改革的核心在于树立以树人为核心、以立德为根本的评价导向，确保思想政治工作体系能够深入贯穿于学科体系、教学体系、教材体系、管理体系之中，为培养德智体美劳全面发展的社会主义建设者和接班人提供坚实的制度保障和组织动力。

建立以育人为导向的教师评价制度至关重要。师德作为教师职业的灵魂，应当成为教师评价的首要标准。在教师的入职、晋升、评聘、考核等各个环节，都应强调师德的重要性，并将其作为前置条件。要明确教书育人是教师的首要职责，将教学质量、教学创新以及对学生课外学习、社会实践等方面的指导成效作为教师评价的核心内容。这样不仅能激励教师更加重视教学工作，而且能引导他们积极参与“三全育人”实践，形成全员育人的良好氛围。

建立以育人为导向的教学评价制度也至关重要。教学评价是衡量教学质量、促进教学改革的重要手段。在构建教学评价体系时，应充分考虑教材建设、精品课程建设、学位论文指导等因素，并将学生的思想成长、知识获得和能力提升作为评价教学质量的关键指标。通过这样的评价机制，可以引导教师更加注重学生的全面发展，推动教学内容和方法的创新，提升教学质量。

建立以育人为导向的学科评价制度同样重要。学科评价是学科建设和发展的重要导向。在构建学科评价体系时，应将“三全育人”的要求和成效作为重要指标，特别是在哲学社会科学学科评价中，更应强调其对中国实际问题的关注和回答。通过这样的学科评价制度，可以引导学科发展更加贴近实际、贴近生活、贴近群众，推动学科建设与人才培养的深度融合。

（四）激发育人主体活力

在“三全育人”理念的指导下，学校师生员工都是育人的主体，他们各自扮演着重要的角色，共同为育人事业贡献力量。为了充分激发这些育人主体的活力，形成育人成效的合力，可以从以下几个方面着手。

第一，重视发挥教师育德育人的主体作用。教师作为教育工作的核心力量，他们的言传身教对学生产生着深远的影响。全体教师应当牢记为党育人、为国育才的初心使命，不断提升自身的思想政治素质和教育教学能力，做学生为学、为事、为人的示范。教师应当积极投身“三全育人”实践，将德育融入课堂教学、实践教学和日常管理中，帮助学生树立正确的世界观、人生观和价值观。

第二，发挥学生立德成才的主体作用。学生是教育的对象，也是育人的主体。在“三全育人”过程中，应当充分尊重学生的主体地位，激发他们的主动性和创造性。广大学生应当坚定“四个自信”，树立远大的理想和信念，努力学习科学文化知识，锤炼品德修养，勇于创新实践，为实现中华民族伟大复兴的中国梦贡献自己的力量。

第三，发挥院系办学主体作用。院系是学校育人的重要基地，应当全面激发其“三全育人”的主体作用。院系要贯彻落实学校各项改革举措，将育人的要求全面融入专业培养中，构建符合“三全育人”要求的课程体系、教学模式和评价机制。院系要把育人的成效作为检验学科建设、队伍建设、组织建设的核心指标，推动各项工作围绕育人这一核心目标展开。

四、“三全育人”综合改革的实践路径

综合改革是在原来育人工作基础上做加法、做乘法，既要让长处更长、优势更优、特色更特，也要补短板、强弱项、破难题，要使各项工作形成加快推进“三全育人”综合改革的叠加效应，全面提升育人质量和水平。

（一）抓住课堂主阵地

“三全育人”综合改革的核心在于全面增强育人效果，提升人才培养质

量。在这一过程中，课堂作为育人的主阵地，其功能的强化与教育教学质量的提升显得尤为重要。

要大力提升思政课质量。思政课是立德树人的关键课程，其重要性不言而喻。为了提升思政课质量，我们应注重课程内容的时效性、针对性和吸引力，确保课程内容紧跟时代步伐，贴近学生实际，能够引发学生的共鸣和思考。要加强思政课教师的队伍建设，提升教师的专业素养和教学能力，确保他们胜任这一重要任务。

全面深入推进课程思政建设。高等学校各门课程都具有育人功能，因此，我们需要在各门课程中融入思政元素，实现价值引领与知识传授的有机结合。在课程设计上，要深入挖掘各门课程的思政内涵，将思政教育与专业教育相结合，使学生在学习专业知识的同时，也能受到思政教育的熏陶。还应加强课程思政的实践教学，通过实践活动让学生亲身体验、感悟思政教育的魅力。

着力加强专业育人、学科育人、科研育人。教研一体、学研相济的科教协同育人机制是提升育人效果的重要途径。我们应建立健全这一机制，将思想价值引领贯穿学生选题设计、科研立项、项目研究、成果运用的全过程。通过科研活动培养学生的科学精神、创新能力和实践能力，同时引导学生将所学知识应用于解决实际问题中，实现知行合一。还应加强学科交叉融合，打破学科专业壁垒，推动多学科共同育人，以构建中国特色、中国风格、中国气派的学科体系、学术体系、话语体系为契机，增强学生科研报国的意识。

（二）抓住教师主力军

教师是教育工作的中坚力量，在“三全育人”综合改革中扮演着至关重要的角色，加强教师队伍建设，提升教师的思想政治素质和专业能力，是推进“三全育人”综合改革的必然要求。

加强教师思想政治工作是提升教师素质的关键。要让广大教师成为始终同党和人民站在一起的信念坚定者，必须突出政治引领，落实政治理论学习。通过深入学习习近平新时代中国特色社会主义思想，武装教师头脑，坚定教师的理想信念。建立“三关心一引领”工作机制，关心教师的工作、生活和发展，把教师紧紧团结在党组织周围。还应构建适应高素质创新型教师队伍建设需求的培训体系，将育人意识和育人能力作为教师培训的重要内容，提升教师的教育教学水平。

加强师德师风建设是塑造教师良好形象的重要途径。要让广大教师成为促进学生全面发展的“大先生”，必须弘扬师德文化，开展师德榜样教育。通过举办师德宣传活动，表彰优秀教师，树立师德典范，激励广大教师向榜样学习。落实师德规范，宣传教师职业行为准则和学校规章制度，让教师明确行为底线。完善师德制度体系，建立重师德师风、重育人贡献的评价导向，落实师德考核监督惩处机制，确保教师行为符合职业道德要求。

加强教师实践锻炼是提升教师实际能力的有效方式。要推动广大教师着眼国家重大需求，致力于解决实际问题。通过统筹安排教师挂职锻炼、国情考察、社会服务等工作，构建大实践格局，让教师在实践中增长才干、锤炼品质。鼓励支持教师发挥专业特长和经验优势，积极参与理论宣传、学生指导、咨政建言、文化科技卫生“三下乡”活动、志愿服务等工作，为社会做出积极贡献。

（三）抓住育人新空间

“三全育人”综合改革需要遵循学生的成长成才规律，紧密结合学生的新变化新特点，不断创新育人方式，形成全方位、多层次的育人空间格局。

建设生活园区育人空间。生活园区作为学生日常居住和活动的重要场所，应当充分发挥其育人功能。通过强化书院的思想引领和政治引领功能，将学校的育人资源有效下沉到园区和书院，可以为学生提供更加全面、深入的教育。打造全面发展的第二课堂、文化育人的生活园区、师生共享的公共空间和学生自我管理的教育平台，有助于学生在日常生活中养成良好的行为习惯和道德品质，实现德智体美劳全面发展。

拓展社会育人大舞台。社会是学生成长成才的重要课堂，通过统筹专业教师、辅导员、校友、社会等多方资源，构建实践育人体系，可以让学生在亲身参与中认识国情、了解社会，增强社会责任感和实践能力。这种实践育人体系应当与思想政治教育、学生党建、教学计划、服务社会以及生涯规划和就业选择相结合，形成有机整体，让学生在实践中得到全面的锻炼和提升。

占领网络育人空间。互联网时代为育人工作提供了新的平台和机遇。通过推动育人工作联网上线，牢牢把握网络意识形态主导权，可以满足学生在互联网时代的学习、生活、精神、文化需求。应当注重融合互通、守正创新、共建共治，催生一批高质量的网络文化产品，形成线上线下的协同育人效应。这不仅可以提升育人工作的针对性和实效性，还可以提升学生对网络信息的辨识能力和抵御不良信息的能力。

第三节　“大思政”理念下师资队伍建设路径

“大思政”理念是指在党的领导下，以社会主义核心价值观为指导，以立德树人为根本任务，以学生全面发展为目标，以家庭教育为基础，以社会协同为保障，以创新为动力，以提高学生思想政治素质和道德水平为主要内容，全面推进思想政治教育的理念。“大思政”理念的提出，标志着思政建设进入新的发展阶段。“大思政”关键在教师，重点在构建以思政课教师为主体、多方力量协同参与的师资队伍。

一、“大思政”师资队伍的构成

思政课教师是施行“大思政”理念的核心力量，其队伍建设的质量直接关系到实践育人的效果。思政课教师与辅导员、各类课程教师以及校外思政课教师在“大思政”建设中扮演着重要的角色。

思政课教师和辅导员是构成“大思政”师资队伍的主体。思政课教师凭借其专业的马克思主义理论和相关学科背景，承担着直接传播社会主义核心价值观、党的创新理论等关键内容的教学任务。而辅导员则通过党课、团课、主题班会等多元化的活动，对学生进行价值观的引导和塑造。这两者在“大思政”育人过程中相辅相成，共同构成了师资队伍的坚实基础。

各类课程教师的参与实现了“大思政”师资队伍的全覆盖。无论是社会科学类课程还是自然科学和工程课程，都蕴含着潜在的思想政治教育资源。通过挖掘这些资源并巧妙地融入课程教学中，各类课程教师能够在传授知识的同时，引导学生树立正确的价值观，实现思政育人的全覆盖。这种跨学科的思政育人方式不仅丰富了“大思政”的内涵，也提高了思政教育的实效性和针对性。

校外思政课教师队伍为“大思政”师资队伍提供了有益补充。这些校外教师来源广泛，具有丰富的实践经验和专业知识，能够将思政小课堂与社会大课堂紧密结合起来，为学生提供更加真实、生动的思政教育体验。他们的参与不仅拓展了“大思政”的教育空间，也增强了思政教育的吸引力和感染力。

二、“大思政”师资队伍建设的路径

（一）增强“大思政”师资数量

要增加“大思政”师资数量，需要从引进和培养两方面入手，并结合高校的实际情况，采取切实可行的措施。

在引进方面，高校应该加大招聘力度，扩大招聘范围，利用多种渠道吸引优秀的思政教师人才。对于引进的思政教师，高校应该给予良好的待遇和福利，提供良好的工作环境和发展空间，确保他们能够安心工作，发挥出最大的潜力。高校还应该与具有马克思主义学科博士学位培养资格的高校建立合作关系，开展人才交流和合作培养，为引进更多优秀的思政教师人才奠定基础。

在培养方面，高校应该注重内部师资的挖掘和培养。对于已经从事思政教学工作的教师，应该通过定期的培训、交流和学习，提高他们的专业素养和教学水平。高校还应该鼓励其他专业的教师参与思政教学工作，通过转岗、兼职等方式，增加思政教师的数量。高校还可以开展“以老带新”“结对子”等活动，让经验丰富的老教师帮助新教师快速成长，提高整个师资队伍的教学水平。

（二）完善“大思政”师资队伍结构

从优化师资队伍总体结构和优化课程教学团队结构两个方面入手，能够推动“大思政”师资队伍建设的全面发展。

在优化师资队伍总体结构方面，要注重学科背景的多元化，引进和培养具备马克思主义学科背景以及其他相关学科背景的教师，以形成交叉融合的团队合作，激发教学创新活力。要优化教师工作结构，通过专兼职协同、激励保障等方式，调节师资队伍的工作模式，提高教师的工作积极性和主动性。要优化师资来源结构，通过社会招聘、校园招聘、内部轮岗选拔等多种方式，吸引和留住优秀师资，为“大思政”师资队伍的建设提供源源不断的人才支持。

在优化课程教学团队结构方面，要注重选拔和培养团队负责人，使其具备卓越的教学能力和领导能力，成为团队建设的领军人物。要建设优秀的教学团队，注重团队成员在职称、年龄、性别等方面的梯队和协调属性，形成团结协同、学科交叉、能力互补的教学团队。还要加强团队之间的交流互动，分享教学经验和方法，共同探讨和解决教学中的实际问题，推动教学水平的整体提升。

（三）提升“大思政”师资队伍的研究水平

针对当前“大思政”师资队伍面临的科研时间不足、科研成果发表难、职称晋升标准不合理以及教学与科研考核失衡等问题，可以采取以下两方面的对策。

1.加强师资培训，提升个体研究能力

高校应优化教师的时间和精力分配。在确保完成基本教学工作量的前提下，重新安排教研室活动及会议时间，为“大思政”师资队伍腾出更多用于科研的时间和空间。通过引进思政课教学科研领域的专家学者，与教师开展互动交流，指导教学和科研实践，从而提升教师的科研能力和水平。

利用寒暑假等时间节点，积极组织教师参与各类学术研讨班、培训班。这不仅有助于教师开阔视野、学习新知识，还能有效调节心情，缓解教学压力。通过培训，教师可以掌握更先进的科研方法，提升科研效率，为今后的科研工作打下坚实基础。

2.加强科研团队建设，发挥集体智慧优势

鼓励教师组建科研团队，集中优势力量攻坚具体研究领域。通过团队协作，可以弥补个人在知识、技能等方面的不足，提高科研成果的质量和水平，团队内部的交流与合作也能激发创新思维，产生更多有价值的科研成果。

高校应充分利用体制优势，建立相关研究所、研究院等平台，为科研团队提供必要的支持和保障。在人力、财力、物力等方面给予充分投入，为科研团队创造良好的研究环境和条件。

完善科研团队的管理制度和激励机制。通过建立科学合理的评价体系和奖惩机制，激发团队成员的积极性和创造力。加强团队之间的交流与合作，促进不同团队之间的资源共享和优势互补，推动整个“大思政”师资队伍科研水平的提升。

（四）引领“大思政”师资队伍价值实现

1.激发教师传道授业的动能

教师作为人类灵魂的工程师，肩负着培养学生、启迪智慧、传承文明的神圣使命。在“大思政”教育体系中，教师更是扮演着举足轻重的角色，他们不仅要传授知识，更要引导学生树立正确的世界观、人生观和价值观，帮助他们成长为有理想、有道德、有文化、有纪律的社会主义建设者和接班人。长期、高强度的教学工作往往使教师面临巨大的职业压力，导致职业倦怠现象频发。这不仅影响了教师的工作积极性和创造性，也制约了“大思政”教育的深入发展。因此如何调节教师工作节奏、激发教师工作动能，成为当前“大思政”师资队伍建设的重要课题。

要激发教师传道授业的动能，高校可以从优化保障措施和强化激励政策两方面入手。在保障措施方面，要确保教师的基本待遇，包括合理的薪资水平、完善的福利待遇等，使教师能够安心从教、乐于从教；要为教师创造适度的工作压力，避免过度的工作压力导致教师身心疲惫；还要建立匹配的考核制度，既要对教师的教学成果进行客观评价，又要注重教师的个人成长和发展。

在激励政策方面，高校可以通过提供良好的培训和发展机会，帮助教师不断提升专业素养和教学能力。适度的精神和物质奖励也是激发教师工作动能的重要手段。高校可以设立优秀教学成果奖、科研创新奖等奖项，对在教学和科研方面取得突出成绩的教师给予表彰和奖励。

2.提高教师职业价值认可

提高教师的职业价值认可，不仅是激发教师工作热情、提升教学质量的关键，更是实现教师个体价值与团队价值和谐统一的重要途径。

我们要从思想理念上深化对“大思政”教育的认识。思政课的教学内容不仅关乎知识的传授，更在于帮助学生树立正确的世界观、人生观和价值观。对思政课教学内容的认可，实际上是对其教育价值和意义的肯定。思政课教学指向的是培养学生的综合素质和社会责任感，这种指向的认可体现了对“大思政”教育目标的认同。

在工作机制上，高校应建立科学的评价体系，全面、客观地评估“大思政”教师的教学成果和贡献。这包括对他们在教学创新、学生指导、学科研究等方面的成就给予充分认可。通过举办教学成果展示、经验交流等活动，让更多的人了解“大思政”教育的成果和价值，从而增强社会对这一师资队伍的认可。

从实施路径上看，提高教师职业价值认可度需要多方面的共同努力。高校应加大对“大思政”师资队伍建设的投入力度，改善他们的工作和生活条件，为他们提供必要的支持和保障。加强师德师风建设，引导教师树立正确的职业观念和价值观，提升他们的职业素养和道德水平。

引导教师提高职业自豪感和工作认同感也是至关重要的。教师作为“传道”者，肩负着培养担当民族复兴大任的时代新人的重任。他们应该明确自己的职业定位，担当起职业责任，用马克思主义世界观和方法论武装学生的思想和头脑。树立职业自信，坚持职业信念，不断提高自身的专业素养和教学能力。

第八章　实践维度：新时代构建“大思政”育人格局的实践模式

第一节　实践育人概述

一、实践育人的内涵

教育作为培养人的社会实践活动，在人类社会发展中扮演着举足轻重的角色。教育不仅是知识的传递，更是人格的塑造和价值观的培养。它像一面镜子，映射出人类文明的进步与发展。通过教育，人们能够了解历史、认识社会、掌握技能，进而实现自我价值和社会价值。教育在促进人的全面发展方面发挥着不可替代的作用，它关注人的身心健康、道德品质、审美情趣等多个方面，致力于培养具有创新精神和实践能力的人才。

教育并非简单的理论说教。单纯的理论教育往往难以引起学生的兴趣、调动学生的热情，而实践教育则能够让学生通过亲身参与和体验，获得真切的感悟和认知。在实践中，学生不仅能够加深对理论知识的理解，还能够锻炼自己的实践能力，提升综合素质。因此，理论教育与实践教育是教育正常运行和发展的“两翼”，二者相辅相成，缺一不可。在教育过程中，我们应该注重理论与实践的结合，让学生在掌握理论知识的同时，也能够具备实际操作的能力。只有这样，教育才能真正发挥其应有的作用，培养出既有理论知识又有实践经验的人才，为社会的进步和发展贡献力量。

实践育人是一种深度结合教育与社会实践，旨在促进学生全面发展的教育理念。它让学生有机会通过亲身参与和体验，将理论知识转化为实际能力，进而形成高尚品格、家国情怀、创新精神和实践能力。这一育人方式不仅有助于学生全面了解社会、融入社会、奉献社会，更在塑造学生个体、培养时代新人方面发挥着不可替代的作用。

第一，实践育人使学生有机会深入了解社会，增长才干。对于长期生活在象牙塔中的学生来说，社会实践是一个了解国情、社情、民情的宝贵机会。通过参与社会实践活动，学生能够直接面对社会的复杂性和多样性，从而更加理智、客观地看待社会问题，增强爱国情感和社会责任感。

第二，实践育人有助于提升学生的个人修养和人格魅力。在社会实践中，学生需要面对各种挑战和困难，这有助于培养他们坚韧不拔、勤奋务实的品质。通过与社会各界的交流互动，学生还能学会尊重他人、理解包容，从而不断完善自己的人格。

第三，实践育人能够强化学生的服务意识和奉献精神。通过参与志愿服务、社区建设等实践活动，学生能够更加深刻地认识到个人与集体、国家之间的紧密联系，自觉地将个人追求与集体和国家的前途命运结合起来，形成乐于奉献、团结协作的精神风貌。

第四，实践育人还有助于培养学生的科学精神。在实践中，学生需要运用所学知识解决实际问题，这不仅能提高他们的分析辨别能力，还能使他们在解决问题的过程中逐步培养起求真务实、探索创新的科学态度。

第五，高校实践育人的本质在于培养大学生对马克思主义的行为认同。这种认同不是简单的知识记忆或理论背诵，而是要在实践中真正理解和运用马克思主义，将其内化为自己的行动指南。我们需要构建从幼儿园到大学相互贯通、逐层递进的实践育人模式，让学生在不同阶段都能获得相应的实践锻炼和成长机会。

二、实践育人的功能

实践育人作为学校教育的重要组成部分，在培养学生思想品德、专业知识和综合素质方面发挥着至关重要的作用。学生的日常行为实践是他们内在素质的外在表现，而这些实践不仅反映了学生个体的成长情况，同时也对他人、家庭、学校和社会产生着深远的影响。实践育人的功能不仅体现在个体层面，也体现在群体和社会层面。

（一）个体功能

1.巩固专业思想，提升专业能力

学生在参与实践活动的过程中，能够将所学理论知识与实际操作相结合，从而更加深入地理解和掌握专业知识。这种学习方式不仅能够提升学生的学习兴趣和动力，还能够帮助学生发现自身在专业知识和技能方面的不足，进而有针对性地进行改进和提升。

2.融入社会环境，加速社会化进程

通过参与社会实践活动，学生能够更好地了解社会、认识社会，学会与人沟通、合作和解决问题。这种经历能够帮助学生树立正确的价值观和人生观，培养他们的社会责任感和公民意识，为他们未来融入社会、服务社会打下坚实的基础。

3.明确就业方向，规划职业生涯

通过参与实践活动，学生能够更加清晰地了解自己的兴趣、特长和优势，从而更加准确地定位自己的职业方向。这种实践经历不仅能够提升学生的就业竞争力，还能够帮助他们树立正确的就业观和择业观，为未来的职业发展奠定良好的基础。

4.提高人文素养，促进全面发展

通过参与各种形式的实践活动，学生能够接触到更加广泛的知识和文化领域，拓宽自己的视野。同时，这些活动还能够培养学生的创新思维、实践能力和团队合作精神等综合素质，为他们的全面发展提供有力的支持。

（二）群体功能

社会群体作为人们基于一定社会关系形成的共同体，其发展和壮大离不开实践活动的推动。实践教育不仅有助于提升群体实力，更能塑造群体的凝聚力，使群体在社会发展中发挥更大的作用。

在群体形成初期，实践教育有助于成员之间建立互助合作关系，促进群体的初步形成。随着群体的发展壮大，实践教育在推广群体规则、提升个体对群体的认同度方面发挥着关键作用。通过实践活动，个体能够更深入地了解群体规则，认识到遵守规则的重要性，增强对群体的认同感和归属感。这种认同感和归属感是群体凝聚力的重要来源，能够使群体成员心往一处想，劲往一处使，形成强大的行动力。

实践教育还能够促进群体成员之间的交流和互动，推动群体文化的形成。在实践中，个体通过与其他成员的互动和学习，能够相互取长补短，形成共同的信念和价值观。这种群体文化不仅能够增强群体的凝聚力，还能够提升群体的整体形象和影响力。

群体之间的竞争是不可避免的。实践教育在此时发挥着稳定队伍、凝聚人心的重要作用。当本群体在竞争中取得胜利时，实践教育能够强化成员的群体优越感，进一步增强群体的凝聚力；而当群体在竞争中失利时，实践教育则能够引导成员进行反思和调整，稳定队伍情绪，防止成员流失，为群体的发展提供新的动力。

（三）社会功能

实践育人的社会功能体现在为社会培养具备实践能力和创新精神的时代新人，这些新人将承担起中华民族伟大复兴的重任。实践育人不仅关乎个体

的全面发展和群体的凝聚力塑造，更在根本上回答了“培养什么人、怎样培养人、为谁培养人”这一核心问题。

实践育人致力于培养能够担当民族复兴大任的时代新人，这些新人不仅具备扎实的理论基础和专业能力，更能够在实践中锤炼本领，发挥才干，实现使命担当。通过多维度的实践锻炼，他们能够更好地理解社会主义发展方向和道路，提升参与政治生活的能力，从而在社会治理中发挥积极作用。

实践育人能够转化为强大的精神力量和物质力量。在实践中，学生不仅能够形成对社会主义的正确认识，还能够树立科学信仰，提升精神境界，营造良好的社会风气。实践教育也有助于培养学生良好的职业素养和职业道德，推动生产力的发展，对社会物质财富的增加产生积极影响。

培养担当民族复兴大任的时代新人是一项庞大的历史工程和艰巨的战略任务。各级各类学校必须深刻认识到实践育人的重要性，牢牢把握培养时代新人的实践要求，通过厘清思路、明确责任、扎实推进、确保实效的方式，为国家和社会的发展提供源源不断的人才动力。

三、实践育人的原则

学生成长发展的多样性需求要求学校实践育人工作具备多维度和多类型的特点。在课内课外、校内校外、线上线下等多个维度上开展实践育人活动，不仅有助于丰富学生的学习体验，更能促进他们的全面发展。然而，面对如此复杂且多样的实践育人工作，我们必须确保工作的有序和高效，这就要求我们牢牢把握实践育人的基本原则，确保实践育人的正确方向。

（一）立德树人原则

教育作为国家发展和民族进步的基石，必须始终坚守正确的政治立场，鲜明地打上马克思主义、社会主义的烙印。通过实践育人，我们要引导学生树立马克思主义的科学信仰，培养他们成为担当民族复兴大任的时代新人。

在实践育人的过程中，我们必须坚持理论与实践相结合。理论是行动的指南，但只有与实践相结合，理论才能发挥其最大的作用。我们要着重培养学生的理论判断力、思考力和逻辑力，使他们能够运用所学理论解决现实问题，促进自身发展。

立德树人也要尊重人成长发展的基本规律。学生一代肩负着中华民族伟大复兴的历史使命，他们需要在实践中深入了解社会、认识国情、增强社会责任感。学校应鼓励学生走出课堂，深入社会，通过实地调研、志愿服务等方式，感受祖国的伟大变化，理解中国力量，牢固树立起科学信仰。

学校要把立德树人融入实践育人的各个方面和各个环节，全面贯彻党的教育方针，培养德智体美劳全面发展的社会主义合格建设者和可靠接班人。这不仅是实践育人工作的基本要求，也是实现中华民族伟大复兴的必由之路。

（二）学生主体、教师主导原则

学生主体、教师主导原则明确了在实践育人的过程中，学生应作为主体积极参与，而教师则发挥着主导作用，引导学生进行有效的实践学习。

学生作为实践育人的主体，是实践活动的主要参与者和受益者。在实践活动中，学生应当充分发挥自身的主动性、积极性和创造性，通过实际操作和亲身体验来深化对理论知识的理解，提升实践能力和综合素质。学生还要在教师的引导下学会如何发现问题、分析问题、解决问题，从而培养独立思考和解决问题的能力。

教师在实践育人中扮演着主导者的角色。教师需要根据实践育人的目标和要求，精心设计实践活动的内容、方法和组织形式，确保实践活动具有针对性和实效性。教师还需要在实践过程中对学生进行有效的指导和监督，及时发现并纠正学生在实践中的错误和不足，引导学生朝着正确的方向进行实践学习。教师还需要不断总结经验教训，改进实践育人的方法和手段，提高实践育人的质量和效果。

在实践育人中坚持学生主体、教师主导原则，有助于培养学生的实践能力和创新精神，促进学生的全面发展。通过实践活动，学生可以更好地了解社会、认识国情、增长才干，为将来走向社会打下坚实的基础。这一原则也有助于建立和谐的师生关系，增强师生之间的互信和合作，为实践育人的顺利开展提供有力的保障。

（三）广泛参与原则

实践育人不是针对少数人的精英教育，而是面向全体学生的教育活动。无论是幼儿园、小学、中学还是大学，不同阶段的学生都有参与实践育人的需要。学生在成长过程中，不仅需要学习科学文化知识，更需要通过实践来加深对社会的了解，提升实践能力。广泛参与原则要求学校面向全体学生设计实践育人方案，确保每一名学生都有机会参与实践活动。

实践育人需要长期坚持开展。学生往往对社会缺乏了解，缺乏实践知识和劳动锻炼。学校除了要认真做好已列入教学计划的实践教学和实习实训外，还应利用好寒暑假、周末和课余时间，组织学生参加各种各样的社会实践活动。这些活动可以帮助学生更好地了解国情、了解社会，提升他们的实践能力。

为了确保广泛参与原则的有效实施，学校需要发挥党团组织的优势，努力使实践育人工作体系更加完善。学校应建立健全的实践育人评价机制，将学生参与社会实践活动的情况作为综合素质考核的内容之一。这样可以督促每一名学生都能结合实际参加一定的实践锻炼，保障实践育人的效果。

学校还应为学生在实践中取得的成果提供展示和认可的平台。例如，对在实践活动中表现突出的学生给予专项表彰奖励，并将其作为综合考评、奖学金评定、推优入党的依据。学生在社会实践中撰写的优秀实践论文、调查报告、科技成果等，也应由学校有关部门鉴定后计入成绩档案。这些措施可以进一步激发学生参与实践活动的积极性和主动性。

（四）分类指导原则

实践育人的分类指导原则强调因材施教、因势利导，注重学生的个体差异和成长需求，以确保教育活动的针对性和有效性。这一原则要求学校在开展实践育人活动时，必须根据学生的实际情况进行分类指导，以提供切实有效的指导服务。

（1）对象分层。学校应基于学生在不同实践活动中的角色和定位，提出相应、相近、相适的实践要求。这样做有助于将学生参与实践的普遍性要求与特殊性需求相结合，使指导更具针对性和科学性。通过对象分层，学校可以更好地满足不同学生的成长需求，促进他们的全面发展。

（2）内容分类。学校应界定好哪些是“规定动作”，哪些是“自选动作”，让学生根据自身实际和具体需要选择适合自己的实践内容。这种分类不仅有助于提升学生的实践参与度，还能激发他们的学习兴趣和动力，促进个性化发展。

（3）载体分块。学校可以将实践活动划分为专业实践与非专业实践、校内实践与校外实践、线下实践与线上实践等不同模块。这种分块有助于实现分类指导的目的，使实践活动更加丰富多彩，更能满足学生的多样化需求。

（4）考评分级。学校应结合学生参与实践的具体表现、实践接受单位的评价、实践成果质量等方面因素，对学生实践情况进行考核评价。通过制定考评细则，进行分级分类考评，学校可以全面、客观地反映学生参与实践的情况，为今后的实践育人活动提供有益借鉴。

第二节　实践育人的组织形式

实践育人的组织形式是多样化的，旨在满足不同类型、不同层次学生的实践需求，同时促进他们的全面发展。以下是一些常见的实践育人组织形式。

一、专业实践活动

专业实践活动确实是高校实践育人的重要环节，它有助于学生将所学理论知识应用于实际工作中，提升他们的专业素养和实践能力。专业实践活动主要包括大学生课程实践、实习实训和就业创业活动等。

大学生课程实践是结合具体课程进行理论联系实际的学习活动。这种实践形式有助于学生在实践中深化对理论知识的理解，提升他们的实际操作能力。高校通常会建立与课程体系相适应的课程实践体系，并鼓励学生参与自主性实践活动，以培养他们的创新精神和实践能力。

实习实训是将学生直接安排到工作岗位上，让他们在实际工作中学习和检验自己的实践能力。实习实训的形式多样，可以根据不同专业的需求灵活安排。通过实习实训，学生可以深入了解行业内的实际运作情况，提升自己的职业素养和实践能力。

就业创业活动则是高校为帮助学生做好职业生涯规划、树立正确的就业观和创业观而开展的一系列实践活动。这些活动包括就业政策宣传、毕业教育、就业指导、校园招聘和创业孵化等，旨在满足学生就业创业的多样化需求，促进他们顺利就业和成功创业。

在实施专业实践活动时，高校应注重活动的针对性和实效性，确保活动能够真正满足学生的实践需求。高校还应加强实践育人的管理和评估，确保活动的质量和效果能够得到有效的保障和提升。

二、社会实践活动

社会实践活动是高校实践育人的有效载体，为大学生提供了将理论知识应用于实际、深入社会、服务社会的宝贵机会。通过社会实践活动，大学生能够全方位地锻炼和提升自身的综合素质和能力，加速社会化进程。

在各类社会实践活动中，大学生不仅能够参与党的路线方针政策的宣传宣讲，传播正能量，还能够深入社会进行调研，了解社会热点，为解决实际问题提供科学依据。志愿服务活动则让大学生有机会为社会做出贡献，增强社会责任感。红色教育活动则通过实地参观、学习党的历史和革命文化，引导大学生树立科学信仰，坚定理想信念。挂职锻炼则提供了一个让大学生实际参与工作、履行职责的平台，增强他们的实践能力和社会责任感。

这些社会实践活动不仅有助于大学生提升专业技能，更能够培养他们的团队协作能力、沟通能力和创新思维。通过这些活动，大学生能够更好地了解社会、认识国情，增强服务国家和人民的使命感和责任感。

高校在组织社会实践活动时，应充分考虑学生的特点和需求，提供多样化的实践机会和平台。还应加强实践育人的管理和评估工作，确保活动的质量和效果。通过社会实践活动与专业实践活动的有机结合，可以共同推动高校实践育人的深入发展。

三、文体实践活动

文体实践活动在高校育人体系中占据着举足轻重的地位，它不仅是校园文化建设的重要组成部分，更是促进大学生全面发展的有效途径。通过丰富多彩的文体活动，大学生能够提升综合素质，增强团队协作能力，培养创新精神和实践能力。

学术科技活动作为文体实践活动的重要一环，为大学生提供了展示才华、锻炼能力的平台。通过参与科研项目、学术竞赛等活动，大学生能够深入了解学科前沿，拓宽知识视野，提升创新思维和实践能力。这些活动也有助于培养大学生的科研精神和学术道德，为他们未来的学术研究和职业发展奠定坚实基础。

文化艺术活动则以其独特的魅力吸引着大学生的积极参与。通过音乐、舞蹈、诗词、书法、绘画、摄影等形式的展示和竞赛，大学生能够展示自己的才艺和创意，提升审美能力和文化素养。这些活动不仅丰富了校园文化生活，也为大学生提供了交流学习、增进友谊的机会。

体育活动在培养大学生健康体魄和团队精神方面发挥着重要作用。通过参与广播体操、健身跑、运动会等体育活动，大学生能够增强身体素质，提升运动技能，培养坚韧不拔的意志品质和团结协作精神。这些活动也有助于缓解学习压力，促进身心健康。

大学生社团作为校园文化的重要载体，为大学生提供了自主管理、自我教育的平台。通过参与社团活动，大学生能够拓展兴趣爱好，丰富课余生活，提升综合素质。社团活动也有助于培养大学生的团队协作能力和创新精神，使他们为未来的社会生活和职业发展做好准备。

四、网络实践活动

网络实践活动在当今信息化社会中显得尤为重要，它不仅是高校实践育人的新途径，也是培养大学生适应信息时代需求、提升网络素养的关键环节。通过参与网络实践活动，大学生能够深入了解网络文化，掌握网络技能，增强网络安全意识，为未来的职业生涯和社会生活打下坚实基础。

网络课程作为网络实践活动的重要组成部分，为大学生提供了灵活多样的学习方式。大学生可以根据自身兴趣和需求，选择适合自己的网络课程进行学习。然而，由于网络课程质量参差不齐，大学生在选择时需要具备一定的甄别能力，确保学习的有效性和价值性。高校应加强对网络课程的监管和指导，确保课程内容的质量和教学效果。

大学生网络技能竞赛是提升大学生网络素养和实践能力的有效途径。通过参与竞赛，大学生可以展示自己的网络技能和创新成果，与其他选手交流学习，提升自己的专业水平和综合素质。竞赛的形式也有助于激发大学生的创新精神和团队协作能力，为他们未来的职业发展打下基础。

网络安全教育是高校实践育人的重要内容之一。随着互联网的普及和发展，网络安全问题日益凸显。高校通过开展网络安全教育活动，可以帮助大学生了解网络安全的重要性和风险点，掌握防范网络攻击和不良信息的方法，提升网络安全意识和应对能力。这对于保护大学生个人信息安全、维护校园网络安全具有重要意义。

第三节 “大思政”理念下高校思政教育实践育人路径

2022年8月教育部等十部门印发《全面推进“大思政课”建设的工作方案》，强调高校要紧扣思想政治理论课的实践教学目标、要求通过理论宣讲、志愿服务、社会调研等实践活动，将思政小课堂与社会大课堂紧密结合，开展实践教学，不断提高实践育人效果，为新时代高校思想政治教育实践育人的路径构建指明了方向。① “大思政”理念强调以立德树人为根本任务，注重全员、全过程、全方位育人。它突破了传统思政教育的局限，将思政教育融入高校教育教学的各个环节，构建起一个全面、立体、多维的育人体系。在这一理念的指引下，高校思政教育不再局限于课堂讲授，而是更加注重实践育人，让学生在实践中感悟、体验、成长。

一、“大思政”理念下高校实践育人存在的问题及成因

习近平总书记多次强调要注重高校思想政治教育实践育人工作，主张“学到的东西……不能只装在脑袋里，而应该落实到行动上，做到知行合一、

① 教育部等十部门. 教社科〔2022〕3号：全面推进“大思政课”建设的工作方案[EB/OL]. http：// www. moe. gov. cn/srcsite/A13/moe_772/202208/t20220818_653672. html，2022-08-18.

以知促行、以行求知”“要把课堂教学和实践教学有机结合起来”[①]在“大思政”理念的指导下，高校实践育人工作取得了显著进展，但仍存在一些亟待解决的问题。这些问题的存在不仅影响了实践育人的效果，也制约了高校思政教育的创新发展。

（一）潜能挖掘不足导致“大思政”实践育人课堂不完善

潜能是指个体在特定领域内未被充分发掘和利用的能力，包括智力、创造力、领导力、沟通能力等方面。在“大思政”实践育人课堂中，潜能挖掘的不足主要体现在以下几个方面。

（1）理论课堂吸引力不足。部分思政课教师过于注重理论知识的传授，而忽视了与学生的互动和实践环节的融入，导致课堂氛围沉闷，学生缺乏学习兴趣。一些教师缺乏将理论知识与现实生活相结合的能力，使得课堂内容脱离实际，难以引起学生的共鸣。

（2）实践课堂管控力不足。高校与校外实践基地的合作不够紧密，缺乏有效的沟通机制。校外实践基地自身也存在管理不规范、教学资源有限等问题，导致实践教学效果不佳。高校对实践教学的管理和监督不够到位，缺乏明确的教学计划和评价标准，使得实践教学难以达到预期效果。

（3）网络课堂创新力不够。在信息化时代，网络课堂成为实践育人的重要阵地。部分高校在网络课堂建设方面缺乏创新，教学资源更新缓慢，教学方法单一，无法满足学生的多元化需求。网络课堂的监管和评估机制也不完善，难以保证教学质量。

（二）培储滞缓导致“大思政”实践育人队伍不齐

实践育人队伍的不齐主要体现在数量不足、质量不高和结构不合理等方面，这些问题都与培储滞缓有着密切的关联。

① 罗文章. 办好思政课落实立德树人根本任务[J]. 思想政治工作研究，2021（01）：53.

培储滞缓导致实践育人队伍的数量不足。由于高校对思政课教师的培养和引进不够重视，或者由于相关政策和资金支持的不足，导致实践育人队伍的建设进展缓慢。这使得高校在面临实践育人的需求时，往往无法提供足够数量的教师来满足需求，从而影响了实践育人的效果。

培储滞缓也导致实践育人队伍的质量不高。由于缺乏有效的培训和发展机制，现有思政课教师在实践育人的理念、方法和技能方面可能存在不足。他们可能缺乏对实践育人的深入理解和研究，无法有效地将理论知识与实践相结合，也无法有效地引导学生参与实践活动。这导致实践育人的效果不尽如人意，无法满足学生的实际需求。

培储滞缓还导致实践育人队伍的结构不合理。由于缺乏对实践育人队伍建设的全面规划，高校在引进和培养思政课教师时可能存在盲目性和随意性。这导致实践育人队伍在学科背景、年龄结构、职称级别等方面存在不合理的分布，使得实践育人的工作难以形成合力，也无法充分发挥每个教师的优势。

（三）供需矛盾导致“大思政”实践育人机制不健全

供需矛盾导致“大思政”实践育人机制不健全的表现主要体现在实践教学资源、教师资源、管理制度以及学生参与等方面。

从实践教学资源的供需矛盾来看，部分高校存在实践教学资源不足的问题。这包括实践基地、实践教学设备、实践教学经费等方面的短缺，导致实践教学活动无法充分开展，无法满足学生的实践学习需求。由于供需不平衡，实践育人的效果受到严重影响。

从教师资源的供需矛盾来看，一方面，可能缺乏具有丰富实践经验和良好教学能力的专业教师，无法为学生提供有效的实践指导；另一方面，现有的教师队伍可能在教学理念、教学方法等方面与实践育人的要求存在差距，无法充分满足学生的需求。

从实践育人管理制度的供需矛盾来看，部分高校尚未建立起完善的实践育人管理制度。这包括实践育人的组织管理机构、实践教学计划、实践教学评价体系等方面的缺失或不完善。由于缺乏有效的制度保障，实践育人的实施过程可能出现混乱、无序的情况，导致实践育人的效果无法得到保障。

从学生参与实践育人的供需矛盾来看，学生的实践学习需求与高校提供的实践育人机会之间存在不匹配的情况。部分高校可能由于资源限制或其他原因，无法为学生提供足够的实践学习机会，或者提供的实践学习机会与学生的兴趣和需求不符。这会导致学生参与实践育人的积极性不高，影响实践育人的效果。

二、“大思政”理念下高校实践育人路径

（一）协同联动，融汇实践育人的“大师资”力量

习近平总书记强调：“办好思想政治理论课关键在教师。关键在发挥教师的积极性、主动性、创造性。”[①]在“大思政”理念下，构建一支高水平的思政教师队伍是实践育人的关键。这支队伍应以专职教师为主体，同时结合兼职教师，确保教师数量充足、素质优良。

建齐配强专职思政课教师。高校应进一步提升专职思政课教师的整体素质和水平。在招聘和选拔教师时，不仅要关注其学历和职称，更要重视其教学经验和教育实践能力。对于现有的思政课教师，高校应定期开展培训和学习活动，帮助他们不断更新教育理念，提升教学技能。高校应把旗帜鲜明地讲政治放在实践育人的首位，确保思政教师具备坚定的政治信仰、正确的政治立场和崇高的政治担当。

把好素质关。思政课教师不仅要有深厚的理论功底，更要有高尚的品德和职业操守。高校应制定明确的教师素质要求，引导教师注重个人修养，做到言行一致，以身作则。这样，教师才能成为学生的楷模，引导他们树立正

① 习近平．用新时代中国特色社会主义思想铸魂育人 贯彻党的教育方针落实立德树人根本任务[N]．人民日报，2019-03-19（01）．

确的价值观和人生观。

建立健全兼职思政课教师制度。除了专职教师外，高校还应积极聘请社会各界优秀人才担任兼职思政课教师。这些兼职教师可以包括党政干部、企事业管理者、理论专家等，他们可以从不同的角度和层面为学生提供实践指导。同时，高校应建立健全兼职教师的选拔、培训、考核和激励机制，确保他们能够充分发挥作用，为实践育人贡献力量。

促进专兼职教师的协同联动。高校应搭建有效的交流平台，促进专兼职教师之间的沟通和合作。通过定期的教学研讨、经验分享等活动，他们可以相互学习、相互借鉴，共同提升实践育人的效果。

（二）改革创新，融通实践育人的“大课堂”

通过改革创新，融通实践育人的“大课堂”，高校可以构建起一个全方位、多层次的育人体系。这个体系既注重理论知识的传授，又强调实践能力的培养；既关注学生在校内的成长，又重视与社会的联系与互动。在这样的育人体系下，学生可以更好地将所学知识应用于实际，提升自己的综合素质和创新能力，为未来的发展奠定坚实的基础。

1.夯实理论根基，让“小课堂”活起来

高校应以“大思政”理念为引领，深入挖掘思政元素，使思政课程既具有深厚的理论底蕴，又充满生机与活力。思政课教师在授课过程中，应巧妙地将刚性说理与柔性表达相结合，用党的科学理论教育青年，用党的奋斗历程感召青年，用党的初心使命凝聚青年。通过这种方式，让思政理论之“盐”充分融入实践育人之“水”，使“小课堂”成为激发学生思考、引导学生成长的摇篮。

2.突出实践导向，让“大课堂”新起来

高校应高度重视思政课的实践性，将“小课堂”与“大课堂”紧密结合起来。具体而言，高校应主动与实践基地对接，充分利用社会资源，为学生提供丰富的实践机会。实践基地也应积极履行社会责任，为实践教学提供必

要的支持和保障。校企双方应明确各自在实践教学中的职责，共同开发特色课程、设计教学方案、设置实践教学学分等，确保实践教学不流于形式，真正落到实处。通过实践教学，引导学生将理论知识转化为实践能力，将个人理想与国家发展相结合，立鸿鹄志，做奋斗者。

3.顺应改革创新，让“云课堂”立起来

在信息化时代，高校应积极探索利用现代信息技术手段创新思政课教学。通过大数据、VR、人工智能等技术的运用，打造“互联网＋思政”的新模式。这种跨时空、跨地域的教学方式，可以让学生随时随地参与思政学习，实现场景沉浸、情境重现、虚拟互动等效果。高校还可以推出系列网络思政精品课，如“同上一堂思政大课”“网络安全大讲堂”等，为学生提供更多元化、更具吸引力的学习资源。这些网络课程不仅具有政治性、思想性、传播力，还兼具直观性、质感性、便捷性等特点，有助于提升学生的学习体验和学习效果。

（三）统筹推进，融合实践育人的“大保障”

为确保实践育人工作的规范、稳定和高效，高校需从组织管理、物质保障、评价考核三个方面统筹推进，构建实践育人的“大保障”体系。

1.建立严密的组织管理制度

高校应以“大思政”理念为引领，全面审视和优化现有的教学、学生、科研、后勤等管理制度。通过强化制度间的衔接与协同，确保各部门在实践育人工作中形成合力。要明确各管理部门的职责和职能，确保所有工作都在“大思政”理念的指导下有序开展。通过制度化管理，为实践育人工作提供坚实的组织保障。

2.建立严明的物质保障制度

高校应充分认识到实践育人工作对物质资源的需求，将“大思政”建设经费纳入学校整体经费预算，并确保其占有合理的比例。应积极拓宽经费来

源，通过校企合作、校友捐赠、社会赞助等多种渠道筹集资金，为实践育人提供充足的财力支持。要加强对经费使用的监管，确保每一分钱都用在刀刃上，为实践育人工作提供坚实的物质保障。

3.建立严格的评价考核制度

评价考核是检验实践育人工作成效的重要手段。高校应摒弃传统的单一主体评价模式，构建多元化、全方位的评价体系。通过引入实践教学教师、实践基地工作人员、教育行政主管部门等多方参与评价，使评价结果更加客观、全面。要转变评价导向，从单纯的知识性评价转向价值性评价，更加注重学生在实践过程中的表现、成长和收获。通过科学的评价考核，为实践育人工作提供有力的反馈和调控机制。

第九章　服务维度：新时代构建“大思政”育人格局的人文关怀

第一节　建立心理育人模式，促进学生身心健康

身处快速变化的新时期，生活环境日益多元化，知识更新周期缩短，大学生要想适应新的时代，就要有健康的心理、健康成长。习近平在党的二十大报告中明确指出：“要重视心理健康和精神卫生。”[①]心理育人工作已经成为高校育人中一个重要的组成部分，但同时面临诸多挑战。

一、心理育人概述

（一）心理育人的概念

心理育人是教育者以人的全面发展为核心，以培育新时代人才为目标，

① 习近平．高举中国特色社会主义伟大旗帜为全面建设社会主义现代化国家而团结奋斗[N]．人民日报，2022-10-17（02）．

采取心理健康教育这一途径而开展的教育活动。教育者会根据每个人的心理特质和身体成长规律，结合心理健康与思想政治教育的精髓，对教育对象进行有针对性的积极心理引导。通过这种方式，旨在培养有远大理想、具备实际能力、勇于承担责任的新时代青年。心理育人不仅重视心理素质的培养，还强调道德品质的提升，它倡导将育心与育德紧密结合，在关注学生知识技能的同时，也给予学生深切的人文关怀与专业的心理辅导。通过这种综合教育方法，致力于塑造学生们冷静理智、乐观向上的心态，进而推动他们心理素质、思想道德素质和科学文化素质的和谐、全面发展。

（二）心理育人的特点

1.时代性与前瞻性

心理育人紧密跟随时代步伐，回应了新时代人们对于个人权利和尊严、安全感和幸福感的深层次需求。这一概念的提出，既顺应了当下社会发展的趋势，也预见到了人们对精神文明建设的未来追求，为社会的全面进步提供了心理支持和精神保障。

2.整体性与全面性

心理育人不是关注个别学生，而是面向全体学生，致力于全面提升他们的心理素质。其教育内容涵盖学生的认知、情感、意志、信念和行为等多个层面，旨在实现学生心理的全方位成长。由于心理活动贯穿于学生的学习、生活等各个领域，心理育人的实施途径也必须具备全面性和多样性。

3.协同性与实践性

心理育人强调团队协同作战，需要全体教师、管理部门和服务部门等人员的共同参与和努力，虽然各自的工作重点不同，但都围绕提高学生整体心理素质这一共同目标展开。心理育人紧密结合学生的实际学习和生活，以推动个体生命的适应与发展为核心，服务于个体的终身幸福，具有鲜明的实践性特征。

二、建立心理育人模式的途径

（一）加强高校心理育人队伍建设

加强高校心理育人队伍建设需要全校各部门和全体人员的共同努力与协作，以形成强大的心理育人合力，为高校心理育人工作提供坚实基础和有力保障。

必须组建一支心理育人专家团队，作为整个心理育人工作的领头羊，提供专业指导并推动心理育人工作的持续发展。

要充分发挥在岗教师的主导作用。在岗教师应持续提升自身的专业素养和工作能力，定期参与相关培训，深入学习心理学和思想政治教育的理论知识。同时，教师应结合各自学科的特点及学生的身心发展规律，挖掘学科中的思政元素和心理育人内容，通过显性或隐性的教育方式，将心理育人的理念融入课程内容和教学任务中。

辅导员在心理育人工作中扮演着骨干角色。作为与学生联系最密切的工作人员，辅导员应根据自身情况和工作内容接受专门的培训，掌握必要的心理育人知识和技能。在学生工作中，辅导员应始终体现人文关怀，加强与学生的沟通，培养和谐的师生关系，从而有效促进学生的健康成长和心理育人工作的推进。

高校应重视对思想政治理论课教师、辅导员、班主任等人员进行心理知识和技能的培训。通过鼓励这些人员参加心理咨询资格认证等方式，不断提升他们的育人能力。加强辅导员、班主任、心理委员等人员之间的交流与沟通，以提升整个队伍的育人意识和能力。通过这些措施，我们可以建设一支专业素养高、协作能力强的心理育人队伍，为高校心理育人工作提供有力支持。

（二）完善高校心理育人工作的过程衔接

高校心理育人工作要贯穿学生发展的全过程，长期地、持续地关注学生的心理和思想变化。在学生成长的各个时期根据学生不同的心理特征和需求进行相应的教育，实现全过程的心理育人。要做到将心理育人工作贯穿于学生成长的各阶段。高校应根据学生不同阶段的心理特征和培养目标，对心理育人工作进行合理的规划和相应的教育安排。由于学生在不同年级会面临不同的挑战和压力，提供针对性的心理健康教育课程和培训显得尤为重要。例如针对大一新生，可以开设适应性课程和团队建设活动，帮助他们更好地融入大学生活；而对于即将毕业的学生，则可以提供就业心理辅导和职业规划指导，缓解他们的就业焦虑。心理育人工作不仅应关注学生在大学阶段的发展，还应向前追溯到中小学时期，了解学生的思想基础和心理历程，以及所接受过的心理辅导和培训。通过与中小学的紧密合作，我们可以更全面地了解学生的成长背景，为他们在大学的心理育人工作提供更为精准的指导。高校心理育人工作还应向大学毕业后的社会大课堂延伸。高校可以与社会机构或组织、工作单位等建立合作关系，持续关注学生的心理状态，并为他们提供必要的心理健康服务和思想指导。这种跨界的合作不仅有助于学生顺利过渡到社会，还能确保心理育人工作的连续性和有效性。

（三）建立健全高校心理育人工作评价与监督反馈机制

科学系统的心理育人评价和反馈机制既可以让参与心理育人工作的各方清楚地了解工作的标准与规范，充分调动其积极性，还可以发现其中的不足，从而提高工作质量，更好地完成立德树人的目标。一方面，建立综合化评价体系应从多方面考虑。构建综合化的评价体系。一是关于开展心理育人工作的条件评价，比如高校对心理育人工作的部署和计划、心理育人工作开展的软硬件设施等。二是对心理育人具体内容的评价，如教师教学、实践活动、心理咨询、预防和干预工作的评价。三是对心理育人效果的评价，主要内容包括是否完成预定目标，对学生的社会适应性、学习效果满意程度的评价。如在对心理育人中的教师进行教学评价时，就应该对课程形式的丰富程度、课程内容是否符合学生需要、学生对课程的兴趣与满意度等方面进行细化。根据每个学校的实际情况以及学生的特点、需求等去具体制定。另一方面，建立对评价的监督反馈机制。在心理育人的评价结果中，评价不高的部分，即工作做得不完善的地方，需要进一步加强。对评价过程和评价结果进行监督，运用合理的工具或方法对评价结果进行分析，保证评估结果的客观性和科学性。在此基础上，对心理育人工作进行调整和改进。建立问责机制，对心理育人过程中工作不力或者失职的个人或者单位进行追责或者惩罚。

（四）构建全方位心理育人共同体

高校虽然是培养学生良好心理素质的主阵地，但家庭的支持和社会的参与同样不可或缺。

父母作为孩子的第一任教育者，其教育理念和教育方式对孩子的心理发展具有深远影响。父母需要转变传统的教育观念，不再单纯将学业成绩作为评价孩子的唯一标准，而应更加关注学生的心理状态和思想道德品质。家长应主动学习心理育人的相关知识，了解孩子在不同成长阶段的心理特点和身心发展规律，并掌握一定的心理健康教育方法。高校应积极与家长建立有效的沟通渠道，鼓励家长参与到学校的心理育人工作中来，增强家长的参与意识，定期进行沟通，共同关注学生的心理健康。

社会拥有丰富的教育资源，可以为学生提供广阔的社会实践平台。应鼓励学生走出校园，积极参与社会实践活动，提升自我认知和社交能力。社会也应为学生的健康成长创造一个公平、正直的环境，尊重学生的个性差异，让每个人的品德和劳动成果都能得到客观公正的评价。习近平强调，要“加强社会治理基础制度建设……健全社会心理服务体系和疏导机制、危机干预机制”[①]。这样的社会环境不仅有利于学生的自我发展，也能为高校心理育人工作提供良好的外部支持。

高校、家庭和社会三方应形成紧密的育人合力，共同推进全方位心理育人工作。通过加强沟通与合作，实现资源共享和优势互补，共同为学生的心理健康和全面发展保驾护航。这种全方位的心理育人共同体对于提升高校心理育人工作的质量和效果具有重要意义。

---

① 习近平．让老百姓过上好日子——关于改善民生和创新社会治理[EB/OL].（2016-05-06）. http：//jhsjk. people. cn/article/28329147.

第二节　健全学生资助体系，保障学生受教育权利

学生资助体系是指国家、社会、学校、家庭和学校共同参与，为家庭经济困难的学生提供经济、文化、心理等方面的帮助和支持的系统。健全学生资助体系，是实现教育公平、促进社会公平正义、保障和改善民生、促进教育事业可持续发展的重要举措。

习近平同志在与上海交通大学学生座谈时强调："把个人理想同国家的前途命运紧密结合起来，把个人追求同人民群众需要紧密联系起来。"①并强调要加强高校思想政治教育主阵地作用，拓宽高校育人渠道。习近平同志肯定了华东师范大学慈善助学和帮困育人的模式，并加入到爱心接力队伍，以个人名义捐款助人。华东师范大学的爱心屋育人工程作为教育部文化建设的优秀成果，入选上海市高校资助育人典型案例。正是在习近平同志的参与带领下，高校发挥了思想政治教育文化育人的主阵地作用，开展高校资助育人，从而加快实现培养人、发展人的育人目标。

一、学生资助体系的重要性

（一）提升资助育人工作的实效性

从对象来看，资助育人的对象是家庭经济困难的学生，这部分学生相较其他学生，在经济、心理、学业能力、综合素质等方面具有特殊性；从内容上看，家庭经济困难学生的需求与其他学生存在差异；从途径来看，高校资助育人属于思想政治教育方式的一种，是通过具体资助项目和实践活动进行

① 本书编写组. 习近平与大学生朋友们[M]. 北京：中国青年出版社，2019：189.

育人。资助体系有利于将资助育人工作延伸至每个角落，而且学生能更清晰地了解相关的资助政策，老师能及时关注学生在学习、生活、心理、就业等方面的需求，为学生提供专门的资助咨询和支持服务，扎实推进全员、全方位资助育人。通过近距离与学生接触，能更好地把握不同年级、不同性格、不同成长环境学生的需求，在此基础上，创新困难学生培养的模式，在“授鱼”的同时“授渔”，提供更加个性化、精细化的帮助，推进全过程资助育人，提高学生的综合素质，促进学生的全面发展，提升资助育人工作的实效性。

（二）促进教育公平

大多数家庭经济困难的学生都来自条件艰苦的边远农村，家里为了让他们能够读书，往往都是痛下决心，通过拿出家里全部的积蓄、向亲朋好友借款、办理贷款等方式来供养他们；而学生为了争取读书机会也付出了很多努力。探索高校资助育人新路径能让高校第一时间关注学生的困难情况，为学生提供针对性的帮助，例如，社会助学金、国家助学金、国家励志奖学金、勤工助学岗位等可以减轻学生家庭经济压力，让学生“心中有底”“眼中有光”，不会因家庭经济困难而休学或退学，进一步促进了教育公平。

（三）提高学生综合素质

一些家庭经济困难的学生往往受家庭经济条件、成长环境等因素的影响，心理较为自卑，不敢与其他同学接触交往，再加上出生在条件艰苦的边远农村，所获得的教育资源和锻炼机会有限，他们的综合能力相对薄弱，缺乏面对困难的底气和勇气。探索高校资助育人路径，能够根据学生的个性特点、专业特长、兴趣爱好等实际情况，引导学生在组织和参与活动中实现“自助”“互助”，让学生“脚下有路”，进一步提升综合素质，促进学生的全面发展。

二、健全学生资助体系的具体措施

习近平总书记指出，"'大思政课'我们要善用之，一定要跟现实结合起来"，"思政课不仅应该在课堂上讲，也应该在社会生活中来讲"。[①]全方位育人，旨在激发和凝聚育人各要素，形成全社会、全体制、全机制、全时空、全要素的"系统育人"大格局。为了贯彻落实习近平总书记关于"三全育人"的战略部署，教育部2018年规划出了"三全育人"的具体实施方案，并下发文件，即"十大育人体系"。"十大育人体系"是高校贯彻落实"三全育人"方略的有效路径，是高校思想政治教育工作最直接的抓手。"十大育人体系"着眼于立德树人总成效，通过整合各方教育资源，贯穿育人过程，进一步构建高校一体化育人体制机制，从而推进高校思想政治教育实现全过程育人，构建系统育人大格局。对于高校而言，"十大育人"的"主战场"是在高校，但并不仅仅局限于高校，同时还需要家庭、政府、社会等育人资源的参与，凝聚成强大的育人合力，例如"十大育人体系"中的资助育人，这其中的资助来源包括政府和社会，政府资助包括"国家奖学金"、"国家助学金"等政府层面的奖学金发放，社会资助包括来自企业、慈善机构以及个人捐助等方式，要将育人理念贯穿于资助全过程，要教育引导大学生将对国家与社会的感恩之心转化为奋进学习的巨大动力，从而实现育人效果。

（一）加大对家庭经济困难学生的资助力度

1.完善国家助学金政策

国家助学金政策是政府为了满足家庭经济困难学生的基本学习和生活需求而实施的一项重要政策。随着社会经济的发展和教育资源的日益紧张，现有的国家助学金政策也存在一些问题和不足之处。因此，完善国家助学金政策是当前教育改革的重要任务之一。完善国家助学金政策需要考虑以下几个

① 习近平.在党史学习教育动员大会上的讲话[M].北京：人民出版社2021：11.

方面。

（1）增加助学金的金额和覆盖面。国家助学金的金额相对较低，仅能覆盖一部分家庭经济困难学生。政府需要适当增加助学金的金额，并扩大覆盖面，确保更多的家庭经济困难学生能够受益。

（2）保证助学金的申请和发放程序的透明度和公平性。目前，国家助学金的申请和发放程序相对较为复杂和烦琐，存在一定的漏洞和腐败现象。因此，政府需要加强对助学金申请和发放程序的监督和管理，增强其透明度和公平性，确保助学金真正用于家庭经济困难学生的学习和生活。

（3）建立多元化的资助体系。国家助学金政策虽然能够满足家庭经济困难学生的基本学习和生活需求，但并不能完全满足所有学生的需求，政府需要建立多元化的资助体系，包括国家助学金、社会捐助、学校奖学金等多种形式，以满足不同学生的资助需求。

加强对家庭经济困难学生的心理健康教育。家庭经济困难学生在学习和生活中面临诸多压力和困难，容易出现心理问题，政府需要加强对家庭经济困难学生的心理健康教育，提供心理咨询和教育培训等服务，帮助他们更好地应对学习和生活中的各种挑战。

完善国家助学金政策是一项长期而复杂的工作，需要政府、学校、社会各界的共同努力和协作。只有通过不断完善和优化国家助学金政策，才能更好地满足家庭经济困难学生的基本学习和生活需求，推动教育公平和社会进步。

2.提高助学金发放标准和扩大覆盖范围

助学金是一种帮助贫困家庭学生的经济援助，它的发放标准应该根据当地的经济水平和家庭贫困程度来确定。政府应该定期对当地的贫困家庭和学生进行调查，了解他们的经济状况和家庭情况，然后根据这些数据来确定助学金的发放标准。政府也应该对助学金的发放情况进行定期检查，确保助学金的发放符合规定，并且真正帮助到了需要帮助的人。

我国助学金的覆盖范围还不够广泛，还有很多贫困家庭学生没有得到助学金的援助。政府应该采取措施，扩大助学金的覆盖范围，让更多的贫困家庭学生得到帮助。政府可以采取以下措施：增加助学金的发放金额，让更多的人得到帮助；设立更多的助学金项目，让更多的人有资格得到助学金；加强对贫困家庭和学生的宣传，让更多的人了解助学金的政策和申请流程。

3.优化申请程序和审核机制

资助是贫困学生进步和发展的关键因素之一，能够为学生提供资金支持和资源，促进社会和经济的发展。在申请资助时可能会遇到一些问题，例如申请程序复杂、审核机制不透明、申请流程烦琐等。这些问题可能会导致申请者失去信心，降低申请资助的积极性。优化申请程序和审核机制是十分必要的。

优化申请程序可以优化申请者的体验，让他们更容易地完成申请。具体方法有简化申请表格，减少申请步骤，提高申请效率。还可以通过建立在线申请系统，提高申请的便捷性。在线申请系统可以方便申请人随时随地进行申请，无需到现场或邮寄申请材料。还可以通过设置专门的申请咨询热线，为申请人提供及时的帮助和指导。

优化审核机制可以提高审核的效率和准确性。可以建立专业的审核团队，由多名审核专家进行审核，提高审核的准确性，可以建立审核流程和标准化的审核标准，提高审核的效率。

4.拓展资助渠道，鼓励社会力量参与

资助是教育发展的重要支撑，也是社会进步的重要推动力。为了更好地促进教育发展，我们需要拓展资助渠道，鼓励社会力量参与。

政府应该加大对教育的投入力度。政府应该进行更加科学合理的财政预算，确保教育经费的充足和稳定。政府还应该制定更加灵活的资助政策，鼓励社会力量参与教育资助。政府可以鼓励企业、社会组织、个人等参与教育资助，为贫困家庭、残疾学生等提供更多的资助支持。

学校应该积极拓展教育资助渠道。学校应该加强与社会的联系，与各种社会组织、企业、基金会等建立合作关系，共同开展教育资助工作。学校可以与企业合作开展助学金、奖学金等项目，为学生提供更多的资助支持。

社会力量也应该积极参与教育资助。社会力量应该发挥自身优势，开展各种形式的资助活动。例如，社会组织可以开展爱心捐助、志愿服务等活动，

为贫困家庭、残疾学生等提供更多的资助支持。个人也应该积极参与教育资助，个人可以通过捐款、捐物等方式为贫困家庭、残疾学生等提供资助支持。

教育部门应该加强对教育资助的监管。教育部门应该制定更加完善的资助政策和监管机制，确保教育资助的公正、透明。教育部门还应该加强对教育资助的评估和监督，确保教育资助的效益和效果。

（二）促进教育资源的均衡配置

1.优化教育资源配置，提高教育质量

资助是现代社会教育事业发展的重要推动力之一，通过资助可以优化教育资源配置，提高教育质量。

资助可以促进教育公平。教育公平是现代社会教育的重要目标之一，而资助是实现教育公平的重要手段之一。通过资助，可以让更多贫困家庭的孩子有机会接受良好的教育，从而提高整个社会的教育水平。资助也可以促进不同地区之间的教育公平，让更多地区的孩子有机会享受优质的教育资源。

资助可以促进教育质量的提高。良好的教育资源是提高教育质量的基础，而资助可以帮助学校和教育机构购买和更新更好的教育资源，提高教育质量。资助还可以促进教师队伍的建设，提高教师的教学水平和素质，从而提高教育质量。

资助可以促进学生的全面发展。除了学术成绩之外，学生还需要具备其他方面的能力，如社交能力、创造力、团队合作能力等。通过资助，可以帮助学校和教育机构开展更多的课外活动，促进学生的全面发展。例如，学校可以组织一些课外活动，如体育比赛、文化活动、志愿服务等，帮助学生提高社交能力和团队合作能力。

资助是现代社会教育事业发展的重要推动力之一，通过资助可以优化教育资源配置，提高教育质量，促进教育公平和学生的全面发展。因此，政府和社会各界应该加大对教育的资助力度，为教育事业的发展贡献力量。

2.推进教育信息化，提高教育公平性

教育信息化是指通过信息技术手段，将教育资源、教学内容、学习环境

等教育要素数字化、网络化、智能化，从而实现教育资源的共享、教学过程的优化、学习效果的提升，促进教育公平。推进教育信息化是实现教育公平的重要手段之一。

教育信息化可以促进教育资源的共享。传统的教育资源主要集中在校园内，而且受到地域、时间、人数等因素的限制，难以实现资源共享。而教育信息化可以通过互联网、移动通信等手段，将教育资源上传到云端，实现资源的共享和利用。这样，学生可以在任何地方、任何时间学习，不再受地域、时间的限制，实现教育资源的公平分配。

教育信息化可以优化教学过程。传统的教育教学方式主要依赖于教师和课堂，而教育信息化可以通过信息技术手段，实现教学资源的数字化、网络化、智能化，从而优化教学过程。例如，教师可以利用在线教育平台、虚拟实验室等工具，为学生提供更加生动、直观、互动的教学内容，提高学生的学习兴趣和参与度。

教育信息化可以提升学习效果。传统的教育方式往往存在一些问题，例如，学生学习内容单一、学习时间有限、学习效果不理想等。而教育信息化可以通过信息技术手段，实现学习资源的个性化、多元化、实时化，从而提升学习效果。例如，学生可以根据自己的学习需求和兴趣，选择适合自己的学习内容和学习方式，提高学习效果。

促进实现教育公平。推进教育信息化是实现教育公平的重要手段之一。通过促进教育资源的共享、优化教学过程、提升学习效果，教育信息化可以实现教育公平，让每一个学生都有机会接受高质量的教育，实现公平的教育机会。

（三）完善学生资助体系的监测和评估机制

1.建立健全学生资助数据统计和监测体系

建立健全学生资助数据统计和监测体系是当前我国教育事业发展的重要任务之一。这一体系的建立可以有效地保障学生资助工作的科学性、公正性和透明度，促进教育公平和资源共享。

只有通过科学的数据分析和监测，才能准确了解学生资助工作的实际效果，为政策的制定和调整提供依据。通过公开透明的数据统计和监测，可以有效地防止资助工作中的腐败和滥用，增强公众对资助工作的信任和认可。通过建立健全数据统计和监测体系，可以有效地整合各类学生资助资源，提高资源利用效率，促进教育公平和资源共享。

建立健全学生资助数据统计和监测体系，首先，要建立健全学生资助数据统计和监测体系的组织机构，包括设立专门的学生资助数据统计和监测机构，明确其职责和任务，制定相应的管理制度和操作规程，保证数据的准确性和完整性。其次，需加强学生资助数据的收集和整理，包括建立完善的数据收集渠道，制定科学的数据收集标准和方法，确保数据的准确性和完整性。再次，提高学生资助数据的分析和利用水平，包括加强数据分析人员的培训和考核，提高数据分析的准确性和科学性，确保数据的有效利用。最后，建立健全学生资助数据统计和监测体系的监督机制。包括加强对数据统计和监测工作的监督和检查，及时发现和处理数据统计和监测中的问题和不足，确保数据统计和监测工作的科学性和公正性。

2.加强资助效果评估，提高资助政策的针对性和有效性

资助是一种常见的政策手段，旨在帮助贫困地区和贫困家庭解决经济问题。资助政策的效果评估一直是备受关注的话题。加强资助效果评估，提高资助政策的针对性和有效性，是当前资助政策的重要任务之一。

第一，加强资助效果评估可以更好地了解资助政策的效果。只有对资助政策的效果进行全面评估，才能更好地了解政策的优点和不足之处，从而更好地调整和优化政策。通过评估，可以了解资助政策的实施情况，包括资助金额的使用情况、受助人的反馈等，更好地了解资助政策的实际效果。

第二，加强资助效果评估可以提高资助政策的针对性和有效性。通过评估，可以更好地了解受助人的需求和问题，更好地制定针对性的资助政策。评估还可以帮助政策制定者了解资助政策的实施情况，及时调整和优化政策，提高政策的针对性和有效性。

加强资助效果评估还可以提高政策的透明度和公信力。通过评估，可以公开政策的实施情况和效果，增加政策的透明度。评估还可以提高政策的公信力，让公众更加信任和支持政策。

3.强化政府、学校、社会三方的信息共享和反馈机制

资助问题一直是教育领域的重要议题。政府、学校和社会三方在资助工作中扮演着不同的角色，因此需要建立有效的信息共享和反馈机制，以确保资助工作的顺利实施和提高资助效果。

政府应该建立一套完整的资助信息管理系统，包括资助政策、资助标准、资助申请流程、资助审核流程、资助发放流程等信息，并及时更新。政府应该发布和宣传学校和社会的资助信息，促进公众对资助工作的了解和认识。同时，政府还应该建立资助工作的监督机制，对资助工作进行定期检查和评估，及时发现和解决问题。

学校应该建立资助信息反馈机制，及时收集和处理学生和家长的资助申请和反馈信息。学校应该建立资助申请和审核的流程，确保申请和审核的公正、透明和及时。学校还应该加强对资助工作的宣传和解释，促进家长和学生对资助政策的理解和认同。

社会应该建立资助资源的信息共享机制，促进不同机构、组织和个人之间的信息交流和合作。社会应该加强对资助资源的整合和管理，提高资助资源的利用效率和效益。社会还应该加强对资助工作的监督和评价，促进资助工作的公正、透明和高效。

政府、学校和社会三方应该建立有效的信息共享和反馈机制，共同推进资助工作的顺利进行。政府应该加强对资助工作的管理和监督，确保资助政策的公正、透明和及时。学校应该加强对资助工作的宣传和解释，促进家长和学生对资助政策的理解和认同。社会应该加强对资助资源信息共享的管理，促进不同机构、组织和个人之间的合作和交流。只有三方共同努力，才能实现资助工作的最大效益。

第三节 “大思政”理念下“一站式学生服务中心”的建设路径

在“大思政”理念下，学生服务中心的角色和功能发生了深刻的变化。学生服务中心不再仅仅是一个为学生提供生活、学习、就业等全方位服务的地方，更是一个贯彻思政教育理念、推动思政教育实践的重要平台。

习近平总书记认为要科学掌握并遵循思想政治教育规律、大学生思想品格发展和成长成才规律，使高校思想政治教育工作更加精细化，更加高效。一是遵循思想政治工作规律，强调高校思想政治教育工作要提高实效，必须遵循其的特殊规律，坚持推动社会主义办学方向，用马克思主义科学理论武装头脑，始终朝着立德树人的根本任务前进，使高校思想政治教育工作紧紧围绕学生，为学生服务，教育学生。二是遵循教书育人规律，要抓好思政课这个主渠道，实施“大中小学”思政课教学一体化，同时发挥课程思政、管理育人、服务育人的作用，使思想政治教育贯穿教书育人全过程，把社会主义核心价值观融入校园环境中，增强思想政治教育的吸引力和亲和力。同时开展校园实践活动、文化活动，活跃校内学术氛围，提升学生学术水平，推动高校思想政治教育发展。三是遵循学生成长规律，高校思想政治教育的主体是青年学生，学生时期是每个人人生成长经历中的特殊阶段，要牢牢把握学生的成长规律和特质，搭建符合学生成长规律的知识体系。同时尊重每个学生的主体性和差异性，在满足学生需求的条件下推动高校思想政治教育。

一、构建“一站式学生服务中心”的必要性与可行性

“一站式”本身是源于商业的一种服务模式，是一种向顾客提供方便、

在某一个确定的站点上满足顾客的相应需求的商业模式。目前随着网络信息的发达，“一站式”的服务也从原来指定的一个网络站点转变为所到之处都能获取信息的服务模式。在不断的改革发展中，“一站式”也从商业领域延伸到了政府事业中，高校的学生事务处也受到这种新型模式的启发，逐步引入了“一站式”学生事务服务中心的相关建设，便于高校加强对学生的全方位管理。

（一）构建“一站式学生服务中心”的必要性

1.提高学生满意度

“一站式学生服务中心”可以为学生提供包括课程咨询、学术辅导、心理咨询、就业指导等多种服务，这些服务可以有效地解决学生在学习、生活、心理等方面遇到的问题，提高学生的满意度和归属感。

2.提高学校管理效率

“一站式学生服务中心”可以整合学校内的各种资源和服务，实现信息的共享和资源的优化配置，从而提高学校的管理效率和服务质量。一站式学生服务中心还可以通过信息化手段，实现对学生服务的智能化、个性化和精准化，提高服务效率和满意度。

3.促进学生全面发展

“一站式学生服务中心”可以为学生提供包括文化、体育、艺术、科技等多种活动和服务，这些活动和服务可以丰富学生的课余生活，提高学生的综合素质和能力，促进学生的全面发展。

（二）构建“一站式学生服务中心”的可行性

随着社会的发展和教育改革的推进，“一站式学生服务中心”已经成为一种新的教育服务模式，符合时代发展趋势和教育改革的要求。学校内部的各种资源和服务分散在不同的部门和机构中，构建“一站式学生服务中心”

可以实现资源的整合和共享，提高学校的整体效益和服务质量。“一站式学生服务中心”可以为学生和家长提供更加便捷、高效、优质的服务，得到学生和家长的认可和支持，有利于学校的发展和稳定。

二、“一站式学生服务中心”建设路径

（一）打造“一站式服务中心”专业化团队

目前，各高校“一站式服务中心”的工作团队大多来自各高校本身的学生，通过高校内部的培训制度，成为“一站式服务中心”的工作人员，并同时具有在校学生与工作人员的双重身份，这样的定位本身就很难提高工作团队的专业化水平。“一站式服务中心”的发展需要一批专业化的团队，通过竞聘上岗、定期培训、绩效考核的形式组建专业化团队，专业团队建设对“一站式服务中心”的发展意义深远。专业化团队的引入不仅符合国家对高校以人为本的宗旨，也符合目前国家提倡的化管理为服务的行政管理体制改革的初衷。

（二）化管理为服务，切实增强服务意识

目前大部分高校对于“一站式服务中心”的定位是服务学生、提高办事效率，也有一部分高校从学生的学习、生活到心理健康等多方面为学生提供了全方位的服务，真正做到化管理为服务，不仅将一站式服务中心的定位局限于日常事务的办理，更是将学生在校学习、生活、心理问题、就业等各种相关问题纳入一站式服务需要解决的问题中来，将学生在校可能面临的方方面面全部纳入学校关心的事项中来，真正做到以学生的需要为出发点，切实以学生的需要作为一站式服务中心的宗旨，并通过各种措施与步骤反馈到现实生活中来。

（三）增加配套设施，提升信息技术应用水平

近十年来，大数据技术、云技术、物联网、区块链、人工智能、Web 3.0、移动技术、5G等一轮又一轮的新技术给政府管理带来了新的冲击，不断刷新管理领域的认知，这些技术让政府变得更加智能，使政府职能不断由管理向服务转变。5G的来临，将带来新一轮的技术应用，极大地增加数据和信息量，政府有望借助庞大的信息量，基于云平台和大数据、人工智能的推动，高校“一站式”服务的发展，必将不断提升信息化与技术化水平。通过信息技术为行政管理提供更加便捷有效的管理与服务模式，提升“一站式”服务的能力，提高高校监管、服务的“一站式”水平。完善线上咨询公告与线下事项办理，使得一站式服务中心更加人性化，从各方面满足学生的各种需求，也对信息技术的应用水平提出了新的要求。

（四）细化组织流程，破除信息孤岛障碍

目前，“一站式服务”的建设仍存在一些问题，如信息孤岛、网络安全威胁、行政效率不高等。我国高校在建设“一站式服务中心”的过程中，形成了信息管理的数据库，但囿于技术与利益等方面的阻碍，信息共享机制仍然存在阻碍，导致各个部门之间的数据库关联度不高，设计与管理的规范与标准也不一致，对于高校各个部门的整体性治理仍然是一个重大阻碍，无法真正破解信息孤岛问题。在信息技术高速发展的今天，通过信息技术手段有效建立信息共享平台，通过在云端建立虚拟行政事务平台，各部门同时在云端建立属于自己的部门数据中心，充分厘清各部门之间的权利与义务，打破各个分数据库的限制，破除信息孤岛的障碍，这对于行政事务管理的发展也大有裨益。

（五）完善制度保障，化解形式主义难题

“一站式”服务要始终以追求公共利益、满足公共需求和提供公共服务作为主旨，同时要采取措施对“一站式”服务构建中的不作为、消极作为予

以纠正，及时清除发展中来自体制内外的各种阻碍。要以一整套制度体系作为保障，化解目前存在的形式主义难题。目前，各高校已经纷纷出台“首问负责制”“全权代理制”和“办结时限制”等制度，以提高“一站式服务中心”的办事效率，但关于工作人员的定期培训、绩效考评、人事制度等仍存在空白，这难免会造成形式主义的难题，严重影响工作人员的积极性。高校“一站式服务中心”的发展必不可少地面临着制度保障的问题，要以制度保障为前提，对工作人员提出相应的绩效考评与激励制度，提升工作人员的工作热情，这样才能从根本上保障“一站式服务中心”不断向前发展。

第三部分
新时代思想政治理论课的改革创新

第十章　教学创新：新时代思想政治理论课教学方法及模式探索

第一节　新时代思想政治理论课教学方法创新

习近平总书记关于新时代的高校思想政治教育，提出了一系列内涵丰富和思想深邃的新观点，主要体现为以下两个方面。

一是关于新时代高校思想政治教育理论探索的新观点。在高校思想政治教育育人方面，提出“立德树人”“德智体美劳全面发展”“为党育人”“为国育才”等全新理念；在高校思想政治教育工作路径方面，提出“大思政格局”“三全育人”“课程思政”等全新途径；在教师队伍建设方面，提出“教育者先受教育”“有信仰的人讲信仰”“六要”素质等崭新论述；在加强和改进思想政治理论课教学中，提出“思想政治理论课是立德树人的关键课程”“思政课的本质就是讲道理”等深刻观点。同时，习近平总书记提出在推进高校思想政治教育的发展过程中要具备创新思维和改革勇气，要求完善高校思想政治教育工作体系，变革高校思想政治教育体制机制、不断创新高校思想政治教育工作内容，改革思想政治理论课教师奖惩评价机制。这些关于新时代高校思想政治教育理论探索的新观点，是习近平总书记立足于国际国内发展大局，把马克思主义基本理论和我国高校思想政治教育实践相结合，与中华优秀传统文化相结合，对高校思想政治教育理论进行了守正创新。这一系列高校思想政治教育理论探索的新观点展现了习近平总书记对于高校思想政治教育的顶层设计与总体布局，是指导高校思想政治教育工作的科学指南。

二是关于高度重视高校思想政治教育的新观点。党的十八大以来，习近平总书记高度重视抓好高校思想政治教育工作，分别在2016年、2018年、2019年召开了全国高校思想政治工作会议、全国教育大会和学校思想政治理论课教师座谈会。在党的历史上，将高校思想政治教育列为专题性会议来召开，总书记与全国思政课教师开展面对面专题座谈，在党的高校思想政治教育发展史上属于首次。习近平总书记是对思想政治教育、特别是高校思想政治教育发表重要论述次数最多的党和国家领导人，他多次走访高校、开展师生座谈和回复师生来信，强调高校思想政治教育不可或缺，高校思政课教师责任重大、任务艰巨、使命光荣。习近平总书记关于高校思想政治教育系列论述日益凸显了高校思想政治教育在治国理政中的重要地位，以强烈的责任感和使命感，对新时代高校思想政治教育的健康发展作出方向指引。

教育部在《2017年高校思想政治理论课教学质量年专项工作总体方案》中强调了提升高校思想政治理论课质量和水平的重要性，并提出了要满足青年学生成长发展需求和期待的目标。为实现这一目标创新思想政治理论课的教学方法显得尤为重要。

一、思想政治理论课教学方法的相关概念

思想政治理论课教学方法，作为实施教学内容、完成教学目标、提高教学效果的关键环节，既体现了教学方法的共性，又展现了其独特的个性。它不仅仅是一种技巧或手段，更是一门艺术，涉及如何有效地传递知识、引导学生思考、激发学生的兴趣，以及如何帮助学生树立正确的世界观、人生观和价值观。

在思想政治理论课的教学过程中，教师需要根据课程特点和学生的实际

情况，灵活选择和应用各种教学方法。例如，教师可以采用讲授法、讨论法、案例分析法等多种方法，结合多媒体、网络等现代教学手段，使教学内容更加生动、形象、具体。教师还需要注重与学生的互动和交流，引导学生积极参与课堂活动，发表自己的观点和看法，从而提高学生的思维能力和表达能力。

思想政治理论课的教学方法还注重理论与实践的结合。教师不仅要传授知识，更要引导学生将所学知识应用于实际生活中，培养学生的实践能力和创新精神。通过组织社会实践活动、志愿服务等活动，让学生在实践中感受思想政治理论的实际意义和价值，从而增强学生对课程的认同感和归属感。

二、思想政治理论课教学方法创新的必要性

改革开放以来，我国经历了翻天覆地的变革，经济、政治、文化等各个领域都取得了显著成就。这些深刻的变化不仅体现在物质层面，更深刻地影响了人们的思维方式和价值观念。思想政治教育作为塑造大学生思想、引领社会风尚的重要工作，必须与时俱进，不断创新，以适应新的时代要求。思想政治理论课是思想政治教育的主渠道，进行教学方法的创新也是必然。

教学方法创新是贯彻人的全面发展理论的必然要求。人的全面发展与高校思想政治理论课是辩证统一的关系，人的全面发展理论为高校思想政治理论课提供理论基础，而思想政治理论课则是推进人的全面发展的重要途径。在新的时代背景下，人的全面发展理论得到了不断的丰富和充实，对思想政治理论课提出了新的要求。为了发挥思想政治理论课在促进人的全面发展中的作用，必须对其教学方法进行创新，以适应人的全面发展的新要求和新特点。

教学方法创新是应对思想政治教育大环境变化的必然选择。随着经济全球化趋势的不断扩大和网络信息化的快速发展，大学生思想意识、价值观念

发生了巨大的变化，西方的新思想逐渐占据主导地位。自媒体和大众传媒的广泛应用使得思想政治教育的社会环境发生了深刻变化。在这样的背景下，传统的思想政治理论课教学方法已经无法满足现实需求，必须进行创新以适应新的社会环境。

教学方法创新是增强思想政治教育主体性的有效途径。现代社会越来越注重人的自主意识和主体性的增强，教育者不再仅仅是权威的主体者角色，受教育者也不再是被动的接受者角色。在思想政治理论课教学中，必须注重发挥人的主体性和增强人的主体性意识，通过创新教学方法来激发学生的学习兴趣和主动性，培养学生的自主意识和创新能力。

三、高校思政课教学方法创新发展的趋势

以党的二十大提出的新的中心任务为标志，中国特色社会主义正式迈上了全面建成社会主义现代化国家的新征程。这一伟大历程不仅彰显了中国特色社会主义的强大生命力，也为高校思政课教学提出了新的、更高的要求。当前，我国高校思想政治理论课教学方法不断创新，教学内容不断丰富，教学质量也得到了显著提升。面对新征程的挑战，高校思政课教学还需要进一步发挥教学方法在提升教学质量中的重要作用，实现教学方法的创新性发展。

（一）更注重主体性和参与性

传统的以教师为中心的教学模式正在逐渐转变为学生主导、教师引导的教学方式。例如，通过问题导向学习、小组讨论、案例分析等方式，激发学生的学习兴趣和主动性，使他们能够更积极地参与到课堂学习中来。这种转变有助于培养学生的思维能力、创新能力和解决问题的能力，使他们更好地适应社会发展的需求。

（二）更注重多元化和个性化

随着信息技术的快速发展，高校思政课教学方法将更加注重利用现代科技手段，如在线课程、虚拟实验室、互动式学习平台等，为学生提供多样化的学习体验。针对不同学生的特点和需求，教学方法也将更加个性化，以满足学生的差异化学习需求。

（三）更注重实践性和体验性

实践教学是提升思政课教学效果的重要手段。通过组织社会实践活动、志愿服务、实地考察等方式，让学生在亲身参与中感受思政教育的魅力，增强社会责任感。这种实践性的教学方式有助于将理论知识与实际相结合，提高学生的综合素质。

（四）更注重学术化和专业化发展

高校思政课教学方法研究应被视为一个专门的研究领域，与教学内容研究相辅相成。这要求我们把教学方法的研究作为科学研究的选题，推动其向学术化、专业化的方向发展。通过培训、研讨会等方式，提升思政课教师的研究能力和素养，使他们能够运用科学的研究方法对思政课教学方法展开研究。鼓励教师参与国家社会科学基金和教育部人文社会科学基金等项目的申报和研究，提升其在教学方法研究领域的学术影响力。在职称晋升、成果认定等方面，应充分考虑教学方法研究的重要性，给予相应的权重和认可。通过制定合理的考核评价标准，激励教师更加积极地投身于教学方法研究。鼓励教师将研究成果应用于实际教学中，通过实践创新来检验和完善教学方法理论。积极推广优秀的教学方法案例和经验，促进教学方法的共享和交流。

在提高思想政治理论教育教师素养方面，高校思想政治教育课程已经取得了丰富的成果。但正如党的十九大报告指出的，新时代的社会，“发展不充分、不平衡同人民日益增长的美好生活需求矛盾已成为主要矛盾”，[①]这种矛盾也反映在当前高等教育发展的不平衡中。通过增加院校之间思想政治教育课程的人员、信息、成果等方面的共享和交流，缩小院校在相关研究平台上的差距，减少重复性的工作内容，将有利于促进课程的整体性提高。

第二节　新时代思想政治理论课分众教学模式及其建构路径

高校思想政治理论课分众教学模式的提出，旨在针对不同学生群体的特点和需求，实施更具针对性和实效性的教学。该模式通过专题化、精品化、互动化、平等化及个性化教学，有助于提升课程的吸引力和教学效果，培养出具备高度思想政治觉悟和良好道德品质的新时代人才。

一、高校思政课分众教学模式概述

习近平总书记强调，思政课教师思维要新，学会辩证唯物主义和历史唯物主义，创新课堂教学，使学生获得深刻的学习体验。[②]高校思政课在现有大班教学的限制下，应精准分析和把握新时代大学生的思维模式和学习偏好。我们应当根据学生的学习需求和兴趣来设计和实施教学活动，特别强调

① 习近平. 决胜全面建成小康社会夺取新时代中国特色社会主义伟大胜利——在中国共产党第十九次全国代表大会上的报告[M]. 北京：人民出版社，2017：11.

② 孙魏，孙向召，赵珍珍. 高校思想政治理论课分众教学模式及其建构路径[J]. 高教学刊，2023，9（33）：82–85.

学生在思政课教学中的中心地位。当前，大学生主体普遍展现出开放、独立、自信和务实的特质。这些特质在学习上体现为学习动机的实用性、学习内容的问题导向、学习方式的团队协作以及学习渠道的网络多元化。

分众是一种传播学概念，旨在根据受众的差异性，实施差异化的传播策略，以实现传播的精准化和高效化。分众教学模式正是基于这一理念，结合当代大学生的学习特性，对教学观念、内容和方式进行改革的一种尝试。[①]其显著特点是以学生为中心，通过问题探讨、课堂互动和实效评估三个层次，在教师引导下进行多元化的交流，以提升课堂教学效果。

高校思政课的分众教学模式，旨在构建一种以问题和成果为导向、针对不同学生群体实施差异化教学方法的多层次、立体化教学模式。该模式以“满足学生成长发展需求”为核心，从发现问题出发，采用分众教学策略，通过专题教育和团队协同工作，引导学生在教学过程中分析并解决问题，充分彰显了思政课教学的本质特点。

第一，从教学主体来看，分众教学模式强调对教师和学生进行同质分类。分众教学模式要求教师发挥能动性，掌握先进教学理论，对大学生的认知规律和接受特点进行研究，实现教师主导性与学生主体性相统一，使课堂教学在师生双向良性互动中进行，要求教师在开展面向所有学生的教学活动之前以及在教学过程中，搜集学生思想认识方面的困惑与疑问，为面向同质问题的小众群体教学和面向优秀学生的朋辈引领教学做好准备。

第二，从教学内容来看，分众教学模式注重因材施教。针对不同小众团体的特点，制订差异化的教学方案，采用专题化、精品化、互动化、平等化及个性化等教学方法。通过深入剖析社会热点、难点问题，引导学生进行深入思考和讨论，从而增强思政课的吸引力和感染力。

第三，从应用领域来看，分众教学模式不仅适用于课堂理论教学，还可以延伸到课外实践、社会实践和网络教学等多个领域。通过整合各种教学资源，构建全方位、立体化的育人体系，实现思政教育的全覆盖。

---

① 杨晶. 高职院校思想政治理论课分众教学模式的初步探索和实效性路径研究[J]. 大学，2023（33）：97-100.

第四，从实施路径来看，分众教学模式可以通过多种方式进行。例如，利用线上教学平台开展远程教学，打破时空限制，实现优质教学资源的共享；利用“两微一端”等新媒体手段进行互动式教学，提升教学的趣味性和实效性；通过校企合作、校地合作等方式，将思政教育与社会实践相结合，提升学生的综合素质和社会适应能力。

二、高校思政课分众教学模式的建构路径

高校思政课分众教学模式的建构主要依托理论讲授、课内实践、课外实践及互联网教学四种形式，通过教师主导分众、学生主体分众、课内演讲主旨分众、课内讨论主题分众、课外参观体验主题分众、社会调查主题分众、线上教学平台分众及“两微一端”平台分众等具体手段，提升思政课的针对性。

（一）高校思政课理论讲授分众教学模式的建构路径

高校思政课理论讲授分众教学模式的建构需要从教师主导分众和学生主体分众两个层面进行深入实施。这样的教学模式不仅有助于提升教学质量，更能满足学生的个性化需求，实现因材施教。

在教师主导分众方面，首先要做的是根据每位思政教师的学术专长、研究兴趣和自身优势，将他们分成不同的教学团队。每个团队内的教师应根据自身的专长选择相应的授课专题，并进行深入的备课。这样，原本由一位教师负责讲授整门思政课的模式，就转变为多位教师分工合作、协同完成的教学模式。这种“一课多师”的方式，不仅打破了传统的“一课一师”模式，也使得每位教师都能在自己擅长的领域发挥最大的教学效能。同时，这种分工合作的方式也有助于提升教师的教学积极性和创新能力，推动思政课程的不断更新和完善。

在学生主体分众方面，教务部门应对学生的学科背景、学习基础等情况

进行深入的学情分析，并据此将学生划分为不同的小众班级，教师能根据每个班级的综合学情进行因材施教、因人施教。这种分众教学的方式，不仅充分尊重了学生的个性化需求，也有助于提升学生的学习效果。此外，学生主体分众还有助于促进思政课与其他课程之间的紧密衔接，构建全方位育人的教学格局。通过将思政课与学生的专业课相结合，我们可以更好地发掘专业课中的思政元素，形成思政课与专业课相互支撑、相互促进的教学机制。

在实施分众教学模式的过程中，还应注重利用新媒体新技术，提升教学的互动性和实效性。例如，我们可以通过在线教育平台、微信公众号等新媒体渠道，开展线上线下的混合式教学，打破时空限制，让更多的学生参与到思政课的学习中来。我们还可以利用大数据分析、人工智能等技术手段，对学生的学习情况进行实时监控和反馈，以便及时调整教学策略，提升教学效果。

（二）高校思政课课内实践分众教学模式的建构路径

演讲主旨分众和讨论主题分众作为建构高校思政课课内实践分众教学模式的两种有效途径，对于提升思政课的教学效果和学生参与度具有重要意义。

演讲主旨分众，顾名思义，是根据演讲的主题和主旨对学生进行分众。在这种模式下，教师根据课堂内容、社会热点及学生关注点，设置具有针对性的演讲题目，并依据学生的实际情况将这些题目分配给不同的学生。通过全员参与演讲活动，学生能够充分展示个性，教师则根据学生的演讲内容进行总结、评析，并对观点相近的学生进行归类分众。这种方式不仅凸显了每名同学思想状况的特殊性，确保了思政课能够惠及全体学生，同时也为学生提供了一个表达自我、交流思想的平台。

在实施演讲主旨分众时，教师需要注意合理安排发言时间，布置个性化的发言题目。通过利用课堂的前10分钟，结合教学大纲及学生关注的热点，为每名学生布置个性化的发言题目，确保每名同学在一学期内至少有一次发言机会。这种方式不仅锻炼了学生的口语表达能力和逻辑思维能力，也帮助教师更真实、更全面地了解学生的知识点掌握情况和思想动态，从而能够更精准地施教。

讨论主题分众则是根据学情组建学生讨论小组，每个小组围绕特定的主题进行讨论。这种方式更加贴近学生实际关注的问题，能够激发学生的学习兴趣和主动性。在讨论过程中，学生需要运用所学知识进行分析、思考和表达，这不仅有助于加深对课堂内容的理解，还能够培养学生的团队协作能力和批判性思维。

在实施讨论主题分众时，教师需要提前设定好讨论题目，并确保题目具有针对性和实际性。教师还需要对讨论过程进行引导和监控，确保讨论能够有序、高效地进行。教师还可以根据讨论情况对学生进行分组调整，以便更好地实现分众教学效果。

（三）高校思政课课外实践分众教学模式的建构路径

高校思政课课外实践分众教学模式主要由社会调查主题分众和参观体验主题分众组成。

社会调查主题分众的实施，主授课教师发挥了关键作用。他们根据所教班级的专业背景、实际条件及关注热点，精心组建大学生社会调研团队，并列出针对性强、创新性强、切实可行的思政课社会调查选题。这一过程中，教师全程指导，负责组织实施，进行考核，评奖评优，总结经验。这样的社会调查活动不仅使学生能够将所学理论知识与社会实际相结合，还能够培养他们的实践能力和团队协作精神。通过与五门必修理论课程知识点的紧密结合，社会调查主题分众也实现了“思想政治理论课”和“社会思政元素”的有机衔接，推动了全员育人目标的实现。

参观体验分众则是利用各高校自身的地理位置、学校类型、学科优势及自身定位等实际条件，与校园内及校园附近的思政课实践教育基地建立长效合作机制。通过充分挖掘自身学校的思政元素，建立校内课外实践教学基地，以及依托校外社会实践基地，引导学生了解社会、发现问题，参观体验分众为学生提供了一个更广阔的实践平台。在参观体验过程中，学生能够更直观地感受和理解思政理论知识的实际应用，从而增强学习的针对性和实效性。

（四）高校思政课互联网分众教学模式的建构路径

高校思政课互联网分众教学模式的建构是教育信息化的重要体现，它充分利用了线上教学平台和“两微一端”等新媒体工具，实现了教学的个性化和精准化。

线上教学平台分众，通过利用不同类别的线上教学平台，为学生提供了个性化的在线学习资源及授课方案。这不仅能够克服大班上课的弊端，使教师在短时间内掌握学情，还能够充分利用平台的数据分析能力，精准捕捉学生的学习热点和疑惑，从而进行有针对性的教学。线上教学平台的广泛应用也使得思政课向“数字化”发展，其研究范式及方法也得以从单一定性研究向定性、定量交叉融合研究转化。

“两微一端”平台分众，则通过微信、微博和网络客户端等新媒体工具，实现了师生之间的实时互动和交流。教师可以通过关注学生的微信朋友圈、微博内容等，了解学生的思想动态和关注热点，进行分类和引导。这种方式不仅能够确保学生树立正确的历史观、世界观、价值观和人生观，还能够引导学生成为传播真理的“种子”，担负起历史责任。

第三节　新时代思想政治理论课空间性教学模式探析

随着信息化的发展，近年来我国很多高校都引入了空间教学。这种新教学模式的应用为高校教育带来了很大的改变，实现了高校在教学模式、方法、内容以及评价模式等方面的改变。

一、空间性教学模式的特点

（一）教学资源共享

空间教学充分利用了互联网的优势，实现了教学资源的广泛共享。教师可以将教学课件、教案、试题等上传至空间教学平台，供其他教师参考和借鉴。学生也能够方便地获取这些资源，进行自主学习和复习。这种资源共享不仅提高了资源利用效率，也促进了教师之间的合作与交流。

（二）教学内容的集成性

空间教学打破了传统教学的局限性，将课程资源进行了重新整合和集成。除了课堂教学内容外，还涵盖了空间教学以及课程拓展等多个方面。每个教学模块下的内容都被系统地归类和罗列，并设置超链接，方便师生快速检索和获取所需资源。这种集成性使得教学内容更加丰富和全面，满足了不同学习者的需求。[①]

（三）教学形式的多样性

空间教学采用了多种教学形式和手段，使得教学更加生动和有趣。除了传统的讲授和小组讨论外，还可以利用视频、图片、问卷调查等多种方式进行辅助教学。这些多样化的教学手段不仅激发了学生的学习兴趣，也提高了教学效果。教师还可以通过空间平台与其他教师进行交流和合作，共同探讨最佳教学方法和策略。

① 刘海滨，潘可礼. 高职院校思想政治理论课空间性教学模式探析[J]. 扬州大学学报（高教研究版），2023，27（06）：111–118.

（四）教学交流的互动性

空间教学平台为师生提供了便捷的交流互动机会。师生之间可以通过聊天、信箱、留言板等多种方式进行实时或非实时的交流。这种互动不仅增强了师生之间的沟通和理解，也促进了知识的传递和共享。空间教学还突破了时间和空间的限制，使得师生之间的交流更加灵活和自由。

（五）师生关系的平等性

在空间教学模式下，师生之间的关系更加平等和民主。学生可以随时进入教师的空间进行学习交流，而不再受到固定时间和地点的限制。这种开放式的交流平台使得师生之间的交流和互动更加自然和轻松，也更容易形成一种相互尊重、相互学习的良好氛围。

二、高校思想政治理论课空间性教学模式的构建路径

空间在思政课教学中不仅是承载教学活动的背景和舞台，还具有深厚的本体论和认识论意蕴。思政课空间性教学模式是一种创新的尝试，它突破了传统的主客二元对立的思维框架，从时间和空间、主体与客体、心与物相统一的视角，构建了一个独特的教学“场”。这一教学模式的核心在于实施教学诸要素的空间性转化，即教学目标空间化、教学内容空间化、教学时间空间化、教学空间平等化、教学效果评价体系空间化。

（一）教学目标空间化

教学目标空间化在思政课教学中具有深远的意义，它不仅仅是一个教学方法的转变，更是对高校学生精神家园建设的一种深度关怀。高校思政课的核心目标，就是帮助学生在马克思主义蕴含的精神世界中构建自己的精神家

园。空间性教学不仅仅是物理空间的转换或布局，更重要的是在心灵层面构建一个充满真理与智慧的精神空间。在这个空间中，学生能够感受到马克思主义真理的力量，体验到社会主义先进文化的魅力，从而自觉地将其作为自己的精神家园。

思政课教师在这一过程中扮演着至关重要的角色。他们不仅是知识的传授者，更是学生精神家园建设的引导者和守护者。思政课教师必须首先建立自己的精神家园，以自身的信仰和追求来感染和激励学生。通过深入学习马克思主义理论，不断提升自己的治学境界，思政课教师能够逐渐达到“无我”的境界，即心中只有党和人民，只有对真理的追求和对美好世界的向往。当思政课教师以这样的境界去引导学生时，他们就能够帮助学生打破心灵的漂泊状态，建立起稳定而坚定的精神支柱。通过引导学生深入理解和领悟马克思主义理论，帮助他们认识到社会主义先进文化的重要性和价值，从而自觉地将其作为自己的精神家园。

（二）教学内容空间化

从空间维度讲授思政课，能够有效拓宽高校学生的视野和知识面，使他们对思政课程的内容有更深入、更全面的理解。这种教学方式突破了传统的时间序列讲授的限制，将教学内容的空间向度引入课堂，从而丰富了思政课的内涵和外延。

历史唯物主义作为思政课的重要内容，本身就具有历史性和地理性、时间性和空间性的多重属性。如果只从时间维度进行讲解，可能会使学生难以把握马克思主义的“世界历史”理论以及关于人类命运共同体的深刻理念。而从空间维度进行讲解，则能够帮助学生更好地理解马克思主义理论的空间内涵，以及这些理论是如何在全球范围内产生影响的。以中国的百年奋斗史为例，如果只照本宣科地讲解屈辱史，而不从资产阶级生产空间、人类创造新世界的大背景进行讲解，可能会使教学内容显得单调乏味，缺乏价值性和知识性。但如果从时间和空间两个维度进行讲解，既展示中国共产党领导人民在时间上的奋斗历程，又揭示他们在空间上的开天辟地伟业，就能够使思政课堂变得生动有趣，激发学生的学习热情。

从空间维度讲思政课还有助于培养学生的全球视野和跨文化交流能力。在全球化的今天，学生们需要具备跨越国界、文化的视野和能力，以应对日益复杂的国际环境。通过引入空间维度的内容，可以帮助学生更好地理解和适应全球化背景下的社会变革和发展趋势。

（三）教学时间空间化

教学时间空间化是指教师通过富有学理性、知识性和趣味性的教学活动，将客观的钟表时间转化为学生的心理时间，使绝对时间变为相对时间。这种转化不仅有助于深化学生的学习体验，更能够使思政教育深入人心。

在马克思主义的理论体系中，时间观和空间观是辩证统一、相互转化的。时间不仅仅是流逝的秒数，更是人积极存在的证明，它既是衡量生命的尺度，也是展现人发展空间的平台。教学时间空间化并非简单的时间管理技巧，而是一种深层次的教学理念转变。它意味着在教学过程中，教师不再被固定的时间框架所束缚，而是根据学生的学习状态和需求，灵活调整教学节奏和内容，使课堂时间变得富有弹性和亲和力。

对于思政课教学来说，尤其是实践教学环节，空间距离的缩短显得尤为重要。借助现代化手段，如高铁、飞机、高速路和网络等，我们可以“用时间消灭空间”，让革命教育基地等优质教学资源不再遥不可及。这样的教学方式不仅拉近了课堂与实践基地的物理距离，更拉近了学生与革命历史的心理距离。在红色文化空间中，学生可以通过“具身认知”的方式，全方位地感知红色文化背后的社会、历史和地理背景。这种沉浸式的体验让学生仿佛穿越时空，亲身参与到革命历史中，从而深刻领悟革命精神，实现个人精神境界的提升。

（四）教学空间平等化

构建“圆桌式”布局的平等化课堂空间则是实现教学空间平等化的有效途径。这种课堂空间形式不仅消除了等级障碍和心理障碍，打通了空间的界限和堵点，更在精神层面形成了一种平等、开放、互动的教学氛围。

“圆桌式”课堂空间布局通过重新排列组合物理空间，使教师走下讲台，深入到学生中去，与学生围坐在一起。这种布局方式缩短了师生之间的物理距离，为师生之间的双向互动交流提供了物质基础。它也在精神层面打破了传统课堂中的等级关系，使得教师和学生之间不再是主客体关系，而是互为主体间性关系。

在“圆桌式”课堂空间中，教师不再是课堂的中心和主宰者，而是转变为组织者和参与者。他们虚心倾听学生的建议，积极释疑解惑，与学生共同探讨、交流思想。这种平等的交流方式使得教学内容不再是空洞无物的抽象理论，而是成为师生共同关注和探索的意向性对象。

通过“圆桌式”课堂空间布局，思政课堂从传统的满堂灌式“讲”堂转变为以思维训练为主线的“练”堂。课堂呈现出师生、生生互动学习的场景，学生们在平等的氛围中积极参与讨论、提出问题、分享观点，从而增强了思政课的亲和力、针对性，提升了教学效果。

“圆桌式”课堂空间布局还有助于培养学生的团队协作精神和沟通能力。在小组协作学习的过程中，学生们需要相互协作、共同完成任务，这不仅锻炼了他们的团队协作能力，也提高了他们的沟通能力和解决问题的能力。

（五）教学效果评价体系空间化

教学效果评价体系空间化突破了传统以单一试卷为标准的评价方式，将评价主体、评价客体和评价标准都置于更广阔的空间背景中进行考量。这种评价体系更符合思政课德育潜意识的养成和良好道德行为生成的目标，有助于培养合格的社会主义建设者和接班人。

在评价主体方面，空间化评价强调评价者的多元性和异质性。评价者不再局限于学校空间的教师和学生，而是扩展到家庭、政府、工厂以及其他社会空间中的多元主体。这样的评价主体组合能够更全面地反映学生在不同空间场所中的表现，从而更准确地评估思政课的教学效果。

在评价客体方面，空间化评价注重评价学生心灵的空间归属感和政治方向感。通过评价学生对“中国文化大地”上的归属感，以及他们在复杂空间环境中明辨是非、不迷失政治方向的能力，可以更有效地衡量思政课的德育成果。

在评价标准方面，空间化教学评价标准强调三个方面的内容。一是以“空间慎独”为评价标准，即无论学生所处的空间场所是否有监督者，都应保持同样的道德和行为方式。这有助于培养学生的自律意识和道德责任感。二是以大学生能否作为榜样改变社会空间、引领社会风尚为评价标准。这体现了思政课培养学生社会责任感和历史使命感的目标。三是以大学生是否向往和憧憬美丽中国和共产主义世界为评价标准，这有助于激发学生的爱国情怀和理想信念。

第四节　新时代思想政治理论课项目化教学模式探讨

一、项目化教学的含义

思想政治理论课项目化教学旨在通过项目实践的方式，将理论知识与现实生活相结合，提升学生的思想政治素养和实践能力。这种教学方法不仅符合基础教育改革的要求，也实现了教师角色的转变，使教师从传统的知识传授者转变为项目的设计者、引导者、组织者和评价者。

在思想政治理论课项目化教学中，教师围绕核心知识设计一个驱动型问题，这个问题能够激发学生的思考动力，引导他们深入探究和解决问题。通过确定项目化教学的主题和任务，学生以合作小组为基本学习单元，进行项目实践。在项目实施过程中，教师需要发挥管理和引导的作用，确保项目的顺利进行。项目完成后，学生需要展示自己的成果，这些成果可以是调研报告、方案设计或实物展示等形式。

在评价方面，教师不仅要关注学生的项目作品展示，还要重视学生在项目任务完成过程中的行为表现。这种评价方式能够更全面地反映学生的学习情况和实践能力。师生还需要就相关的项目进行教学反思，以检验学生是否通过项目活动在政治认同、科学精神、法治意识、公共参与核心素养方面得到提升与发展。

通过思想政治理论课项目化教学，学生可以更深入地理解思想政治理论知识，提高实践能力，培养创新意识和团队合作精神。这种教学方法也有助于推动基础教育改革的深入发展，提升思想政治教育的实效性和针对性。

二、思想政治理论课项目化教学模式的实施路径

（一）利用现代信息资源，加强项目化教学保障

21世纪是信息化的时代，这一特征在教育领域尤为显著，体现为教学资源的流动性、学情的动态变化、教学内容的不断更新以及教学要求的灵活调整。信息技术的应用对思想政治理论课教学方式的变革产生了深远影响。对于项目化教学而言，信息化的时代为其提供了前所未有的便利。教师可以充分利用网络资源来加强项目教学的总体规划，确保项目的顺利实施和高效完成。具体而言，教师可以从以下几个方面入手。

1.借助网络资源增强学生知识储备

由于项目化教学强调学生的主体性和实践性，学生在项目实施过程中可能会遇到知识上的不足。教师可以利用网络资源为学生补充相关的时政内容、哲学原理、历史背景等，帮助学生更好地理解项目任务，提高项目实施的效果。

2.利用数据教学来强化对学生项目活动的指导

在项目教学开展过程中，通过线上教学平台，教师可以实时获取学生的学习数据、项目进展情况等，对学生进行有针对性的指导和帮助。这种线上

线下的教学方式不仅可以提高教师的指导效率，还可以增强学生的学习体验和参与感。

3.借力项目活动辅助教学开展

通过设计科学合理的项目计划，明确项目任务的目标和要求，教师可以引导学生积极参与项目活动，发挥他们的主动性和创造性。教师还可以利用信息技术来展示学生的项目作品，激发学生的兴趣和自信心，推动项目活动的有序开展。

（二）提高教师教学技能，激发学生学习力

在项目化教学中，教师和学生需要共同努力，实现有效的教学与学习互动，以促进思想政治理论课程的深度融合与发展。

第一，教师应注重提升项目化教学的设计与实施能力。在项目主题的选取上，教师应充分考虑学生的实际情况和兴趣爱好，结合课本知识，选择与学生生活紧密相关的主题，激发学生的学习兴趣和动力。教师还应关注项目目标的确定，确保项目目标符合学生的学科核心素养发展目标，并紧密结合项目任务的整体设计。

第二，教师应强化项目活动设计的创新性与实践性。项目活动的设计应遵循学生的生活经验，注重培养学生的自主、合作、探究学习能力。教师可以通过引导学生参与社会实践、实地调查等活动，让学生在亲身体验中发现问题、解决问题，从而提升他们的实践能力和创新意识。此外，教师还应根据学生的认知发展规律和最近发展区来设计项目任务，确保任务既具有挑战性又能够激发学生的积极性。

第三，教师在项目实施过程中应突出双向互动的特点。在项目化教学中，教师应摒弃传统的单向知识传递方式，积极与学生进行互动与交流。教师应发挥好指导和监督作用，帮助学生明确项目目标、搜集项目背景材料、解决实施过程中的问题，并对学生的行为做出及时评价。这种双向互动的教学方式有助于增强学生的学习体验，提高他们的学习效果。

第四，学生也应积极参与到项目化教学中来，发挥主体作用。学生应改

变固有的学习习惯，积极主动地参与到课堂学习中来，从问题的发现到解决全程参与，提升学习环节的完整性。在项目任务的完成过程中，学生应与教师保持良好的沟通与交流，及时反馈学习进展和遇到的问题，以便教师能够及时调整教学策略，更好地指导学生的学习。

（三）探索项目协同模式，实施“家校社”协同育人

随着教育改革的不断深入，项目化教学作为一种创新的教学方式，逐渐受到教育界的广泛关注。传统的教学模式往往将目光局限于学校课堂内，忽视了家庭和社会在教育中的重要作用。为了充分发挥学校、家庭、社会三者在教育中的协同作用，我们需积极探索项目协同模式，实施“家校社”协同育人。

1.完善家校社联系合作机制

第一，加强家校合作，形成教育合力。学校应建立与家长的有效沟通机制，通过家长会、家访、线上交流等方式，及时了解家长的需求和意见，引导家长参与项目化教学。学校可以组建家长委员会，让家长代表参与到项目活动的策划、组织、评价等环节，发挥家长在教育中的积极作用。学校还可以定期举办家长学校，提高家长的教育理念和教育方法，促进家校之间的深度合作。

第二，引入社会资源，丰富项目内容。学校应积极与社区、企业、研究机构等建立合作关系，引入社会资源丰富项目化教学的内容和形式。例如，可以邀请社区工作人员、企业代表、专家学者等参与项目教学，为学生提供实践机会和专业指导。学校还可以利用社区文化、企业资源等开展特色项目，增强项目化教学的针对性和实效性。

2.引导社会文化氛围，营造良好育人环境

第一，加大宣传力度，提高社会认知度。政府、学校和社会媒体应共同加大项目化教学的宣传力度，通过举办讲座、研讨会、展览等活动，向公众普及项目化教学的理念、方法和成果，提高社会对这一新型教学方式的认知度和认可度。

第二，完善硬件设施，提供物质保障。政府应加大对教育事业的投入力度，特别是在项目化教学所需的硬件设施方面。例如，可以加大对学校实验室、实践基地、活动场所等的建设投入，为项目化教学提供必要的物质保障。学校也应根据自身实际情况，合理规划和使用现有资源，确保项目化教学的顺利开展。

第三，加强政策引导，提供制度保障。政府和教育行政部门应制定相关政策，为项目化教学的实施提供制度保障。例如，可以出台相关政策鼓励学校开展项目化教学、支持教师参与项目化教学的研究与实践、为学生提供参与项目化教学的机会等。还可以建立项目化教学的评价机制和激励机制，激发教师和学生的积极性，推动项目化教学的深入发展。

3.加强师资培训，提升项目化教学能力

教师是项目化教学的重要实施者，其教学能力和专业素养直接影响项目化教学的效果。加强师资培训、提升教师的项目化教学能力至关重要。学校应定期组织教师进行项目化教学的培训和学习，提高教师对项目化教学理念、方法和技巧的理解和掌握。还可以邀请具有丰富经验的教师或专家进行授课和指导，帮助教师解决在项目化教学中遇到的问题和困难。

（四）构建发展性项目评价机制，加强学习过程全方位监测

项目化教学注重学生在实际项目中的实践与探索，旨在通过项目的完成来提升学生的综合能力和素养。与传统教学相比，项目化教学更加注重过程性评价与结果性评价的结合，以及评价主体的多元化。构建发展性项目评价机制，对于推动项目化教学的深入实施具有重要意义。

1.形成可视化的项目作品

项目作品不仅是学生项目学习成果的体现，更是学生学习过程、思维方式、问题解决能力的综合反映。教师在设计项目任务时，应充分考虑项目的实际性和可操作性，确保学生能够通过项目的实施，形成具有实际意义的作品。教师应对项目作品进行科学合理的评价，关注学生在作品中所表现出的

创新思维、实践能力以及团队协作精神等。

2.体现多元评价色彩

在传统的评价方式中，教师往往扮演着单一评价主体的角色，评价方式也相对单一。在项目化教学中，评价主体应多元化，包括教师评价、学生自评、互评以及社会评价等多种方式。这种多元化的评价方式不仅能够更全面地反映学生的学习状况，还能够激发学生的学习兴趣和积极性，促进学生的自我认知和自我提升。

3.加强学习过程全方位监测

通过对学生在学习过程中的表现进行实时监测和记录，教师可以更加准确地把握学生的学习状态和学习需求，及时调整教学策略和方法，提供更有针对性的指导和帮助。学习过程的全方位监测也能够为学生的学习成长提供有力的数据支持，帮助学生更好地认识自己的优点和不足，制订更加科学的学习计划。

第十一章　实践创新：新时代思想政治理论课实践教学组织策略与实效提升

第一节　新时代思想政治理论课实践教学的组织与管理

高校思想政治理论课的实践教学，作为课堂理论教学的延伸与补充，对于巩固理论教学成果、提高思政教育教学效果具有不可替代的作用。近年来，随着党中央对高校思想政治教育工作的高度重视，各高校纷纷推进思政课实践教学改革，探索新的教学模式和方法，取得了显著成果。然而，实践教学的组织与管理仍然是高校人才培养过程中的薄弱环节，需要进一步加强和完善。

整合实践育人主体资源，创新第二课堂实践教学形式。习近平总书记指出，加强实践育人要注重“党委统筹部署、政府扎实推动、社会广泛参与、高校着力实施”[①]。一方面，高校思想政治教育筑牢实践育人主阵地发挥实践育人成效，要坚持以学生发展为中心，全面整合各方实践育人资源，发

① 习近平. 稳扎稳打 勇于担当 敢于创新 善作善成 推动京津冀协同发展取得新的更大进展[N]. 人民日报，2019-01-19.

挥实践育人主体作用。整合实践育人主体资源需要通过将思想政治教育贯穿于社会实践过程中，加强高校党建、学工、就业、心理等职能部门的交流与配合；发挥家庭、学校、政府、社会等育人主体的育人意识，调动民政、妇联等政府部门的育人积极性，激发全社会育人热情，增强社会整体育人参与度，从而实现整合实践育人主体资源，营造实践育人良好环境，巩固高校思想政治教育实践育人效果，形成各方面实践育人主体互相作用、相互支撑，实现各主体育人功能；另一方面，高校思想政治教育创新第二课堂实践教学形式。习近平总书记指出要重视和加强第二课堂建设，强调了实践课程创新的重要性。在系统的实践课程教学规划基础上，高校要充分利用学术文化活动、专业技能竞赛、劳动教育类实践、学生社团活动、文体实践活动、军事训练实践、创新创业实践等开展第二课堂实践教学，使实践教学形式在不断探索和改进中更加生动、有效。

一、高校思想政治理论课实践教学的组织

（一）思想政治理论课实践教学组织主体

1.思想政治理论课实践教学组织的含义

从广义角度而言，组织是指由诸多要素按照一定方式相互联系起来的系统。从狭义角度看，组织是指为实现特定的教育目标，人们互相协作结合而成的集体或团体，在高校中特指围绕思想政治理论课实践教学活动而组建的组织结构。这一组织不仅涉及高校思想政治理论课教师，还涵盖学校的领导、相关职能部门、学生以及其他相关要素。它的核心任务是设计实践活动方案、安排课程进度、构建教学体系，并负责师资队伍的组织和管理，以确保实践教学具体落到实处。

高校作为重要的实践教学组织，应把思想政治理论课实践教学作为人才培养过程中的一项重要工作，并上升到学校总体工作层面来安排和思考。在顶层设计上，高校领导及相关职能部门应共同建立一个决策和组织管理机

构，负责实践教学的组织实施、经费保障、计划制订、考核体系等事项。此外，实践教学应纳入高校人才培养的总体设计和规划，对大学生参加实践教学的目的、任务提出明确要求，确保实践教学与理论教学相辅相成，共同推动学生全面发展。

2.高校思想政治理论课实践教学组织主体

高校思想政治理论课实践教学组织的主体是一个多元化、协作性的团队，涉及多个部门和个体。

第一，高校党委应当直接领导这一实践教学组织，成立由党委书记担任组长的领导小组，以统筹管理思想政治理论课及实践教学。该领导小组应包含主管学生工作的副书记和主管教学工作的副校长，他们担任副组长，学校党委宣传部、教务处、学生处、校团委、马克思主义学院或思想政治理论课教学部的负责人都是领导小组成员。

第二，宣传、教务、人事、财务、科研等党政职能部门和思想政治理论课教学科研机构也是实践教学组织的重要组成部分。这些部门需要共同落实好思想政治理论课教育教学、人才培养、学科建设、科研立项、经费保障、社会实践等各方面的政策。

第三，实践教学组织的主体还包括工作在一线的思想政治理论课任课教师和为学生服务的各相关部门管理人员。他们直接参与实践教学的组织和实施，对实践教学的效果和质量有着直接的影响。同时，吸收一定数量的学生代表参与实践教学组织，也能从学生的角度提出宝贵的意见和建议，促进实践教学的改进和优化。

高校思想政治理论课实践教学组织的主体共同为实践教学的有效开展提供坚实的组织保障，确保实践教学能够落到实处、发挥培养人才的作用。

（二）思想政治理论课实践教学组织机制

为了确保实践教学的有效性和质量，高校应建立并完善一套科学、规范的组织机制。

第一，高校党委应发挥领导核心作用，对思想政治理论课实践教学进行统一领导和规划。党委要站在全局的高度，把握实践教学的方向和目标，确保实践教学与学校整体人才培养目标相一致。同时，党委还应加强与其他部门的沟通协调，形成齐抓共管的工作格局。

第二，马克思主义学院或思想政治理论课教学部作为实践教学的具体执行机构，应承担起实践教学的组织、实施和管理职责。这些机构应制订详细的实践教学计划，明确实践教学的目标、内容、方法和评价标准，确保实践教学的有序开展。同时，他们还应加强师资队伍建设，提高教师的实践教学能力和水平。

第三，教务处、学生处、团委等相关部门也应积极参与实践教学的组织和管理。教务处应负责实践教学的课程安排和学时分配，确保实践教学有足够的时间和资源支持；学生处和团委则应协助组织实践教学活动，为学生提供必要的实践机会和平台。

第四，在实践教学组织机制中，制度建设也是不可或缺的一环。高校应制定和完善一系列与实践教学相关的规章制度，如实践教学大纲、实践教学规划、考核评价办法等，为实践教学的开展提供制度保障和规范指导。

第五，为了确保实践教学的持续改进和优化，高校还应建立实践教学反馈机制。通过定期收集和分析学生对实践教学的反馈意见，了解实践教学的实际效果和存在的问题，及时进行调整和改进，不断提高实践教学的质量和水平。

（三）思想政治理论课实践教学组织系统化

1.将思想政治理论课实践教学纳入统一的教学大纲、教学计划

为了有效实施思想政治理论课的实践教学，高校应当制定统一的教学大纲，制订详细的教学计划。这不仅有助于规范实践教学的各个环节，还能确保实践教学的质量和效果。大纲应明确实践教学的目标、内容、方法和评价标准，使教师能够清晰地理解实践教学的要求，从而有针对性地开展教学活动。同时，教学计划应充分考虑学生的实际情况和需求，合理安排实践教学的时间和进度，确保实践教学的有序进行。

2.系统设置思政课实践教学课程

根据思想政治理论课的课程特点，应系统化地设置实践教学课程。具体可分为以下三种类型。

第一，学科实践活动课程。这类课程以思想政治理论课的某一学科内容为基础，通过实践活动来加深学生对学科知识的理解和体验。例如，在“思想道德修养与法律基础”课程中，可以组织模拟法庭活动或社会道德现象调研，让学生在实践中学习法律知识，提升道德修养。

第二，社会实践活动课程。这类课程旨在通过综合运用思想政治理论课的知识，让学生参与社会实践，锻炼能力，增长见识。可以组织学生参加暑期社会实践、社会调查、志愿服务等活动，让学生在实践中感受社会、了解国情、增强社会责任感。

第三，综合实践活动课程。针对高年级学生，可以开设综合实践活动课程，结合学生的专业知识和思想政治理论课的内容，开展更广泛、更深入的实践活动。例如，可以组织学生参与社会热点问题的研究、开展社会公益活动或参与企业的社会实践项目等，让学生在实践中提升综合素质和能力。

3.加强实践教学管理与指导

为了确保实践教学的有效实施，高校应加强实践教学的管理与指导工作。首先，应建立健全实践教学的管理制度，明确实践教学的组织、实施、评价和反馈等环节的要求和流程。其次，应加强对实践教学教师的培训和指导，提高教师的实践教学能力和水平。最后，还应建立学生实践教学的考核和激励机制，激发学生的学习积极性和创造性。

4.整合校内外实践教学资源

高校应充分利用校内外实践教学资源，为思想政治理论课的实践教学提供有力支持。可以与地方政府、企事业单位等建立合作关系，共同开展实践教学活动；可以邀请校外专家、学者来校举办讲座或指导实践教学；还可以利用互联网等现代信息技术手段开展线上实践教学活动，拓展实践教学的空间和形式。

二、高校思想政治理论课实践教学的管理

实践教学管理是确保思想政治理论课实践教学有序、高效进行的关键环节，对于提升教学质量、培养学生综合素质具有重要意义。

（一）思想政治理论课实践教学管理的意义

1.实践教学管理是实施思想政治理论课实践教学的根本要求

思想政治理论课实践教学作为一种特殊的教学形式，其复杂性在于它涉及学校与社会、教师与学生、理论与实践的有机结合。要确保实践教学的顺利进行，必须对其进行科学的管理。通过实践教学管理，能够合理规划实践教学的各个环节，整合教学资源，实现教学目标的最大化。这不仅能够提高实践教学的效果，还能使学生在实践中深化对理论知识的理解和应用，从而全面提升学生的认识、情感和能力。

2.实践教学管理是充分发挥人力、物力作用的主要手段

思想政治理论课实践教学需要投入大量的人力、物力和时间，但这些资源并不会自动形成成功的实践教学。只有通过科学的管理，才能使这些资源得到合理的配置和有效的利用。实践教学管理能够优化教学资源的配置，提高教学效率，确保实践教学的顺利进行。同时，科学的管理还能够激发教师和学生的积极性，促进实践教学的创新和发展。

3.实践教学管理是建构思想政治理论课实践教学长效机制的中心环节

思想政治理论课实践教学是一个长期而持续的过程，需要学校多个部门、众多专任教师和教辅人员的共同参与和努力。要建立和完善实践教学的长效机制，必须依赖于实践教学管理的有效实施。通过实践教学管理，可以建立健全相关的管理制度和规范，确保实践教学的有序进行。同时，还能够加强实践教学的监督和评估，及时发现问题并进行改进，从而推动实践教学的持续发展。

4.实践教学管理是深化思想政治理论课教学改革的重要抓手

实践教学是思想政治理论课教学改革的重要方向之一，通过加强实践教学管理，可以推动思想政治理论课的改革和创新。实践教学管理能够引导教师转变教学理念和方法，注重学生的主体性和实践性，使教学更加贴近实际、贴近生活、贴近学生。同时，实践教学管理还能够促进学生的全面发展，提高学生的综合素质和创新能力，为培养具有社会责任感和创新精神的高素质人才提供有力支持。

（二）思想政治理论课实践教学管理的主要内容

思想政治理论课实践教学管理的主要内容涵盖了实践教学的组织、实施、评估以及资源保障等多个方面，确保实践教学的有效进行，提升教学质量，促进学生全面发展。

1.成立实践教学的领导机构，构建科学的运行机制

为了确保实践教学的有效实施和高质量运行，一个职责明确的组织领导机构是不可或缺的。这样的机构不仅为实践教学提供了机制保障，还能确保实践教学工作有章可循，实现良性运行。

高校应当高度重视实践教学管理，成立专门的领导小组来负责相关工作。这个领导小组应由学校领导亲自挂帅，以确保实践教学的战略地位得到足够的重视。同时，领导小组还应包括相关职能部门、马克思主义学院和各学院的主管领导，从而形成一个跨部门、跨学院的协作机制，共同推动实践教学的开展。

在领导小组中设立“实践教学工作组”，专注于实践教学的具体规划、组织、实施和评估等工作，确保实践教学的每一个环节都得到精心策划和有效执行。如果条件允许，配备专职实践教学管理人员也是很有必要的，他们可以更加专业、高效地推进实践教学的各项工作。

此外，实践教学领导小组和工作组需要定期召开会议，研究思想政治理论课实践教学的计划、重点内容、经费保障等问题。通过定期交流和研讨，可以及时发现和解决实践教学中的问题，确保实践教学的顺利进行。同时，

这种定期研究的机制也有助于实践教学工作的持续改进和创新。

值得一提的是，这个领导机构也可以作为高校大学生社会实践活动的领导机构。通过统筹思想政治理论实践教学工作和大学生社会实践活动，可以实现两者之间的有效衔接和互补。这样不仅可以丰富实践教学的形式和内容，还可以提高社会实践活动的效率和质量，更好地服务于提高大学生的综合素质。

2.明确思想政治理论课实践教学的内容与方式

思想政治理论课实践教学的内容应当紧密围绕相关课程的基本内容来设定，确保实践教学与理论教学相互衔接、相互促进。教师可以根据教学大纲的教学要求，结合社会热点、学生实际和课程目标，选择具有代表性、时代性和可操作性的实践教学内容。这些内容既可以是对理论知识的拓展和延伸，也可以是针对现实问题的分析和解决。

实践教学的方式多种多样，可以根据实践教学内容的特点和目标选择适当的方式。例如，课堂讨论、案例分析、社会调查、志愿服务、模拟法庭等都是有效的实践教学方式。这些方式不仅可以激发学生的学习兴趣和积极性，还可以培养学生的团队协作、沟通表达、创新思考等能力。以法制教育内容的实践教学为例，教师可以组织学生参观人民法院庭审，通过观摩庭审过程，让学生了解诉讼活动的全过程及法庭庭审的各环节。这样的实践教学方式可以让学生身临其境地感受法律的威严和公正，增强法治观念和法律意识。同时，教师还可以结合具体案例进行分析和讨论，引导学生深入思考法律问题，提高其分析问题和解决问题的能力。

3.规范校外社会实践环节的操作流程

校外社会实践作为一种重要的实践教学形式，能够使学生深入社会、深入基层，通过亲身体验收获知识与经验，锤炼情感与意志，具有不可替代的作用。为了更好地保障实践教学的顺利开展，需要明确校外社会实践的操作流程，并制定相应的操作规范。

在设计筹划阶段，首先，要确定实践主题，确保主题与思想政治理论课的教学内容紧密相关，具有针对性和时代性。其次，要选择合适的实践方式，如社会调查、志愿服务、实地考察等，确保学生能够充分参与并有所收获。最后，要进行组织筹划，明确实践活动的具体安排、人员分工、时间安排等，确保活动的顺利进行。

在实施实践阶段，要按计划合理有序地推进实践活动。教师和实践团队要密切关注实践活动的进展，及时解决遇到的问题和困难。同时，要确保学生的安全，采取必要的措施预防意外事件的发生。此外，还要注重培养学生的实践能力，引导他们积极参与实践活动，发挥主动性和创造性。

在总结评价阶段，要对实践活动进行全面的总结和评价。首先，要组织学生进行交流和分享，让他们互相学习、互相启发。其次，要进行评比和评分，根据学生在实践活动中的表现给予相应的评价和奖励。最后，要进行表彰和总结，对表现优秀的学生和团队进行表彰，并对整个实践活动进行总结和反思，为今后的实践教学提供经验和借鉴。

除了以上三个阶段外，还需要注意：一要确保实践活动的真实性和有效性，避免形式主义和走过场；二要注重培养学生的综合素质，包括团队合作能力、沟通能力、创新能力等；三要加强实践教学的管理和监督，确保实践教学的质量和效果。

4.注重社会实践基地的开发与利用

社会实践基地不仅是学生亲身体验社会、深化理论知识的平台，更是推动实践教学持续进行、确保实效性的重要载体。因此，在开发与利用社会实践基地时，应坚持以下三个原则。

第一，“就近挂钩”原则。在选择社会实践基地时，应优先考虑距离学校较近的单位或机构。这样不仅可以减少学生往返交通的时间和费用，降低安全风险，还便于学校与实践基地之间的日常沟通和合作。同时，近距离的实践基地也更便于教师对学生进行现场指导和监督，确保实践教学的质量和效果。

第二，“双赢”原则。在开发社会实践基地时，应树立“互利互惠”的观念，寻求学校与实践基地之间的共同利益点。学校可以通过提供人才支持、智力支持等方式，为实践基地提供服务和帮助；同时，实践基地也可以为学生提供实践机会、实习岗位等资源，促进双方的共同发展。这种双赢的合作模式有助于促进实践基地对教育的关心、参与和支持，推动社会实践基地的持续发展。

第三，“与时俱进”原则。社会实践基地的开发与利用应顺应时代的发展变化，不断挖掘新的实践资源。随着社会的不断进步和科技的快速发展，新的社会实践领域和形式不断涌现。学校应密切关注社会热点和行业动态，及时调整和完善实践教学内容和方式，使实践教学更具时代性和针对性。同时，也应注重培养学生的创新意识和实践能力，使他们能够更好地适应社会的需求和挑战。

5.优化实践教学的考核评价方式方法

优化实践教学的考核评价方式方法，对于促进思想政治理论课实践教学的开展，激发师生参与热情，提高实践教学的质量和效果具有重要意义。具体而言，对学生的考评，应综合考虑实践成果的评分、平时表现、自评和互评等多个方面，以全面、客观地反映学生的思想政治道德水平和遵纪守法程度。既要关注学生实践成果的质量，也要重视学生在实践过程中的表现和成长。通过终结性评价与过程性评价的结合，激励学生积极参与实践，提高综合素质。考评结果应及时反馈给学生，并针对学生在实践中的不足进行有针对性的指导，帮助学生改进和提高。

对教师的考评应从思想政治水平、教学态度、职业责任感等多个维度进行考察，以全面评价教师在实践教学中的表现。重点考察教师在实践教学中的参与情况，包括实践教学的安排是否合理得当，是否积极参与社会实践的指导和组织等。对在实践教学中表现突出的教师应给予相应的奖励，以激励更多教师积极参与实践教学活动。同时，对于在实践教学中表现不力的教师应进行适当的培训和督促。

应建立明确的奖励制度，对在实践教学中表现优秀的教师和学生进行表彰和奖励，激发师生的参与热情。对于参与社会实践指导和管理的教师，应合理计算其工作量并给予相应的报酬，以体现对实践教学工作的尊重和认可。

6.夯实实践教学的条件保障基础

思想政治理论课实践教学涉及多个方面的配合与投入，需要建立起完善的实践教学条件保障机制。

第一，资金保障。实践教学需要学生在社会中进行亲身体验，这涉及行、住、吃、用等多方面的经费支出。因此，学校应设立专项资金，实行统一管理、专款专用，确保实践教学活动有充足的经费支持。同时，要加强对资金使用的监督和管理，确保资金使用的透明和有效。

第二，师资队伍。思想政治理论课教师应具备深厚的理论素养、高尚的道德情操和较强的实践能力。为此，教师应自觉加强理论学习和党性锻炼，不断提升自身的综合素质。学校也应加强对专任教师的管理和培训，提供学习、培训和晋升的机会，激发教师的工作热情。同时，要完善保障和激励机制，为教师提供良好的工作环境和条件，确保他们能够全身心地投入实践教学。

第三，制度保障。传统的思想政治教育管理模式已经不适应现代社会的需求，需要建立现代思想政治教育管理模式，即利用制度权威进行的自我教育。因此，学校应制定完善的实践教学管理制度，明确实践教学的课时、方式方法、经费来源和教师的课酬等具体事项。同时，要确保这些制度得到严格执行，防止实践教学活动出现随意性和无序性。

第四，还需要加强实践教学基地的建设和利用，为实践教学提供必要的场所和条件。学校应积极与社会各界建立合作关系，共同开发实践教学资源，为学生提供更多的实践机会和平台。同时，要加强对实践教学基地的管理和维护，确保其能够长期、稳定地为实践教学服务。

（三）思想政治理论课实践教学管理体系的构建

从整体的视角出发，构建思想政治理论课实践教学管理体系是一项系统而复杂的工作。这需要我们运用系统科学的理论和方法，对实践教学的各个要素进行整体设计与安排，以实现结构和功能的最优化。具体而言，可以从以下三个层面来构建这一管理体系。

1.组织管理层面的构建

在组织管理层面，应设立专门的实践教学管理机构，负责统筹规划、组织协调和监督管理实践教学的各项工作。该机构应制定实践教学的基本方针、政策和管理制度，明确实践教学的目标、任务和要求，确保实践教学活动的有序开展。同时，还应建立实践教学师资队伍的管理机制，加强教师的选拔、培训和考核，提高教师的实践教学能力和水平。

2.资源保障层面的构建

在资源保障层面，应加大对实践教学经费的投入力度，确保实践教学活动有足够的资金支持。同时，积极建设实践教学基地，为学生提供丰富的实践机会和平台。此外，还应加强实践教学教材、教学设备等教学资源的建设和管理，确保实践教学活动的顺利开展。

3.过程监控层面的构建

在过程监控层面，应建立实践教学的质量监控机制，对实践教学活动进行全程跟踪和评估。通过制定实践教学质量标准、建立实践教学评价体系、开展实践教学督导等方式，确保实践教学活动的质量和效果。同时，还应加强对实践教学活动的反馈和调整，及时发现问题并进行改进，以不断提高实践教学的水平和质量。

第二节　新时代思想政治理论课实践教学体系的构建

思想政治理论课作为高等教育的重要组成部分，其特色在于理论性与实践性的深度融合。理论教学以其严谨性和深邃性为基础，为学生提供了思政知识的框架和精髓，而实践教学则以其活泼性和生动性为补充，让学生在实践中深化对理论的理解。

实践教学作为理论教学的拓展和延伸，在思政教育中扮演着举足轻重的角色。它不仅有助于深化思政课教学改革，使教学更具针对性和说服力，还能显著提高教学的实效性。通过实践教学，学生可以将课堂上学到的理论知识与实际情境相结合，从而在亲身体验中巩固和深化对思政理论的理解。

构建科学有效的实践教学体系是实现理论与实践相结合的关键。这一体系应包含明确的教学目标、丰富的教学内容、合理的教学安排以及有效的评估机制。通过实践教学体系的建设，可以确保实践教学的有序进行，并使其与理论教学形成有机整体，共同推动思政教育的深入发展。

习近平总书记提出，我们要扎根中国大地办教育。[①]放眼世界来看，美国也提倡他们的公民教育要贯穿学生成长的一生，以“美国梦”为他们的统一目标。而中国的一体化教育一定要突出中国的特色，从孩童时期就开始强化这种道德教育理念，延伸至小学、初中、高中、大学，始终使内在的德性养成成为指引学生成长的内在力量，并受用终生。但是我们国家的思政教学在实践方面还有所欠缺，要加强实践教学的持续性，不仅注重学校内的实践，还要关注社会和家庭的力量，使“家校社”也形成一体化的育人合力，共同促进思想政治课实效性的发挥。

一、高校思政课实践教学体系构建的基本内容

思想政治理论课作为高校思想政治工作的主渠道和主阵地，承担着对大学生进行思想引领、价值塑造、能力培养的重要使命。因此，构建科学有效的思政理论课实践教学体系，对于实现高等教育人才培养目标具有至关重要的意义。

思政理论课的实践教学体系应紧密围绕培育和践行社会主义核心价值观、贯彻落实“四个全面”战略理论、正确认识实现中华民族伟大复兴的历

① 习近平. 在北京大学师生座谈会上的讲话[N]. 人民日报，2018-05-03（02）.

史使命等核心目标进行规范建设。通过实践教学活动，引导学生将课堂上学到的理论知识与实际情况相结合，加深对思政理论的理解，提升运用理论解决实际问题的能力。

（一）高校实践教学思想体系的建设

实践教学的思想体系包括对思想政治理论课实践教学的目标价值、指导思想、基本原则的认识定位，它同样且必须具有丰富而深刻的思想内涵。

第一，我们要明确实践教学与理论教学乃至整个“大思政”的价值目标是一致的。实践教学的目的不是完成形式上的任务，而是提高大学生的思想道德水平、政治理论素养和创新能力，培养具有高尚思想政治素质和职业素质的合格人才。这一目标与当前高校教学的整体需求和终极目标是高度契合的。因此，我们必须将实践教学作为高校人才培养的重要环节，充分发挥其在思想政治教育中的独特作用。

第二，实践教学是促使大学生从“知”到“行”的转变的重要途径。通过实践教学，可以激发学生学习理论、运用理论和创新理论的积极性和主动性。实践教学不是理论教学的简单补充，而是与理论教学相互补充、相互促进，共同构成思想政治教育的有机内容。因此，我们要高度重视实践教学的地位和作用，将其作为评价大学生思想政治教育完备性、科学性和实效性的重要指标。

第三，实践教学的思想体系与理论教学的思想体系是一脉相承的。实践教学不是停留在实践操作层面，而是要在实践中运用理论，并丰富和发展理论。因此，我们在构建实践教学思想体系时，要充分体现其思想性，将理论教学的思想精髓贯穿于实践教学的全过程。通过实践教学，让学生深刻理解和体验思政理论的实际应用，从而增强对思政理论的认同感和归属感。

第四，从教育主管部门到学校，再到每一位老师、学生，都需要深刻认识到实践教学的思想性，并积极落实实践教学工作。教育主管部门要制定相关政策，引导和鼓励高校开展实践教学活动；学校要建立健全实践教学体系，提供必要的支持和保障；教师要不断提升自身的实践教学能力，创新实践教学方法和手段；学生要积极参与实践教学活动，发挥主动性和创造性。

（二）高校实践教学资源体系的建设

高校实践教学资源体系涵盖了实践教学所需的硬件和软件资源，为实践教学的有效实施提供了有力保障。

实践教学资源体系的建设需要注重实践教学管理机制的创新与完善。这包括分级组织管理和教学制度管理两个方面。在分级组织管理上，实行校、院两级管理体制，明确各级职责，确保实践教学的有序开展。在教学制度管理上，将思政课的实践教学与学生的专业相衔接，打造“课程思政”，实现思想政治教育与专业教育的深度融合。同时，建立实践教学资源有效利用和共享开放的机制，保证实践教学资源得到充分利用。

高素质的教师队伍是实践教学资源体系建设的核心。思政理论课教师需要具备深厚的理论功底和丰富的实践经验，以引导学生将理论知识与实际问题相结合。为此，高校应加强实践教学师资队伍的建设，通过培训、交流等方式提升教师的实践教学能力。同时，鼓励教师开展“双师型”实践教学，即既具备理论教学能力又具备实践指导能力的教师，以更好地指导其开展实践教学活动。

实践教学资源体系的建设还应注重实践教学活动的多样性和灵活性。通过设计丰富多彩的实践教学活动，如社会调查、志愿服务、模拟法庭等，激发学生的学习兴趣和主动性。同时，根据学生的专业特点和兴趣爱好，开展具有针对性的实践教学活动，促进学生的全面发展。

实践教学资源体系的建设需要建立科学的评价反馈机制。通过对实践教学的各个环节进行评价和反馈，及时发现问题和不足，并针对性地进行改进和优化。这不仅可以提升实践教学的质量，还可以为今后的实践教学提供宝贵的经验和借鉴。

（三）高校实践教学方法体系的建设

实践教学方法的选择与运用应根据实践教学的目标、内容、对象以及环境等多种因素进行综合考虑。正确、科学、合理的教学方法不仅能够顺利实现教学目的，还能够充分优化教学结构，不断提升教学质量。

第一，我们要充分认识到教学方法在实践教学中的核心地位。教学方法是连接教师、学生和教学内容的重要桥梁，是实现教学目的和效果的关键途径。因此，教师在思政理论课实践教学中，应积极探索并灵活运用多种教学方法，以适应不同课程、不同教学对象以及不同教学环境的需求。

第二，在实践教学方法的选择上，我们应注重方法的多样性和灵活性。例如，问题导入性教学法能够激发学生的思维活力，发挥学生的主体作用；操作性教学法则能够帮助学生将理论知识转化为实践能力，实现从“知”到“行”的转变。此外，发展性教学法、范例教学法、合作教学法以及团队教学法等都是实践教学中常用的有效方法。

第三，我们还需要关注教学方法的发展变化。教学方法不是一成不变的，它随着教学目标的更新、教学内容的丰富以及教学对象的变化而不断发展变化。因此，我们要积极处理好教学目的与学生个性、教学内容与教学手段、方法的既定性与教学过程的不确定性等之间的关系，以确保教学方法的针对性和实效性。

第四，实践教学方法体系的建设还需要注重校内外的资源整合与利用。高校应加强与实践教学基地、实验实训基地的合作，充分利用这些资源开展实践教学活动。同时，政府及相关行业的大力支持也是实践教学得以顺利开展的重要保障。通过整合校内外资源，我们可以为学生提供更加丰富、更加真实的实践学习环境，进一步提升实践教学效果。

（四）高校实践教学过程体系的建设

实践教学是一个持续性、动态性的教学活动，它强调过程性的特点，要求我们从实践教学的整体性出发，制定详尽的实践教学大纲，灵活运用多种实践教学方法，并重视实践教学过程中的表现和评价。

第一，实践教学过程体系的建设应以实践教学的目的为指导。我们要明确实践教学的目标和任务，即培养学生的实践能力、创新精神和解决问题的能力。在实践教学的过程中，我们要始终围绕这一目标进行，确保实践教学的各项活动都能够服务于这一目标。

第二，制定详尽的实践教学大纲是实践教学过程体系建设的基础。实践教学大纲应明确实践教学的内容、方法、步骤和评价标准等，为实践教学的实施提供具体的指导和依据。同时，实践教学大纲还应根据学科特点和学生实际情况进行调整和优化，确保实践教学的针对性和实效性。

第三，灵活运用实践教学方法是实践教学过程体系建设的关键。我们要根据实践教学的目标和内容，选择适合的教学方法，如问题导入、案例分析、团队合作等，以激发学生的学习兴趣和主动性。同时，我们还要注重教学方法的创新和改进，不断探索更加有效的教学方式，提高实践教学的质量和效果。

第四，重视实践教学过程中的表现和评价也是实践教学过程体系建设的重要一环。我们要关注学生在实践教学过程中的表现，包括他们的参与程度、思考能力、解决问题的能力等，并给予及时的反馈和指导。同时，我们还要建立科学的评价体系，对实践教学的效果进行客观、全面的评价，为今后的实践教学提供宝贵的经验和借鉴。

随着社会和学科的发展，实践教学的内容和方法也需要不断更新和完善。因此，我们要保持开放的心态和创新的精神，不断探索和实践，推动实践教学过程体系的不断优化和发展。

（五）高校实践教学考核体系的建设

高校实践教学考核体系的建设对于提升实践教学质量、推动教学改革以及促进学生全面发展具有重要意义。

实践教学考核体系的建设应首先明确考核目标，即考核的目的是什么，希望达到什么样的效果。这有助于确保考核体系具有明确的导向性，能够引导教师和学生朝着正确的方向努力。考核目标应关注学生对知识的应用能力、实践操作能力、创新思维能力以及团队协作精神等多方面的能力和素质。

制定科学的考核标准是实践教学考核体系建设的核心。考核标准应基于实践教学的特点和要求，结合学科特点和学生实际，确保公平、公正、客观。考核标准应涵盖实践教学的各个环节，包括实践准备、实践操作、实践成果等方面，并注重对学生实践过程的评价和反馈。

实践教学考核体系应实现考核主体的多元化，包括教师、学生、企业和社会等多方面的参与。教师应作为主要的考核主体，对学生的实践表现进行客观评价；学生之间也可以进行互评，促进相互学习和交流；同时，引入企业和社会的评价，使考核更加贴近实际，更具说服力。

考核方式的选择应根据实践教学的特点和学生实际进行。可以采用书面报告、实践操作、口头汇报、团队项目等多种形式，全面反映学生的实践能力。同时，应注重过程考核和结果考核的结合，既要关注实践成果的质量，也要重视实践过程的表现。

实践教学考核应建立有效的反馈机制，及时将考核结果反馈给教师和学生。对于表现优秀的学生应给予表彰和奖励，激发其进一步发挥潜能；对于表现不佳的学生应提供有针对性的指导和帮助，促进其改进和提高。同时，根据考核结果对实践教学进行反思和总结，不断完善考核体系，推动实践教学质量的持续提升。

实践教学考核体系的建设应注重其可操作性，确保考核过程简便易行，能够高效实施。同时，要注重对考核数据的收集、整理和分析，为实践教学改革提供有力支持。

二、高校思政课实践教学体系构建的目标及要求

（一）高校思想政治理论课实践教学体系构建的目标

1.实践教学的知识目标

知识目标是实践教学的基础目标，它强调学生应在实践活动中深化对思想政治理论知识的理解。这包括工具性知识的掌握，帮助学生认识问题和解决问题；常识性知识的拓展，使学生更好地了解社会常识和常态；专业知识的转化，使学生在解决问题时能够触类旁通。通过实践操作、现场观摩等方式，学生可以亲身体验到知识的生成过程，加深对理论知识的理解和掌握。

2.实践教学的能力目标

能力目标是实践教学体系的重要组成部分，它旨在提升学生的实际应用能力、拓展能力以及综合素质。学生应学会将所学理论与社会实际相联系，用理论解释和解决实际问题。此外，实践教学还应锻炼学生的拓展能力，包括终身学习的能力以及不断学习钻研新业务的意识。通过实践教学，学生应达到从检验理论到理论创新的飞跃，提升组织、表达、辨别等多方面的能力。

3.实践教学的思想目标

思想目标是实践教学体系构建的终极目标，即提升学生的思想境界，培育积极的世界观、人生观和价值观。实践教学应凸显“德性培育”的特色，帮助学生树立正确的世界观、人生观和价值观，引导他们正确认识肩负的历史使命，成为德智体美劳全面发展的社会主义建设者和接班人。在当前多元文化背景下，高校思想政治理论教育在培养学生的社会认同、文化坚持和理想信念方面发挥着重要作用。

（二）高校思想政治理论课实践教学体系构建的要求

高校思想政治理论课实践教学体系构建的要求，是确保实践教学活动有序、高效进行的关键所在。构建实践教学体系具体坚持以下要求。

第一，坚持理论与实践相结合的基本原则。实践教学体系的构建应紧紧围绕理论教学的核心内容，确保实践教学活动成为理论教学的有效延伸和拓展。通过实践活动，使学生能够在实践中深化对理论知识的理解和应用，实现知行合一。

第二，明确实践教学的目标和任务。实践教学应有明确的目标导向，旨在培养学生的实践能力、创新精神和社会责任感。同时，要明确实践教学的具体任务，包括提高学生的思想政治素质、培养学生的综合素质和增强学生的社会责任感等。

第三，优化实践教学的内容和方法。实践教学内容应具有针对性、操作性和实效性，能够紧密结合社会现实和学生实际。在教学方法上，应注重学生的主体性和参与性，采用多种形式的实践活动，如社会调查、志愿服务、案例分析等，以激发学生的学习兴趣和积极性。

第四，强化实践教学的管理和保障。高校应建立健全实践教学的管理机构和管理制度，明确实践教学的组织、实施、监督和评估等各个环节的职责和要求。同时，要加大对实践教学的投入力度，提供必要的场地、设备和经费等保障条件，确保实践教学活动的顺利进行。

第五，注重实践教学的评估和反馈。建立科学的实践教学评估体系，对实践教学活动进行定期检查和评估，及时发现问题和不足，提出改进意见和建议。同时，要注重实践教学的反馈机制，及时了解学生对实践教学活动的反馈意见，为实践教学的改进提供依据。

第六，实践教学体系的设计要体现时代性、创新性和实效性。随着时代的发展，实践教学的内容和形式也需要不断更新，以反映当代社会的特点和要求。同时，实践教学要鼓励学生创新思维，培养他们的创新意识和能力。此外，实践教学还要注重实际效果，确保学生能够真正从实践中受益。

第七，实践教学体系要注重学生的参与和体验。学生是实践教学的主体，他们的积极参与和深刻体验是实践教学成功的关键。因此，实践教学活动要设计得具有吸引力和挑战性，能够激发学生的学习兴趣和动力。

三、高校思政课实践教学体系构建的思路及方法

以学生为本是现代高校思想政治教育工作的核心原则。在当今时代，学生群体的多样性和差异性越来越明显，因此，构建实践教学体系时，必须充分尊重学生的个性、能力和兴趣差异，因材施教，以满足不同学生的学习需求。

第一，为了切实贯彻以学生为本的原则，高校需要全面了解教育对象的个性、能力差异。通过调查、访谈等方式，收集学生的信息，了解他们的学习特点、兴趣爱好和职业规划，进而将学生群体按照一定标准进行分类。这

样的分类有助于更精准地把握不同学生群体的需求，为后续的实践教学设计提供依据。

第二，在实践教学设计中，应坚持以全面提升学生综合素质为目标。针对不同学生群体的需求，设计多层次的教学内容。对于学习能力较强的学生，可以设计更具挑战性的实践任务，以激发他们的创新思维和实践能力；对于学习能力稍弱的学生，则可以设计更基础、更具体的实践项目，帮助他们逐步建立信心，提高实践能力。同时，完善教学环节，丰富教学方式方法，如采用案例分析、小组讨论、角色扮演等多样化的教学方法，以激发学生的学习兴趣和积极性。

第三，在构建实践教学体系时，高校可以探索一条既按课程类别进行“分层”构建，又按课程目标进行“集中”构建的思路与方法。具体而言，就是根据每门思政课程的特性和教学目标，设计针对性的实践教学活动。例如，对于理论性较强的课程，可以通过案例分析、课堂讨论等方式进行实践教学；对于应用性较强的课程，则可以组织学生进行社会调查、志愿服务等实践活动。同时，围绕课程目标，整合各门课程的实践教学资源，形成合力，共同推进学生综合素质的提升。

第四，高校还应加强与地方政府、企事业单位等外部资源的合作，为学生提供更多的实践机会和平台。通过校企合作、产学研结合等方式，引导学生将所学理论知识应用于实际工作中，提高他们的社会适应能力和创新能力。

（一）高校按课程类别进行“分层”构建

这种构建方式以每门思政课的特性为基础，设计针对性的实践教学活动。例如：“思想道德修养与法律基础”课程注重培养学生的思想道德观念和法律意识。通过实施“学生实践手册”中的“五个一”工程，让学生在日常生活中实践这些道德和法律要求，从而增强他们的道德意识和提升法律素养。“中国近现代史纲要”课程旨在通过了解历史事件和人物对学生进行爱国主义教育。通过编写历史小报和参观革命纪念地，学生能够更直观地感受到历史的厚重和英雄的伟大，激发他们的爱国情感。“马克思主义基本原理概论”课程则注重培养学生的理论应用能力。通过朗诵、PPT演讲等形式开展大讨论，引导学生运用马克思主义的立场、观点和方法分析现实问题，提升他们的理论素养。

（二）高校按课程目标进行“集中”构建

以“毛泽东思想和中国特色社会主义理论体系概论”课程为例，该课程的核心目标是帮助学生深入理解马克思主义理论与中国实际相结合的理论成果。因此，在实践教学设计上，可以围绕这一目标进行集中构建。

第一，组织学生依托专业知识开展科技文化服务活动。这种活动将实践教学与专业实习相结合，既能够提升学生的专业技能，又能够培养他们的社会责任感和奉献精神。

第二，开展专题调查活动。通过走访企业、农村等地方，了解家乡或学校所在地区经济社会发展的历史和现状，使学生能够更深入地理解中国特色社会主义的优越性，增强他们的历史使命感和责任感。

这种集中构建方式有助于整合教学资源，形成合力，共同推进学生综合素质的提升。同时，通过与学校团组织和学工办的合作，可以确保实践活动的有效组织和实施，确保学生能够从中有所收获和成长。

第三节 新时代思想政治理论课实践教学实效性提升策略

实践教学不仅是巩固理论知识的有效途径，更是培养学生创新意识、动手能力，以及正确价值观的重要环节。在思政课教学改革中，重视并优化实践教学设计，确保其实效性，对于实现思政课教学目标具有至关重要的意义。

在中国人民大学考察时，习近平总书记谈到民族复兴的信心与决心，他要求激活社会“大课堂”、汇聚社会育人“大能量”。[①]青年理想信念教育可在课堂进行，也可到社会生活中进行。社会大课堂有“大”之意蕴，其意在引入社会资源，用社会生活引领青年。首先，学校可以与革命历史场馆、科研机构、工厂企业、街道乡村等不同类型的社会组织合作，充分挖掘、利用这些具有理想信念教育元素的社会大课堂资源，用不定期参观、讲座等方式让青年走出校门，让他们在这些场所中学习知识、观察现实世界，以此实现社会大课堂育人资源对青年理想信念的传道、授业与解惑。其次，更为重要的是，社会“大课堂”有更强大的实践教育功能，学校要重视社会“大课堂”的此功能，着力打通青年理论与实践的“最后一公里”。学校可与带有理想信念育人资源的企业、机构等开展项目合作，打造社会实践育人基地，让学生去到一线中接受鲜活的理想信念教育。值得一提的是，社会“大课堂”作为一种实践教学形式，并不是简单地让学生加入到社会实践中，其应以教学活动的设计来体现实践教学的本质，而不是走过场式的实践，以此达到实践教学预期目标。青年理想信念教育，学校要探索推动社会“大课堂”。

一、转变教学观念，实践教学组织管理精细化

思想政治理论课教师要转变传统的教学观念，树立“以能力为本位”的教学理念。这意味着教学目标不再是单纯的知识传授，而是更加注重学生能力的培养和提升。为了实现这一目标，需要对实践教学进行精细化管理。在实践教学活动初期，我们应充分了解学生的实际情况和兴趣需求，结合教学内容和教学目标，制订详细而周密的实践教学计划。这包括确定实践活动的主题、形式、时间、地点等要素，确保活动安排的科学性和合理性。在实践

① 中共中央文献研究室．习近平关于青少年和共青团工作论述摘编[M]．北京：中央文献出版社，2017：4.

教学活动中期，我们应严格按照计划执行，并密切关注学生的参与情况和活动进展。我们可以采用多种教学方法和手段，如小组讨论、角色扮演、案例分析等，激发学生的参与热情，提高他们的实践能力。同时，我们还要注重对学生的指导和帮助，及时解决他们在实践中遇到的问题和困惑。在实践教学活动后期，我们要对活动进行全面的总结和反思。通过收集学生的反馈意见和评估结果，我们可以了解实践活动的成效和不足，为今后的实践教学提供有益的参考和借鉴。我们还可以将实践教学的成果进行整理和展示，以激发学生的学习兴趣和自信心。

此外，为了更好地实施精细化管理，我们还可以加强与其他部门的合作与沟通。例如，与学工部门合作开展社会实践活动，与团委合作开展志愿服务活动等，形成资源共享、优势互补的良好局面。

二、重视实践环境，加强实践教学场所及硬件设施建设

第一，校内实践场所和硬件设施建设是实践教学的基石。我们应根据实践活动的具体需求，合理规划并建设校内实践场地。在条件允许的情况下，学校可以投资建设实践教学实训大楼，打造多功能、现代化的实践教学平台。例如，建设场景模拟室可以帮助学生更好地模拟和体验实际工作场景；文化走廊和多媒体教室则可以用于展示相关教学资料和开展多媒体教学；小组活动室则为学生提供了交流与合作的空间；作业展示厅则能够展示学生的实践成果，激发其学习热情。同时，我们还应注重校内实践场所的内涵和外延建设。内涵建设包括提升实践教学内容的深度和广度，确保实践活动与理论教学紧密结合，相互促进。外延建设则是指通过与其他部门或机构的合作，拓展实践教学的领域和范围，形成资源共享、优势互补的良好局面。

第二，校外实践教学基地建设是实践教学的重要补充。高校应充分利用当地的社会资源，与企事业单位、社区、博物馆等机构建立实践教学基地。这些基地不仅可以为学生提供更广阔的实践平台，还能帮助他们深入了解社会、感受生活，从而提升他们的认知水平。在与实践教学基地的合作中，可

以根据实践活动的主题和目标，共同设计实践项目，开展联合教学活动。这样，学生就可以在具体的实践活动中，将所学知识运用到实际工作中，锻炼自己的实践能力和解决问题的能力。此外，还应关注实践教学基地的可持续发展问题。通过与基地建立长期稳定的合作关系，可以确保实践教学活动的连续性和稳定性，同时也能为基地的发展提供有力支持。

三、以培养能力为目标，建立项目导向和任务驱动教学模式

第一，以项目为导向，实现教学内容再整合。任课教师应根据教学大纲的要求，以达成某一教学目标为主旨，对教学内容进行梳理和整合。通过设计具有针对性和实用性的教学项目，将理论知识与实践活动有机结合，使学生在完成项目的过程中，逐步掌握并运用所学知识。同时，项目的设计应紧密结合社会热点和现实问题，使学生能够在实践中深化对理论知识的理解，提升解决问题的能力。

第二，采用任务驱动教学方式，灵活应用教学方法。在项目导向的基础上，教师应根据项目的具体要求和学生的实际情况，为学生布置明确的任务。通过任务的驱动，引导学生主动探究教学内容，发挥他们的主观能动性。在任务设计过程中，教师应注重任务的层次性和递进性，从简单到复杂，从基础到应用，逐步提升学生的实践能力。同时，教师还应灵活运用多种教学方法和手段，如小组讨论、角色扮演、案例分析等，以激发学生的学习兴趣。

第三，创新实践教学手段，充分发挥新媒体和自媒体的作用。随着新媒体和自媒体的快速发展，它们已成为学生获取信息和知识的重要渠道。因此，在实践教学活动中，教师应充分利用这些新兴媒体手段，丰富实践教学的内容和形式。例如，可以利用网络平台开展在线讨论、互动答疑等活动；利用短视频、直播等方式展示实践成果；通过微信公众号、微博等平台分享学习资源和实践经验等。这些新兴媒体手段不仅能够提高实践教学的趣味性和实效性，还能满足学生适应信息化时代的学习需求。

第四，实践教学活动要循序渐进，注重发挥学生的主体作用。在实践教学过程中，教师应注重活动的层次性和递进性，从基础训练到综合应用，逐步提升学生的实践能力。同时，教师应充分尊重学生的主体地位，发挥他们的主动性和创造性。在活动过程中，教师应给予学生充分的指导和支持，帮助他们解决遇到的问题和困难。此外，教师还应注重培养学生的团队合作精神和创新能力，让他们在协作中共同进步，在创新中不断成长。

第五，开展多种形式的活动，丰富实践教学的内涵。实践教学活动不应局限于传统的课堂讲授和实验操作，而应结合学科特点和培养目标，开展丰富多彩的活动形式。例如，可以组织学生参加社会调查、志愿服务、创新创业等活动；可以邀请专家学者举办讲座和交流活动；可以开展主题演讲、辩论赛等形式的比赛活动。这些活动不仅能够拓宽学生的视野和知识面，还能提升他们的综合素质和实践能力。

四、兴趣与压力并重，保障教学目标的实现

当前，学生的个性化和多元化特点日益显著，他们渴望参与互动性强、体验感丰富的实践活动。因此，教师在设计安排实践教学活动时，必须充分考虑学生的认知规律和学习兴趣，同时也不忘施加适度的压力，以确保教学目标的有效实现。

第一，教学活动要贴近生活、贴近实际、贴近学生，激发学生兴趣。实践教学与理论教学相比，其最大的优势在于其参与性和主动性。因此，活动的设计应充分体现这一特点，避免与理论教学重复或过于枯燥。通过“三贴近”的原则，我们可以消除学生对思政课程的排斥感，增强教学的趣味性，从而激发他们的好奇心和求知欲。这样，学生在参与实践教学活动的过程中，不仅能够提升实践能力、创新能力，还能培养学习能力，实现全面发展。

第二，提出要求及标准，让学生在压力下探求知识。这些要求和标准应紧紧围绕教学目标，确保学生在实践教学活动中始终不偏离教学方向。通过

分派任务、强调要求，我们可以规范学生的行为，防止他们在活动中自由散漫、随心所欲。同时，适度的压力也有助于学生更加专注地投入实践活动中，从而提高活动的效果和质量。

五、注重考核评价，客观评价学生的实践能力

在实践教学活动中，考核评价是不可或缺的重要环节。它不仅能够客观反映学生的实践能力，还能为教师提供教学反馈，进一步优化教学方法和策略。因此，我们必须高度重视考核评价工作，确保其准确性和客观性。

第一，教师在考核评价过程中应秉持客观公正的态度，对学生的实践能力进行全面细致的评价。这要求教师在实践教学活动中细化教学步骤，并为每个步骤设定明确的评价标准。通过这些具体且可操作的评价标准，教师可以更加准确地评估学生在各个阶段的表现，从而得出更为客观的评价结果。

第二，教师在评价学生的实践能力时，应注重发展性评价。即不仅要关注学生的现有水平，更要关注他们在学习过程中的进步和潜力。对于学生在学习过程中表现出的创造性认识和行为，教师应及时给予鼓励和肯定，以激发学生的积极性和创新精神。

第三，教师在评价过程中还应关注学生多方面的能力。实践教学活动的目的是培养学生的综合能力，包括解决问题的能力、自主学习的能力以及相互协作学习的能力等。因此，教师在评价时应从这些方面入手，全面评估学生的实践能力。在具体评价方式的选择上，教师可以根据实践教学活动的特点和要求灵活多样地选择。例如，对于个人完成的活动，教师可以采用个人考核方式，根据学生的表现和作业进行评定；对于需要团队协作完成的活动，则可以采用小组集体考核方式，结合组长评定、教师评定和小组互评等方式得出每个学生的成绩。无论采用何种方式，教师都应确保评价的全面性和客观性，尽量避免评定结果的偏差。

第四，教师在考核评价过程中还应注重反馈与指导。通过及时的反馈，

学生可以了解自己的优点和不足，从而有针对性地改进自己的学习方法和策略。同时，教师也可以根据学生的反馈调整自己的教学方法和策略，以更好地满足学生的学习需求。

第四节　新时代思想政治理论课实践教学基地的共建共享

高校思想政治理论课实践教学的重要性不言而喻，它是连接课堂与社会、理想与现实的桥梁，对于青年学生深化理论认识、坚定信仰信念具有不可替代的作用。为了有效推进思政课实践教学，高校需要建立稳定充足的实践教学基地，以为学生提供亲身参与、亲身体验的机会。

一、思想政治理论课实践教学基地共建共享的内涵

稳定的实践教学基地是保障实践教学取得良好成效的重要前提，不仅直接关系到大学生对思政课实践教学的认知效果，而且关系到高校思想政治工作的成效。因此，稳定的实践教学基地在思政课实践教学中具有非常重要的地位，但在各种资源都较为紧缺的情况下，有效探索高校校际、高校和实践基地之间的教学基地共建共享，并着力在实践教学内容构建、实践教学师资团队组建、实践教学场域共建、实践教学评价体系建立、实践教学保障等方面实现共建共享，这是摆在思政课实践教学面前的一项紧迫任务。

（一）实践教学内容构建的协同性

在实践教学内容构建上，共建共享的核心在于实现协同性。由于思政课实践教学缺乏统一的通用教材，各高校的实践教学内容往往各自为政，缺乏系统性。因此，共建共享要求各高校之间加强沟通与合作，共同制定实践教学大纲和选题，确保实践教学内容既符合各自的教学目标，又能形成相互衔接、层层递进的有机整体。通过协同构建实践教学内容，可以避免教学资源的浪费和重复，提高实践教学的针对性和实效性。

（二）实践教学资源的共享性

实践教学基地的共建共享意味着实践教学资源的共享。这包括实践教学基地的硬件设施、师资力量、教学资料以及实践教学成果等。通过共享实践教学资源，各高校可以相互利用各自的优势资源，弥补自身的不足，提高实践教学的质量和水平。同时，实践教学资源的共享也有助于促进高校之间的交流与合作，推动实践教学经验的交流与传播。

（三）实践教学管理的协调性

实践教学基地的共建共享需要各高校之间在实践教学管理上实现协调性。这包括实践教学的组织安排、教学计划的制订、教学质量的监控与评估等方面。通过协调管理，可以确保实践教学的有序进行，避免出现教学资源的冲突和浪费。同时，协调管理也有助于提升实践教学的规范性和科学性，确保实践教学的质量和效果。

（四）实践教学成果的共同推广

共建共享的最终目的是实现实践教学成果的共同推广。各高校应该积极分享各自的实践教学经验和成果，通过举办实践教学成果展示活动、开展交流研讨会等方式，将优秀的实践教学案例和成果进行广泛传播。这不仅可以提升思政课实践教学的社会认可度，还可以为其他高校提供借鉴和参考，推动整个思政课实践教学水平的提升。

二、高校思政课实践教学基地共建共享的有效途径

（一）建立网络同城联盟，探索共建共享实践育人的保障机制和长效机制

在互联网时代，通过建立网络同城联盟这样的平台，可以充分发挥信息技术的优势，推动思政课实践教学的发展，提高教学效果，并为教师的专业成长提供有力支持。首先，网络同城联盟能够汇聚各方资源，实现优势互补。不同高校在思政课教学中都有各自的优势和特色，通过联盟机制，可以共享这些资源，避免资源的浪费和重复建设。同时，联盟还可以促进教师之间的经验交流和教学研讨，推动教学方法和手段的创新，提高思政课的教学质量。其次，网络同城联盟有助于推动思政课的实践教学改革。实践教学是思政课教学中不可或缺的一环，但长期以来，实践教学存在诸多问题，如学时不足、内容单一、形式陈旧等。通过建立网络同城联盟，可以共同研究解决这些问题，探索实践教学的新模式和新方法，使实践教学更加贴近实际、贴近生活、贴近学生，提高实践教学的针对性和实效性。此外，利用网络同城联盟还可以进行线上线下混合式教学。通过线上平台，教师可以发布教学资源、组织在线讨论、进行远程辅导等；而线下则可以进行实地考察、社会实践、课堂讨论等活动。这种混合式教学模式不仅可以丰富教学手段和方式，还可以激发学生的学习兴趣和积极性，提高学习效果。最后，网络同城联盟的建立还有助于加强高校间的交流合作。通过联盟机制，不同高校之间可以建立更加紧密的联系和合作关系，共同开展教学研究、项目开发等活动，推动思政课教学水平的整体提升。同时，联盟还可以为高校之间的资源共享和优势互补提供平台，促进高等教育的均衡发展。

（二）挖掘地域文化资源，发挥校内外资源优势，节约投资成本，实现资源共享

地域文化以其独特的魅力和内涵为高校思政课提供了丰富的教学素材和实践教学资源。通过整合校内外资源，高校可以充分利用地域文化的优势，创新思政课实践教学的形式和内容，提高教学效果。

第一，挖掘地域文化中的红色文化，对于传承中华民族优秀的革命传统和弘扬民族精神具有重要意义。红色文化是中华文化的重要组成部分，蕴含着丰富的革命历史和英雄事迹。通过挖掘和整理红色文化，高校可以将其融入思政课教学中，使学生更加深入地了解党的光辉历程和伟大成就，增强他们的爱国情感和民族自豪感。

第二，整合校内外资源，可以实现资源共享和优势互补。高校可以充分利用校内外的各种资源，如博物馆、纪念馆、革命遗址等，开展思政课实践教学活动。同时，通过校际合作和区域合作，高校之间可以共享教学资源，共同开发具有地域特色的思政课程，提高教学水平和质量。

第三，挖掘地域文化资源还可以促进地方旅游的发展，为地方财政实现增收创收。地域文化中的红色文化、历史文化等都是宝贵的旅游资源。通过开发这些资源，高校可以吸引更多的游客前来参观学习，推动地方旅游业的发展，为地方经济作出贡献。

广大学生在参与实践课学习的过程中，不仅能够增长知识和才干，还能够深入了解地域历史文化，增强家国观念和民族情怀。地域文化的丰富内涵能够激发学生的学习兴趣和学习意愿，使他们更好地树立爱国、爱党、爱社会主义的意识，增强社会主义的价值认同。

（三）增强思政教师的实践教学意识，提高思政教师实践教学的能力

在当代社会，青年价值观的培养和塑造是国家发展和社会进步的重要基础。教师，作为传道、授业、解惑的重要角色，其自身的育人意识直接影响到青年学生的价值观形成。习近平总书记指出："传道者自己首先要明道、

信道。”[①]想要办好思政课，教师是关键。要把加强教师队伍建设作为建设教育强国最重要的基础工作来抓。[②]

教师是实践教学的主导者、组织者、实施者，其能力和态度直接影响实践教学的效果。因此，高校要更好地发挥教师的主导作用，就必须从提升教师的实践教学能力入手。

第一，教师应具备扎实的理论功底。深厚的理论素养是开展实践教学的基础，只有对思政理论有深入的理解和掌握，教师才能制订出科学可行的实践方案，引导学生将理论与实践相结合。为此，教师应不断加强自身学习，提升专业素养，确保能够准确、全面地传授思政理论知识。

第二，教师应增强实践教学意识。实践教学是思政课教学的重要组成部分，对于培养学生的创新精神和实践能力具有重要意义。因此，教师应充分认识到实践教学的重要性，积极投身到实践教学改革中，探索创新实践教学方法和手段，提高实践教学的实效性。

第三，教师在实践教学的内容选择和教学目标设定上应贴合理论教学的相关内容，同时紧密结合学生的实际。高校学生正处于“三观”形成的关键时期，缺乏良好的学习习惯和自律能力，因此教师在设计实践教学活动时应充分考虑学生的特点和需求，确保实践活动既具有教育意义，又能够激发学生的学习兴趣。

第四，高校应建立健全教师培训和支持机制。通过定期组织教师培训、开展实践教学经验交流等活动，提升教师的实践教学能力。同时，高校还应为教师提供必要的实践教学资源和条件保障，确保实践教学活动能够顺利开展。

---

① 习近平. 习近平在全国高校思想政治工作会议上的讲话[N]. 人民日报，2016-12-09.

② 习近平. 习近平在中共中央政治局第五次集体学习时强调加快建设教育强国为中华民族伟大复兴提供有力支撑[J]. 共产党员，2023（11）：8-9.

（四）加强高校与教学实践基地的交流合作，促进实践基地可持续性发展

高校需要充分发挥当地的资源和环境优势，与企业、社区或其他机构共同规划和建设实践教学基地。这样的基地不仅应该具备实践教学所需的基本设施，还应能够反映出当地的特色和文化，为学生提供更加真实、生动的实践环境。同时，高校可以将具有特色的校企合作基地转化成思政课实践教学基地。这不仅可以加强高校与企业的合作，还可以将企业的实际运作与思政课教学相结合，使学生能够更直观地了解企业的运作机制和社会责任，从而深化对思政理论的理解。

然而，当前许多高校的校外实践基地存在利用率不高、容易失联等问题。为了解决这些问题，高校需要加强对实践基地的管理和维护，定期与实践基地进行沟通和交流，确保实践基地的正常运转和有效利用。此外，高校还可以通过信息化手段加强与实践基地的联系，如建立在线交流平台、共享实践教学资源等，以提高实践基地的利用率和教学效果。

在实践教学基地的共建共享方面，高校之间可以实现资源的优化整合和互补。通过共享实践教学基地，高校可以节约资金和资源，同时为学生提供更加丰富的实践机会。此外，高校还可以与实践基地共同开展实践教学研究和改革，探索更加有效的实践教学方法和手段，提高实践教学的质量和水平。

高校与实践基地之间的交流和合作也是非常重要的。学校可以定期邀请实践基地的工作人员来学校学习交流，了解他们的实践经验和需求，以便更好地调整和优化实践教学方案。同时，学校的教师也可以定期组织到实践基地深入研习，亲身体验实践环境，加深对理论知识的理解和应用。这样的交流合作不仅可以提高教师的实践教学能力，还可以促进实践基地的建设和发展，实现双方的共赢。

第十二章　资源创新：新时代思想政治理论课教学资源拓展

第一节　思想政治理论课教学借力相关学科理论成果

在当今知识爆炸的时代，学科交叉与融合已成为推动学术进步的重要动力。思想政治理论课教学，作为高校育人的重要环节，同样需要不断汲取相关学科的理论成果，以丰富教学内容、提升教学效果。

一、对教育学理论的借鉴

（一）借鉴教育学揭示教学规律的理论

我国古代教育的产生和发展同教育方法的探索运用具有内在一致性，在青年教育的问题上，自古就有倡导“勤学善思”“改过自省”“慎独修身”“居敬持志”等，重视家庭教育、学校教育和社会教育的统一。习近平总书记也同样强调："要坚持学而信、学而思、学而行。"[①]意在要把学习与信念、学习与思考、学习与行动结合起来。同时也指出："广大青年人人都是一块玉，要时常用真善美来雕琢自己，不断培养高洁的操行和纯朴的情感，努力使自己成为高尚的人。"并先后对青年提出了"五点希望""八字真经""十六字诀"和"四个正确认识"，这些都在不同程度上体现了我们党对青年的基本要求，是当代青年成长成才基本规律的重要探索，共同构成了习近平青年思想政治教育观的重要内容。[②]

教育学理论揭示了教学过程中的一系列规律，这些规律对于指导思想政治理论课教学具有重要的参考价值。例如，教育学强调传授知识与思想教育相统一的规律，即在教学过程中不仅要注重知识的传授，还要注重对学生思想、情感、态度等方面的培养。在思想政治理论课教学中，我们可以借鉴这一规律，通过深入挖掘课程中的思想教育元素，使学生在掌握知识的同时，也能够受到正确的价值导向和道德熏陶。

此外，教育学还揭示了掌握知识与发展智力相统一的规律，即在教学过程中要注重培养学生的思维能力、创新能力和实践能力。在思想政治理论课教学中，我们可以借鉴这一规律，通过设计富有启发性的教学活动，引导学生主动思考、积极探索，从而培养他们的综合素质和创新能力。

（二）借鉴教育学的教学方法理论

教育学理论提出了一系列行之有效的教学方法，这些方法可以为思想政治理论课教学提供有益的借鉴和融合。例如，讲授法是教师常用的教学方法之一，通过生动的口头语言向学生传递知识。在思想政治理论课教学中，我们可以借鉴讲授法的优点，注重对教师语言表达能力和教学技巧的培养，使课堂讲授更加生动有趣、深入浅出。参观法也是一种有效的教学方法，通过组织学生到实际场所进行观察和研究，使他们能够更好地理解和掌握知识。

① 习近平．在纪念红军长征胜利80周年大会上的讲话[N]．人民日报，2016-10-22（02）．

② 同上．

在思想政治理论课教学中，我们可以结合课程内容，组织学生参观革命历史遗址、博物馆等场所，让他们亲身感受历史的厚重和文化的魅力，从而增强对思想政治理论的认同感和理解力。此外，讨论法也是一种能够激发学生主动性和创造性的教学方法。在思想政治理论课教学中，我们可以运用讨论法，鼓励学生发表自己的观点和看法，引导他们进行深入思考和交流。通过讨论，不仅可以加深学生对课程内容的理解，还能够培养他们的思辨能力和团队合作精神。

（三）借鉴教育学理论创新教学手段

在借鉴和融合教育学理论的同时，我们还应该结合思想政治理论课的特点，创新教学手段和方式。例如，我们可以利用现代教育技术手段，如多媒体教学、网络教学等，丰富教学手段和形式，提高教学效果。同时，我们还可以结合社会实践、志愿服务等活动，将思想政治理论课与现实生活紧密结合起来，让学生在实践中深化对理论知识的理解。

二、对政治学理论的借鉴

习近平总书记在2019年学校思想政治理论课教师座谈会上提出了“八个相统一”重要原则，即“坚持政治性和学理性相统一，坚持价值性和知识性相统一，坚持建设性和批判性相统一，坚持理论性和实践性相统一，坚持统一性和多样性相统一，坚持主导性和主体性相统一，坚持灌输性和启发性相统一，坚持显性教育和隐性教育相统一”。[①]通过这一重要论述我们可以从方法角度出发，在方法上运用“四个通过”讲好思政课，亦即运用协同思维为国育新才。

① 习近平.思政课是落实立德树人根本任务的关键课程[M].北京：人民出版社，2020：17-23.

政治学作为一门研究政治现象、政治行为和政治制度的学科，为思想政治理论课提供了丰富的理论资源和研究视角。

（一）借鉴政治学关于国家与政党的理论

政治学对于国家与政党的深入研究，为思想政治理论课教学提供了坚实的理论基础。通过借鉴政治学关于国家的起源、本质、职能与消亡的理论，我们可以帮助学生深刻理解国家的本质属性和历史使命，树立正确的国家观念。同时，政治学关于政党的理论，有助于我们引导学生正确认识政党的地位和作用，理解政党的政治主张和行动纲领，培养学生的政治参与意识和能力。

（二）借鉴政治学关于政治生活的理论

政治生活是人们在社会中参与政治活动、表达政治意愿、实现政治利益的重要领域。政治学关于政治生活的理论，为我们揭示了政治生活的本质和规律。在思想政治理论课教学中，我们可以借鉴这些理论，引导学生关注政治生活，理解政治现象，提高政治素养。通过分析政治秩序和政治治理的关系，我们可以帮助学生认识到政治秩序的重要性，以及政治治理在维护社会稳定和发展中的关键作用。同时，通过讨论政治参与和政治监督的途径和意义，我们可以激发学生的政治参与热情，培养他们的政治责任感和使命感。

（三）借鉴政治学的研究方法

政治学作为一门严谨的学科，拥有一套完整的研究方法体系。这些研究方法包括历史分析法、比较分析法、案例分析法等，为思想政治理论课教学提供了有力的工具。通过借鉴政治学的研究方法，我们可以更加深入地分析思想政治理论课的教学内容，揭示其中的内在联系和规律。同时，这些方法也有助于我们创新教学方式和手段，提高教学的吸引力和实效性。

三、对心理学理论的借鉴

在探索思想政治理论课教学发展的过程中，对心理学理论的借鉴显得尤为重要。心理学作为研究人类心理现象及其影响下的精神功能和行为活动的科学，为思想政治理论课教学提供了丰富的理论资源和研究方法。通过借鉴心理学理论，我们可以更深入地理解学生的心理特点和行为规律，从而提升思想政治理论课的教学质量和效果。

（一）借鉴心理学关于认知过程的理论

认知过程是心理学研究的核心内容之一，它涉及个体如何获取、处理、存储和应用信息。在思想政治理论课教学中，我们可以借鉴认知心理学的理论，优化教学内容和方法，提高学生的学习效果。例如，利用认知心理学的记忆规律，合理安排教学进度和复习计划，帮助学生巩固所学知识。同时，通过设计具有启发性和挑战性的教学活动，激发学生的认知兴趣和主动性，促进他们对思想政治理论知识的深入理解和应用。

（二）借鉴心理学关于情感过程的理论

情感过程是心理学中另一个重要的研究领域，它关注个体在认知过程中产生的情感体验和情绪反应。在思想政治理论课教学中，情感因素对于激发学生的学习兴趣和动力具有至关重要的作用。因此，我们可以借鉴情感心理学的理论，注重培养学生的积极情感，营造良好的课堂氛围。通过讲述感人至深的故事、展示生动形象的案例，激发学生的情感共鸣，增强他们对思想政治理论课的认同感和归属感。

（三）借鉴心理学关于意志过程的理论

意志过程是心理学中研究个体如何设定目标、克服困难、进行自我调控的过程。在思想政治理论课教学中，培养学生的意志品质对于他们的成长和发展具有重要意义。我们可以借鉴意志心理学的理论，通过设定明确的学习目标、引导学生参与实践活动、培养他们的自我调控能力等方式，帮助学生形成良好的意志品质。这不仅有助于提高学生的学习效果，还能为他们的未来发展奠定坚实的基础。

（四）借鉴心理学关于个性心理的理论

个性心理是心理学研究的一个重要领域，它关注个体在心理特征、行为方式和价值观等方面的差异。在思想政治理论课教学中，了解学生的个性差异对于因材施教、提高教学效果至关重要。我们可以借鉴个性心理学的理论，通过问卷调查、个别访谈等方式，了解学生的性格特点、兴趣爱好和价值观念，从而有针对性地设计教学内容和方法。同时，关注学生的个性发展，鼓励他们在思想政治理论学习中发挥自己的特长和优势，实现自我价值。

四、对社会学理论的借鉴

（一）借鉴社会学关于人的社会化理论

人的社会化是社会学研究的核心问题之一，它关注的是个体如何在社会互动中逐渐获得社会属性，形成符合社会规范的行为和价值观。这一理论对于思想政治理论课教学具有重要的启示意义。

第一，人的社会化是一个复杂而持续的过程，它涉及个体与社会的多个层面的互动。同样，思想政治理论课教学也应该是一个持续不断的过程，要贯穿于学生的整个学习生涯，通过多种形式的教学活动，引导学生逐渐形成正确的世界观、人生观和价值观。

第二，在人的社会化过程中，个体需要不断学习和内化社会规范、价值观念和行为模式。在思想政治理论课教学中，教师也应该注重传播社会主流价值观念，引导学生积极学习和践行社会主义核心价值观，帮助他们形成良好的道德品质和行为习惯。

第三，在人的社会化过程中，个体需要不断适应和融入社会，同时也需要保持自身的独立性和个性。在思想政治理论课教学中，教师也应该尊重学生的个性和差异，关注学生的成长需求，引导他们在适应社会的同时保持自我，实现全面发展。

（二）借鉴社会学的研究方法

社会学拥有一套成熟的研究方法，包括问卷调查、访谈、文献研究、统计分析等，这些方法对于提升思想政治理论课教学的科学性和有效性具有重要意义。通过问卷调查和访谈，教师可以更加深入地了解学生的思想动态和行为特征，发现他们在思想政治方面存在的问题和困惑，为教学提供更加精准的依据。文献研究则可以帮助教师了解相关领域的最新研究成果和理论进展，为教学提供更加丰富的内容和视角。统计分析则可以对教学数据进行科学处理和分析，发现其中的规律和趋势，为教学提供更加客观的评价和改进建议。

第二节　红色文化资源融入思想政治理论课教学

红色文化资源蕴含着红色基因，它代表了中国共产党的光辉历程和伟大成就，蕴含着丰富的思想内涵和精神力量。高校思想政治理论课是全面贯彻党的教育方针的主要渠道，是宣传马克思主义理论的主要手段，是培养一代又一代社会主义建设者的重要保障。将红色文化资源融入高校思政课教学，不仅可以传承红色基因，更能增强思政教学的吸引力和实效性。

红色文化是在以马克思主义理论为基础的指引下中国共产党及其广大人民群众汲取了中西优秀文化凝结而成的精华，是中国人民价值观念体系的重要组成部分，有利于凝聚民族力量，建立社会共识。习近平总书记指出："党的伟大精神和光荣传统是我们的宝贵精神财富，是激励我们奋勇前进的强大精神动力。"[①]红色文化是中国特色社会主义文化的重要内容。我们应充分利用其固有的精神力量，用红色基因在社会上传播正能量，推动中国特色社会主义现代化建设。如习近平总书记在《光明日报》刊文，红船精神首次被诠释为一种开拓进取、勇往直前的精神，一种坚定理想、坚持不懈的奋斗精神。南湖的红船精神，延安窑洞，井冈山革命根据地，博物馆里的珍贵革命文物，都是中国共产党光辉历程的缩影，都是中国人民在现代社会中浴血奋战的光辉历史。在参观"不忘初心、牢记使命"的中国共产党历史展览时习近平总书记强调："回望过往的奋斗路，眺望前方的奋进路，我们必须把党的历史学习好、总结好，把党的宝贵经验传承好、发扬好。"[②]革命文物和革命文化为人们激发爱国热情和增强民族精神提供了深厚滋养，也为中国共产党开展切实有效的工作提供了强大精神动力。

一、红色文化资源的特征

红色文化，这一富含深厚历史底蕴和精神内涵的文化形态，不仅见证了党带领人民艰苦奋斗的辉煌历程，更是我们民族精神的重要载体。它涵盖了从革命、改革到建设各个历史时期所形成的丰富多样的文化形态，从革命遗址、纪念馆等物质文化，到井冈山精神、长征精神等精神文化，再到党政方针、法律法规等制度文化，都深刻反映了我们党的奋斗历程和伟大精神。红色文化资源具有以下特征。

第一，历史性：红色文化资源承载了中国共产党成立以来的重要历史事件和革命历程，反映了不同历史时期的社会状况和人民群众的斗争历程。

① 习近平. 党的伟大精神和光荣传统是我们的宝贵精神财富[J]. 求是，2021，17（01）：18.

② 习近平. 习近平重要讲话单行本（2021年合订本）[M]. 北京：人民出版社，2022：14.

第二，教育性：红色文化资源具有强烈的爱国主义和革命传统教育功能，通过传承和弘扬这些文化，可以激发人民群众的民族自豪感和责任感，培养社会主义核心价值观。

第三，独特性：红色文化资源具有鲜明的中国特色和时代特征，体现了中国共产党领导下的革命事业和社会主义建设的独特道路。

第四，多样性：红色文化资源包括了各种形式的文化遗产，如遗址、纪念馆、纪念碑、烈士陵园、革命文献、口述历史等，形式多样，内容丰富。

第五，传承性：红色文化资源的传承和保护是中国共产党和人民群众共同的责任，需要通过各种途径和形式，将这些宝贵的文化遗产传承给后人，使之成为永恒的精神财富。

第六，启示性：红色文化资源不仅是历史的见证，也为当代和未来的社会主义建设提供了宝贵的经验和启示，有助于引导人们正确认识历史、把握现实、开创未来。

第七，地域性：红色文化资源分布在中国各地，特别是在革命老区和重要历史事件发生地，具有明显的地域特征，反映了不同地区的革命历史和文化特色。

第八，社会性：红色文化资源是全体人民共同的精神财富，具有广泛的社会影响力，可以促进社会团结、凝聚民族力量，推动社会主义精神文明建设。

二、红色文化资源融入高校思政课教学中的价值体现

（一）强化思政课塑造功能

红色文化资源是思政课教学的宝贵素材，其丰富的内容和深刻的历史内涵为思政课提供了生动的教学案例。通过融入红色文化资源，思政课能够更加生动具体地展示党的奋斗历程、革命先烈的英勇事迹和伟大精神，从而使学生深刻感受到革命精神的伟大力量，增强对党的信仰和对社会主义道路的

坚定信念。这种教学方式有助于塑造学生正确的世界观、人生观和价值观，培养他们成为具有高尚品格和坚定信仰的新时代青年。

（二）提升思政课育人效度

红色文化资源具有深厚的实践基础，它来源于革命、建设和改革的伟大实践，是党和人民在长期奋斗中形成的宝贵精神财富。将红色文化资源融入思政课教学，可以使学生通过亲身体验和感悟，深刻理解红色文化的内涵和价值，增强对国家和民族的认同感和归属感。同时，红色文化资源中的英雄事迹和革命精神可以激发学生的爱国热情和社会责任感，促使他们积极投身到国家和社会的建设中去。这种教学方式有助于提升思政课的育人效度，培养出更多具有社会责任感和历史使命感的优秀人才。

（三）坚定高校学生政治立场

在全球化背景下，各种文化思潮相互激荡，高校学生面临着多元文化的冲击和挑战。红色文化资源作为党领导人民进行革命、建设和改革的历史见证，具有鲜明的政治导向和意识形态属性。将红色文化资源融入思政课教学，可以帮助学生认清历史发展的大势和主流，坚定对中国特色社会主义道路的信心和决心。同时，红色文化资源中的先进思想和革命精神可以引导学生树立正确的政治观念和价值取向，提升他们的政治敏锐性和鉴别力，从而在复杂多变的政治环境中保持清醒的头脑和坚定的立场。

三、红色文化资源融入高校思政课教学的对策

在高校思想政治理论课教学过程中，加强红色文化资源的融入，对于提升红色基因传承和教育效果具有非常重要的意义。为此，可以从以下几个方面着手，探讨红色文化资源融入高校思想政治理论课教学的对策，使红色基

因真正内化到学生的生活、学习、工作当中。

（一）加强红色文化资源研究，丰富红色文化资源融入高校思政课的具体内容

红色文化资源是中国共产党在长期的革命、建设和改革过程中形成的宝贵精神财富，它蕴含着丰富的红色基因，深刻记录了中国共产党人的奋斗历史和坚定信念。我们需要不断挖掘红色文化资源的深刻内涵和价值，探索其与高校思想政治理论课教学的契合点，为培养具有坚定理想信念和良好道德品质的时代新人贡献力量。

第一，广泛征集线索，深入挖掘红色文化资源。红色文化资源是极其丰富的，包括革命遗址、纪念馆、革命人物故居等物质文化，也包括井冈山精神、长征精神等精神文化。我们要通过广泛征集线索，积极收集、整理这些资源，确保它们的完整性和准确性。同时，要加强对红色文化资源的研究，深化对红色文化的认识和理解。

第二，精心筛选红色文化资源，使其契合高校思政课教学内容。在收集到丰富的红色文化资源后，我们要根据高校思政课的教学目标和内容进行精心筛选和整理。要选择那些与思政课教学内容相契合、具有代表性和典型性的红色文化资源，确保它们能够有效地融入思政课教学，提升教学效果。例如，在《中国近现代史纲要》课程中，应重点关注中国共产党带领中国人民在革命和建设时期的奋斗史实。可以选择一些具有代表性的历史事件和人物，通过讲述他们的奋斗历程和牺牲精神，让学生深刻理解中国共产党在中国革命和建设中的领导地位和作用，增强对中国特色社会主义道路的认同感和自豪感。

第三，注重红色文化资源融入高校思政课的路径和方式。红色文化资源融入高校思政课，需要注重路径和方式的创新。我们可以通过课堂讲授、案例分析、实践教学等多种形式，将红色文化资源与思政课教学相结合。同时，还可以利用现代信息技术手段，如网络平台、多媒体教学等，将红色文化资源以更加生动、形象的方式呈现给学生，增强教学的吸引力和感染力。

第四，加强红色文化资源研究，还需要注重跨学科合作和交流。红色文

化资源研究涉及历史学、文学、哲学等多个学科领域，需要不同学科之间的合作和交流。高校可以加强与其他学科领域研究者的合作，共同开展红色文化资源研究，形成合力，推动研究成果的转化和应用。高校还可以设立相关课题，引导学生围绕红色文化资源开展研究。这既可以培养学生的研究能力和创新精神，也可以增强他们对红色文化的认同感和自豪感，激发他们的学习兴趣和热情。

（二）拓展教学方法，提升红色文化资源融入高校思政课的教学效果

第一，结合问题引导和案例教学法。在教学过程中，教师可以根据教学内容，设计一系列与红色文化资源相关的问题，引导学生深入思考。同时，选择具有代表性和感染力的红色文化案例，通过案例讲解、分析讨论等方式，使学生更加直观地了解红色文化的内涵和价值。这种方法不仅能够激发学生的学习兴趣，还能够帮助他们深化对理论知识的理解，提高思想境界。

第二，运用研讨教学法。教师可以组织学生进行小组讨论或全班研讨，选取某个红色文化主题或历史事件，让学生围绕主题进行深入研究、交流和讨论。通过研讨，学生可以更加深入地了解红色文化的历史背景、精神内涵和时代价值，同时也能够锻炼他们的思辨能力和表达能力。这种方法有助于培养学生的自主学习能力和团队合作精神，促进他们对红色文化的认同和传承。

第三，采用情景教学法。通过模拟真实的红色文化场景，让学生在身临其境中感受红色文化的魅力。例如，可以组织学生参观红色教育基地、纪念馆等场所，或者利用现代技术手段，如虚拟现实技术，让学生在虚拟环境中体验红色文化的历史场景。这种教学方法能够增强学生的参与感和体验感，使他们在亲身体验中加深对红色文化的理解和感悟。

第四，应用互动教学法。互动式教学能够激发学生的学习兴趣和主动性，提高教学效果。教师可以利用课堂讨论、角色扮演、小组合作等方式，引导学生积极参与教学过程，发表自己的观点和看法。通过互动，教师可以及时了解学生的学习情况和思想动态，有针对性地进行指导和帮助。

第五，应用实践教学法。实践教学是深化理论教学的重要途径，也是培养学生实践能力和创新精神的重要手段。教师可以结合课程内容，设计相关的实践活动，如社会调查、志愿服务等，让学生在实践中感受红色文化的力量和价值。通过实践，学生可以更加深入地了解社会现实和人民群众的需求，增强社会责任感和使命感。

（三）创新融入载体，增强红色文化资源融入高校思政课的教学实效性

通过创新融入载体，能够为红色文化资源的传播与利用创造更加多样化的形式，从而更好地发挥其教育作用。

第一，加强非网络红色文化校园环境建设。高校可以充分利用校园空间，通过布置红色文化长廊、设立红色雕塑和建筑、命名红色道路等方式，营造浓厚的红色文化氛围。同时，利用校园电子屏幕、宣传栏等传统媒介，定期发布红色文化信息，举办红色文化讲座、展览、演出等活动，让学生在日常生活中不断接触和感受红色文化。此外，高校图书馆应丰富红色文化书籍资源，为师生提供便捷的阅读服务。通过这些举措，可以让学生在校园中时刻感受到红色文化的熏陶，从而增强其对红色文化的认同感和自豪感。

第二，创建网络红色文化校园环境。随着网络技术的快速发展，网络已经成为高校思政课教学的重要载体。高校应充分利用网络平台，建立红色文化网站、微博、微信公众号等，发布红色文化资讯、开展在线讨论、组织线上活动等。同时，利用虚拟现实等先进技术，打造沉浸式红色文化体验场景，让学生在虚拟空间中感受红色文化的魅力。通过网络平台的运用，可以突破时空限制，让红色文化资源得到更广泛的传播和利用。

第三，建立红色文化资源研究中心或实践基地。高校可以结合自身地域和专业优势，建立红色文化资源研究中心或实践基地，深入挖掘和整理红色文化资源，为思政课教学提供丰富的素材和案例。通过组织师生参与红色文化资源的调研、考察和实践活动，让他们亲身感受红色文化的历史底蕴和精神内涵，从而增强对红色文化的理解和认同。同时，研究中心或实践基地还可以与地方政府、企业等合作，共同开发红色文化资源，推动红色文化产业

的发展。

第四，注重红色文化资源的跨学科融合。红色文化资源不仅具有历史价值和教育意义，还蕴含着丰富的哲学、文学、艺术等元素。高校可以鼓励不同学科的教师共同研究红色文化资源，探索其在各自学科领域的应用价值。通过跨学科融合，可以丰富思政课的教学内容和方法，提高学生的学习兴趣和参与度。

第三节　将中华优秀传统文化融入思想政治理论课教学

一、中华优秀传统文化的内涵、主要内容及时代价值

中华优秀传统文化源远流长，博大精深，它承载了中华民族数千年的历史记忆与文化精髓，是中华民族生生不息、发展壮大的精神支柱。探寻中华优秀传统文化的内涵、内容与价值，不仅是对历史的一种回溯与尊重，更是对当下时代的一种深刻反思与指引。

中华优秀传统文化作为中华民族的精神瑰宝，始终是中国社会不断发展进步的坚实文化基石。这份文化的厚重与深邃，赋予了中国独特的魅力与气质，使其时代价值永不褪色。正如习近平总书记所指出的："中华优秀传统文化是中华文明的智慧结晶和精华所在，是中华民族的根和魂，是我们在世界文化激荡中站稳脚跟的根基。"①

① 习近平.把中国文明历史研究引向深入 增强历史自觉 坚定文化自信[J].求是，2022（14）：7.

（一）中华优秀传统文化的内涵

中华优秀传统文化的内涵深远且丰富，它不仅仅是中华民族历史长河中积累下来的文化瑰宝，更是支撑中华民族生生不息、薪火相传的精神力量。从多个维度来解读，我们可以更深入地理解其深厚的底蕴和独特的价值。

第一，从时间维度来看，中华优秀传统文化是中华民族在数千年的历史长河中不断创造、积累、传承的文化精髓。它涵盖了从上古时代到近现代各个历史时期的文化成果，包括哲学思想、道德规范、文学艺术、科学技术等多个方面。这些文化成果在时光的沉淀中逐渐形成了中华民族独特的文化基因和精神标识。

第二，从内容维度来看，中华优秀传统文化具有博大精深的特点。它以儒家思想为核心，融合了道家、法家、墨家、佛家等各家学说的精华，形成了涵盖思想观念、伦理道德、礼仪规范、价值取向和思维方式等多个方面的有机整体。这些文化内容既体现了中华民族对人与自然、人与社会、人与自我关系的深刻认识，也展现了中华民族追求和谐、崇尚正义、注重修身的价值追求。

第三，从价值维度来看，中华优秀传统文化是中华民族最优质的文化基因和精神财富。它对于增强民族自信、凝聚民族力量、推动社会进步具有重要意义。在现代社会，中华优秀传统文化依然发挥着不可替代的作用，它为我们提供了丰富的思想资源、道德滋养和精神支撑，帮助我们更好地应对挑战、实现发展。

值得注意的是，中华优秀传统文化并非一成不变。它随着时代的发展而不断发展和创新，吸收新的时代元素和文化内涵，保持生机与活力。因此，我们要以开放包容的心态来传承和弘扬中华优秀传统文化，使其在新的历史条件下焕发出更加绚丽的光彩。

（二）中华优秀传统文化的主要内容

中华优秀传统文化的内容极为丰富，它涵盖了中华民族千百年来形成的思想观念、道德规范、价值取向以及艺术审美等多个方面。这些内容不仅塑造了中华民族独特的文化品格，也为现代社会提供了宝贵的精神财富。

第一，在思想观念层面，中华优秀传统文化强调和谐、仁爱、诚信、尊重等核心价值。和谐思想体现在人与自然、人与社会、人与人之间的和谐共处，倡导和平、合作、共赢的发展理念。仁爱思想则注重对他人的关爱和尊重，强调以人为本，关心弱势群体，促进社会公平正义。诚信是中华民族的传统美德，它要求人们言行一致，信守承诺，维护社会信任和稳定。尊重则体现在对传统文化、历史遗产、社会规范等多个方面的尊重和传承。

第二，在道德规范层面，中华优秀传统文化倡导孝亲尊师、忠诚爱国、勤俭持家等道德准则。孝亲尊师是中华民族的传统美德，它要求人们尊敬长辈、孝顺父母、尊重师长，传承家庭和社会的道德风范。忠诚爱国则是每个公民的基本义务，它要求人们热爱自己的祖国，为国家的繁荣富强贡献自己的力量。勤俭持家则是中华民族的传统生活方式，它强调节约资源、勤劳致富，保持家庭和社会的稳定和发展。

第三，在价值取向层面，中华优秀传统文化注重个人修养和社会责任。个人修养包括修身、齐家、治国、平天下等多个方面，它要求人们不断提升自己的品德和能力，实现个人价值的同时也为社会做出贡献。社会责任则强调个体对社会的责任和担当，要求人们积极参与社会公益事业，为社会进步和发展贡献自己的力量。

第四，在艺术审美层面，中华优秀传统文化包括诗词歌赋、书法绘画、戏曲音乐等多种艺术形式。这些艺术形式不仅具有独特的审美价值，也蕴含着深刻的思想内涵和文化底蕴。它们通过艺术化的表达方式，传递着中华民族的精神风貌和文化精髓。

（三）中华优秀传统文化的时代价值

中华优秀传统文化的时代价值是深远而广泛的，它不仅是我们民族精神家园的根基，更是推动现代社会发展的重要力量。

第一，中华优秀传统文化是塑造民族性格的基石。中华优秀传统文化的精髓，如仁爱、礼义、诚信、忠孝等，千百年来一直在塑造着中华民族的性格特征。这些价值观内化于每一个中国人的心中，外化于我们的行为举止，使中华民族成为一个注重家庭伦理、尊重长辈、待人以诚、守信重义的民族。这种民族性格不仅影响着我们的日常生活，也在国际舞台上展现出了中华民族的独特风采。

第二，中华优秀传统文化是推动社会和谐的重要力量。和谐是中国传统文化的核心价值观之一，它强调人与人之间的和睦相处、人与自然之间的和谐共生。在现代社会，这种和谐思想对于缓解社会矛盾、促进社会稳定具有重要意义。通过传承和弘扬优秀传统文化，我们可以引导人们树立正确的价值观，增强社会责任感和道德观念，从而构建一个更加和谐的社会。

第三，中华优秀传统文化是推动创新发展的重要源泉。创新是现代社会发展的不竭动力，而优秀传统文化则是创新的重要源泉。通过对传统文化的深入挖掘和研究，我们可以发现其中蕴含的丰富思想资源和智慧结晶，为现代社会的创新发展提供灵感和启示。例如，传统文化中的辩证思维、整体观念、系统思想等，都可以为现代科学研究和技术创新提供新的思路和方法。

第四，中华优秀传统文化是提升国际影响力的有力武器。随着中国的崛起，中华文化在国际舞台上的影响力也越来越广泛。中华优秀传统文化作为中华文化的重要组成部分，具有独特的魅力和吸引力。通过推广和传播优秀传统文化，我们可以促进国际社会对中国的了解和认同，提升中国的文化软实力和国际地位。

二、中华优秀传统文化融入思想政治理论课的策略

中华优秀传统文化作为人类历史文明的璀璨瑰宝，在思想体系、科学技术以及道德建设等多元领域均展现出独特的创新性内容，对当今人类的生存与发展具有不可忽视的深远意义。在新时代的征途上，习近平总书记深刻阐述了中华优秀传统文化的重要作用和历史地位，并在长期的治国理政实践中

提炼和彰显了其中具备鲜明民族文化标识的精华部分。①这不仅是习近平新时代中华优秀传统文化观的关键构成，更是我们坚定文化自觉、增强文化自信的重要路径。

（一）丰富思想政治理论，融入传统道德要素

在思政课中融入中华优秀传统文化的道德要素，能够深化学生对道德观念的理解，提升他们的道德情感。例如，可以引入儒家文化中的“仁义礼智信”等道德观念，通过案例分析、讨论等方式，让学生体会到这些道德观念在现代社会中的价值和意义。例如，茶文化中的“德”的思想，不仅体现了对饮茶人道德方面的要求，更将茶艺提升到高品位、高层次，具有深厚的哲学思想。在思政课中，我们可以通过对这些文化现象的分析，引导学生领悟其中的道德精神，培养他们的道德情感。同时，可以结合优秀传统文化中的故事、典故等，使思政课教学更加生动有趣，激发学生的学习兴趣。

（二）创新思政教学手段，引发学生情感共鸣

将中华优秀传统文化融入思政课教学，不仅能够增加知识的吸引力，更能运用其中的美学元素，引导学生发现美、感受美、理解美，进而实现情感上的共鸣。

在思政课中，教师可以根据教学现状与学生的思想特点，灵活融入书法、刺绣、雕塑等充满美学情趣的艺术形式。这些优秀传统文化元素，不仅具有丰富的内涵和独特的审美价值，更能与思想政治教育内容相结合，让学生在欣赏美的同时，深化对思政理论的理解。以书法为例，它不仅是中华民族的文化瑰宝，更是一种具有深厚内涵的艺术形式。在思政课中，教师可以结合书法的艺术特点，讲解其中的道德精神和价值观念。学生练习书法，不

① 习近平. 决胜全面建成小康社会 夺取新时代中国特色社会主义伟大胜利——在中国共产党第十九次全国代表大会上的报告[M]. 北京：人民出版社，2017：41.

仅能够提高审美能力，还能在挥毫泼墨的过程中感受到传统文化的魅力，从而引发情感上的共鸣。

此外，古典文学也是中华优秀传统文化的重要组成部分。那些优美的古诗，质朴的楚辞、汉赋等，都蕴含着丰富的思想内涵和艺术价值。教师可以引导学生深入品读这些文学作品，通过品味其中的语言美、意境美和情感美，培养学生的审美情趣和人文素养。

在创新思政教学手段的过程中，教师还应注重学生的实践参与和知行统一。通过组织丰富多彩的实践活动，如传统文化体验、社会调查等，让学生在亲身参与中感受传统文化的魅力，加深对思政理论的理解。

（三）优化思政教学环境，引入传统人文精神

中华优秀传统文化蕴含着丰富的人文精神，这种精神具有深远的历史背景和博大精深的内涵，是我们民族宝贵的财富。在以往的思想政治理论课教学中，存在教学形式和内容较为呆板、时效性不足等问题。因此，我们需要借助优秀传统文化中的人文精神，找准思想政治理论教学的着力点，实现人文教育的目标。例如，可以引入经典文献的解读，让学生深入理解中华文化的核心价值和人文精神；可以组织学生对传统文化中的故事、人物进行讨论，引导学生体会其中的道德情感和人生智慧；还可以结合现代社会的热点问题，运用传统文化中的思想资源进行分析，提高学生的思辨能力和社会责任感。

在当前的多元文化冲击下，不同的思想文化相互交流、相互碰撞，因此我们需要运用具有文化属性的中华优秀传统文化内容对学生进行思想政治教育。这不仅可以帮助学生树立正确的价值观和人生观，还能增强他们对本民族文化的认同感和自豪感。同时，积极融入优秀传统文化要素，还可以对优秀传统文化进行继承和弘扬，推动中华文化的创新发展。

在教学过程中，我们可以积极引入历史变革、民族复兴等主题，借助人文精神增强学生的凝聚力。例如，通过讲述历史上的英雄人物和他们的精神风貌，激发学生的爱国情怀和民族自豪感；通过分析国家发展的历程和成就，让学生认识到民族复兴的伟大意义和自己肩负的责任。

（四）合理运用地方资源，提升思政教育成效

中华优秀传统文化类型丰富多样，从民族服饰、生活习俗到方言，都深刻反映了不同地区的民族特质与风貌。在思想政治理论教学中，我们应充分运用这些富有特色的地方资源，将其转化为生动的教学素材。通过引导学生学习地方文化，他们不仅可以理解其中优秀的思想和文化内涵，更能增强对本土文化的认同感和自豪感。以中国的婚礼习俗为例，不同地区的婚礼习俗各具特色，但都蕴含着丰富的哲学思想和文化内涵。教师可以通过讲解这些习俗背后的故事和意义，让学生深入了解传统文化的精髓。同时，也可以组织学生实地考察当地的历史古迹，调查民俗民情，通过亲身参与和体验，增强对传统文化的直观感受。

此外，随着科技的发展，我们也可以利用手机等现代设备录制短片，记录学生的考察过程和所见所闻。这不仅丰富了教学手段，也为学生提供了更多的学习资源和互动机会。特别是红色文化资源，作为中华优秀传统文化的重要组成部分，更应该得到充分的挖掘和利用。

（五）唤醒优秀传统文化基因，发挥优秀传统文化价值

通过讲述经典故事、分析传统文化内涵等方式，引导学生认识和了解优秀传统文化，激发他们的文化自信心和自豪感。同时，可以鼓励学生积极参与传统文化的传承活动，如学习传统技艺、参与传统节庆等，让他们在亲身实践中感受优秀传统文化的魅力。

（六）借助中华优秀传统文化，坚定学生文化自信

借助中华优秀传统文化来坚定学生的文化自信，引导他们树立正确的价值观，是思想政治理论课教学的重要任务和目标。在思想政治理论课教学中，教师应积极引入优秀传统文化元素，通过讲解历史文化故事、分析传统价值观念、展示传统艺术魅力等方式，让学生对本民族的文化形成全面而深刻的认识。这样不仅能够增强学生的文化自信心和民族自豪感，还能够引导

他们抵御多元文化下的不良风气，坚守本心、坚守道德底线。同时，为了改变学生认知上的误区和偏差，教师需要借助中华优秀传统文化的智慧和力量，帮助学生树立正确的世界观、人生观和价值观。通过对比和分析不同文化之间的差异和共通之处，引导学生客观看待各种文化现象，避免盲目崇拜或一味否定。通过深入挖掘传统文化中的价值理念和道德准则，结合现代社会的发展需求和时代特征，可以实现剔除不良思想、规避不良思潮的目标，为学生的健康成长和全面发展提供有力的思想保障。

第四节　数字化资源应用于思想政治理论课教学

随着人工智能、大数据等信息技术的迅猛发展，数字技术正以前所未有的速度重塑着人类社会的思维模式、行为方式以及生活的方方面面。在这一时代背景下，高校思想政治理论课的数字化转型不仅是大势所趋，更是契合当代大学生特点的必然选择。数字化资源为高校思想政治理论课注入了新的活力。

习近平总书记指出，“当前，新一轮科技革命和产业变革突飞猛进，科学研究范式正在发生深刻变革，学科交叉融合不断发展，科学技术和经济社会发展加速渗透融合”[①]。教育数字化的时代浪潮使高校思想政治教育将迎来重要的创新发展契机，通过数字化助力，将数字技术以及其所蕴含的“计算+”“数据+”“智能+”等思维方法与高校思想政治教育工作相内嵌，实现数字化与高校思想政治教育的深度融合，将有效推动高校思想政治教育工作方法创新，实现更加精准的“因材施教”，也将助力高校思想政治工作更加智能运行。

① 习近平. 习近平在中共中央政治局第三次集体学习时强调——切实加强基础研究 夯实科技自立自强根基[N]. 人民日报，2023-02-23.

一、数字化资源应用于高校思想政治理论课的价值意蕴

（一）丰富教学内容，提升教学精准度

数字化资源以其海量的信息存储和高效的检索能力，极大地丰富了高校思想政治理论课的教学内容。传统的教学往往受限于教材和课件的有限性，而数字化资源则能够实时更新，将最新的理论成果、社会热点、实践案例等纳入教学内容中，使教学更具时代感和现实性。同时，通过大数据分析和人工智能技术，教师可以更加精准地把握学生的学习需求和兴趣点，实现个性化教学，从而提升教学的针对性和实效性。

（二）创新教学方式，增强教学吸引力

数字化资源的应用，使得高校思想政治理论课的教学方式得以创新。借助虚拟现实等技术，教师可以创设出更加生动、逼真的教学情境，让学生在沉浸式的体验中感受理论的魅力。此外，通过短视频、直播等新媒体形式，教师可以与学生进行实时互动，让学生在轻松愉快的氛围中接受思想政治教育，从而增强教学的吸引力和感染力。

（三）优化教学评价，提升教学质量

数字化资源的应用也使得高校思想政治理论课的教学评价得以优化。通过收集和分析学生在学习过程中的数据信息，教师可以更加客观、全面地评估学生的学习效果，及时发现教学中存在的问题和不足，从而有针对性地调整教学策略，提升教学质量。同时，数字化资源的应用也使得教学评价更加公正、透明，有助于提升学生对教学评价的信任度和认可度。

（四）构建教学新生态，推动思政理论课教学创新发展

数字化资源的引入，为高校思想政治理论课构建了一个全新的教学生态。在这个生态中，教师、学生、教学资源、教学环境等要素得以重新组合和优化配置，形成了一种更加高效、开放、互动的教学模式。这种教学模式不仅有助于提升思想政治理论课的教学效果，还能够推动思想政治教育工作的创新发展，为培养德智体美劳全面发展的社会主义建设者和接班人提供有力支撑。

二、数字化资源应用于高校思想政治理论课的实践路径

高校思想政治理论课的数字化转型是一项系统工程，要从体制机制、教学理念、教师队伍、平台建设四个方面统筹推进，促使数字技术、数字理念、数字思维、数字能力、数字资源等要素与高校思想政治理论课深入融合，充分激发教育发展活力，深入推动高校思想政治理论课高质量发展。

（一）健全推进数字思政的体制机制

随着信息技术的迅猛发展，数字化资源在高校思想政治理论课中的应用已成为提升教育质量和效果的关键举措。这一系统工程涉及全要素、全场景、全过程，要求我们以大局观、整体观、全局观为指导，坚持系统思维，将数字化资源融入高校思政教育的方方面面。

1.加强数字化顶层设计

高校应站在战略高度，制定数字化总体架构，明确目标愿景，并据此完善基础设施，实现智能网络全覆盖。同时，需建立校级层面的统一领导机构，对数据资源进行集中管理，确保数字技术能够渗透到教学、管理、评价等各个环节。此外，还应构建包括工作领导机制、数据管理机制、技术支持

机制、平稳运行机制、反馈评价机制以及应急处理机制在内的“六位一体”工作机制，为数字化赋能提供坚实保障。

2.树立融合共享安全的数字化思维

相关部门需从高校思想政治教育数字化转型的全局出发，进行统筹规划、科学论证，并设立统一的数据技术标准，打破数据孤岛，实现数据的全链路贯通。在此基础上，还需明确数字技术在高校思政教育中的合法边界，制定伦理规范，并建立健全数据信息安全的审查、监管和预警机制，加强数字化建设的伦理治理。

3.打造新型智慧校园

为适应数字化转型需求，高校应升级教学、科研和公共设施，充分利用大数据、云计算、物联网等信息技术，实现教育管理、教学、学习和研究等全过程的智能化。这有助于促进学校物理空间与网络空间的深度融合，推动校园内各育人环节信息设备终端的高速互联、开放共享和数据互通。

4.构建思政内容精准传送体系

通过信息技术持续追踪和分析学生的特点与需求，高校可以建立起精准、敏捷、有效的思政教育信息处理系统。这有助于准确把握学生的心理特点和思维规律，从而实现对高校“数字思政”教育资源的充分利用。通过不断创新思政资源的表达形式和呈现方式，高校可以向学生精准投放优质思政内容，实现教育的精准滴灌和润物无声。

（二）树立适合数字思政的教学理念

在当今时代，数字化技术正以前所未有的速度改变着我们的生活方式和教育模式。对于高校思想政治教育而言，数字化不仅意味着技术的更新，更代表着教学理念和方法的深刻变革。理论是实践的先导，教学理念的转变将直接决定教学实践的走向。因此，树立数字思政、精准思政、协同思政一体化的教学理念，对于推动数字化赋能思想政治理论课落地落实具有重要意义。

1.深入贯彻“数字思政”理念

高校应将“数字思政”理念深入到思想政治教育的各个主体中。通过创造数字化育人环境，为思想政治教育创造数字化条件。这包括完备数字化设施、丰富数字化资源、搭建数字化平台等，以全方位保障学生学习的高效率和生活的幸福感。同时，高校还应帮助学生养成积极探索、不断创新的思维习惯与学习习惯，使他们在数字化时代不断成长和进步。

2.全面落实“精准思政”理念

精准思政要求高校思想政治教育要精准把握教育对象，基于大数据全面分析掌握思想政治教育的学情和实际需要，从而增强思政教育的针对性。同时，高校还要精准对接供给端和需求端，基于数据需求开展思想政治教育的供给侧改革，以提升思政教育的实效性。在实施过程中，高校还应注重工具理性和价值理性的统一，将人文元素有机融入思政教学数字化建设中，从而彰显人文价值，体现人文关怀。

3.全面深化“协同思政”理念

协同思政强调构建高校各部门贯通，家庭、学校、社会联动的协同育人体系。通过共建共享数据大平台，完善组织架构，搭建全网络全媒体传播矩阵，积极推动思想政治教育形态数字化转型。这将有助于充分实现“人人、处处、时时”可用可学的思政教育目标，形成全社会共同参与、共同推进的良好局面。

为了更好地满足数字化思想政治教育的现实需要，高校还应注重持续更新思想政治教育资源数据库。这包括结合现实情况建设思政课教师网络教学资源库，开发虚拟仿真训练平台，积极研发图文、音频、视频、虚拟仿真等多元形式的教育资源。同时，高校还要提升思政课教师的数字化能力，全链条、多层次开展教师数字化素养培训，实现培训全方位覆盖。这将使思政课教师具有强烈的数字化意识、必备的数字化知识和熟练的数字化教育工具应用能力，为数字化思想政治教育的深入开展提供有力保障。

（三）培育具有数字素养的教师队伍

第一，高校思政教师要具备强烈的数字意识。这意味着教师需要紧跟时代步伐，树立数字化教育观念，深刻认识到数字技术在教育创新中的重要价值。通过深入了解数字技术的风险挑战和未来发展潜力，思政教师应打破传统教育思维的束缚，积极探索数字化教育的新模式、新方法。

第二，提升数字技能是高校思政教师的迫切需求。在数字化浪潮中，思政教师需要不断提高数字工具的使用能力、数字技术的创新能力、数字信息的挖掘能力等，以便更好地运用数字化技术研判学生思想动态、整合教学资源、改进教学实践。同时，教师还应关注数字安全，确保教育过程的稳定性和安全性。

第三，高校思政教师应积极“走出去”，将现实中的“数字”引入课堂。通过田野调查、科研合作、企业实习等方式，教师可以亲身感受数字技术的魅力，并将其与思政课堂紧密结合。例如，利用虚拟现实技术重现历史场景，让学生与革命人物进行时空对话；或者将红色文化与数字技术相结合，为学生提供沉浸式的学习体验。这些创新举措不仅有助于提升思政课堂的吸引力和感染力，还能增进学生对红色文化的理解和认同。

（四）搭建具有优质数字资源的教学平台

思想政治教育应坚持以人为本的原则，充分发挥现代科技的优势，创新思政教育的载体和场景，以教育现代化推动中国式现代化建设。具体来说，我们可以从以下几个方面着手。

1.挖掘与整合思政资源

依托数字技术，我们可以深入挖掘思政课程及其他学科中的思政元素，不仅丰富思政资源的数量，更提升其质量。数字技术能够打破传统资源的时空限制，实现资源的电子化、智能化转变，为全民共享优质教育资源奠定坚实基础。

2.构建思政课教学资源库

结合课程标准和人才培养目标，我们应推进思政课教学资源库的建设。这包括搭建一个集资源建设、学习、共享和交流于一体的平台，以及基于地方和学校特色资源创建在线示范课程库。通过制作微电影、短视频等多元化教学资源，为学生提供更加立体、多样的学习内容。

3.建立大数据平台

自建大数据平台能够实现对碎片化信息的有效采集、存储、分析和整合。这将有助于把零散的信息转化为具有教育价值的全面素材，并将其引入理论教学与实践教学中，从而提升教学的针对性和实效性。同时，大数据平台还能帮助学生筛选出他们关注的有用信息，提升思政课的吸引力和影响力。

4.打造“互联网+思政课”新模式

通过信息技术与思政教育的深度融合，我们可以逐步搭建起一个“互联网+思政课”式的智慧思政课云平台。这个平台集资源整合、实时交流、评价反馈等功能于一身，推动思政课教学朝着更加整体化、系统化、多维度的方向发展。这将有助于实现协助式知识输出、精准化瞬时反馈以及闭环式探究学习与场景化教学研究的有机结合。

第十三章　协同创新：思政课程与课程思政协同育人

第一节　思政课程与课程思政协同育人的相关概念及意义

习近平总书记强调："其他各门课都要守好一段渠、种好责任田，使各类课程与思想政治理论课同向同行，形成协同效应。"[①]课程思政不是课程与思政的简单组合与叠加，需要深入挖掘并运用各门课程和教学方式中蕴含的思政教育元素，切实把思想政治教育贯穿于教学实践的全过程，实现课程思政与思政课程协同发力，合力育人。

一、"思政课程"与"课程思政"

（一）思政课程

思政课程作为高等教育的重要组成部分，承载着提升学生政治觉悟、培

① 习近平. 习近平谈治国理政（第二卷）[M]. 北京：外文出版社，2017：376.

养学生思想品德及丰富学生理论知识的重要使命。它通过对专业教学目标及人才培养目标中的思想政治内容进行全面系统的整合，以及采取多样化的方式方法对学生进行思想政治教育，旨在培养具备坚定政治信仰和正确价值观的时代新人。

思政课程的教学内容丰富多样，既包括理论性、系统性较强的思想政治理论，又涵盖实践性较强、教育意义显著的实践活动。理论类课程通过深入剖析马克思主义等思想体系，引导学生形成科学的世界观和方法论；实践类课程则通过实地考察、社会调查等方式，让学生在实践中深化对理论知识的理解和应用。

在新的历史时期，“大思政”育人理念强调将思政课程与专业课程、校园文化、社会实践等相结合，形成协同育人的良好格局。这不仅有助于提升思政课程的针对性和实效性，更能培养学生的社会责任感和创新精神，使其具备担当中华民族伟大复兴大任的能力和素质。

（二）课程思政

课程思政是一种创新的教育理念，它强调在各类专业课程教学中融入思想政治教育，实现知识传授与价值引领的有机统一。这种理念不仅有助于提升学生的专业素养，更能培养学生的思想道德素质，使其成为具备高度社会责任感和良好意志品质的时代新人。

从教学内容来看，课程思政要求教师在传授专业知识的同时，注重挖掘课程中的德育内容及思政元素，将思想政治教育自然地融入教学过程中。这既保证了专业知识的系统性学习，又使学生在潜移默化中接受了思想政治教育，实现了知识传授与价值引导的双重目标。

从教育功能来看，课程思政突破了传统专业课程教学偏重理论知识及专业技能传授的局限，强调在传授专业知识和技能的同时，汴重培养学生的思想道德素质和意志品质。通过课程思政的实施，学生能够在学习专业知识的过程中坚定理想信念，树立正确的世界观、人生观和价值观。

二、思政课程与课程思政协同育人

“协同”这一概念源远流长，随着人类社会的进步而不断发展演变。在我国古代，协同多指和谐一致、团结统一的状态，如《汉书·律历志上》所言“咸得其实，靡不协同”，强调了一种和谐共进的氛围。同时，协同也含有协助配合、共同完成工作的意味。这种理解在《说文解字》对“协”和“同”的解释中得到了印证。

对协同概念作出明确界定的是德国物理学家哈肯，他将协同定义为“各个子系统相互协作，联合作用的互动行为”，这一概念起源于物理化学现象中的协同效应，即两种及以上部分相加或调配后，产生的作用能大于各部分的总和。哈肯的协同理论为后来的“协同学”奠定了基础，使得协同效应得以广泛应用于社会各个领域。

在教育领域，协同育人的理念最早出现在20世纪中叶的欧洲，旨在通过教育、科学研究与创新之间的相互作用，协同施力，以培养出高素质技能人才。英、美等国家在这一理念指导下，探索出了多种协同育人模式，如合作教育模式、高新技术园区模式、产学研合作模式等，为高等教育注入了新的活力。

对于我国高校而言，思政课程与课程思政的协同育人是实现立德树人教育目的的重要途径。这里的协同育人指的是通过高校思政课程与课程思政两种不同教育载体的相互配合、相互借鉴，以达成育人的共同目标。在这一过程中，育人是根本目的，协同是方法和手段，思政课程与课程思政则是具体的载体。

高校思政课程与课程思政协同育人可以从三个维度展开：一是全员思想协同，即教育过程中的多元复杂主体如社会因素、国家政府、学校领导与后勤部门、教师队伍以及学生等都需要在思想上高度统一，共同构建协同育人的最大同心圆；二是全领域能力协同，在思想统一的基础上，各育人主体特别是高校教师需要通过相互协调合作，促进各课程之间的全领域协同，以重视学生的全面发展并实现共同育人的目的；三是全过程环节协同，即从领导部门到资源保障、奖惩激励、宣传环节以及效果提升等各个方面都需要全过程配合，以实现学生的全面发展，并为党育人、为国育才。

三、思政课程与课程思政协同育人的意义

构建思政课程与课程思政协同育人机制是新时代推进思想政治教育供给侧结构性改革的重要举措，契合了当前探索“大思政”工作格局、思想政治教育教学改革以及激活学科资源向育人资源转化的客观需要，具有深厚的价值意蕴。

（一）探索和创新“大思政”工作格局的现实需要

在高校思想政治工作体系中，课程育人被置于首要地位，而思政课程作为这一体系的核心组成，扮演着至关重要的角色。思政课程不仅是传播马克思主义理论的主渠道，更是引领大学生思想动态、提供理论滋养、进行价值观塑造的关键力量。然而，单一的思政课程教育难以形成全面育人的格局，缺乏科研、实践、文化、网络等多元要素的协同配合，思政课程容易陷入孤立无援的境地，其教育效果也会大打折扣。

为了打破这一局面，我们亟须探索和构建“大思政”工作格局，通过确立全员育人、全程育人、全方位育人的长效机制，推动思政课程与课程思政的协同育人。这一机制的构建，是打开“大思政”工作格局的关键一步，具有提纲挈领的重要意义。它能够有效连接教学单位与各职能部门、思政课教师与专业课教师、思政课程与其他课程之间的关系，促进高校内部各要素之间的有机互动和深度融合。

在思政课程与课程思政协同育人的机制下，思政课程继续发挥其核心引领作用，为思想政治教育提供目标和方向上的精确指导。同时，课程思政则致力于开发新的思想政治教育资源，拓展新的教育渠道，为优化育人环境、整合育人资源、协调育人主体提供有力支持。二者相互补充、相互促进，共同推动高校思想政治工作的创新发展。

（二）推进思想政治理论课教育教学改革发展的内在要求

随着国家对思政工作的日益重视，一系列会议和文件的召开与出台，为思政课程改革指明了方向，提供了强大的政策保障。然而，单纯依靠思政课程来完成思想政治教育工作的全部任务显然是不够的。思政课程虽然是主渠道和主阵地，但其作用的发挥也受到一定限制。当思政课程改革到达一定阶段，其内在效能的释放也会遇到瓶颈。此时，其他课程的支撑与配合变得尤为重要。课程思政正是在这样的背景下应运而生，它是对思政课程的有力补充和拓展。

课程思政以思政课外的所有学科专业课程为载体，涵盖了广泛的学科领域，从而极大地拓展了思想政治教育的范围。它不仅能够提供更为丰富的思想政治教育资源，还能够结合不同专业学生的特点和需求，提供更具针对性和个性化的引导。同时，课程思政还能够调动全校教师的积极性，形成全员育人的良好氛围，共同肩负起培养社会主义建设者和接班人的神圣使命。

课程思政与思政课程的协同育人机制，能够最大限度地发挥两者的优势，形成合力，共同推动思想政治教育工作的深入开展。这种协同育人机制不仅有利于提升思想政治教育的整体效果，还能够强化思政课教学的针对性和实效性，使思政教育教学改革取得更加显著的成效。

（三）激活学科资源向育人资源转化的基本需要

思政课程作为专门的思想政治教育形式，具有明确的教育目标和内容，它主要侧重于理论灌输和专门的教师管理。而课程思政则是一种融入式的教育理念，它将思想政治教育元素融入各门课程，潜移默化地影响学生的思想意识和行为举止。这种融入式的教育理念使得各类课程与思政课程能够相互配合，形成协同效应，共同实现育人目标。

通过协同育人，思政课程与课程思政可以相互补充、相互促进。思政课程为课程思政提供理论支撑和指导，确保思想政治教育的正确方向；而课程思政则通过具体的教学实践，将思政课程的理论知识转化为学生的实际行动和素养。这种协同育人的方式有助于实现学科潜在育人价值向显性育人目标的转变，使学科资源得到更有效的利用。

此外，课程思政与思政课程的协同育人还有助于打破“两张皮”的现象，实现专业性与价值性的统一。在协同育人的过程中，各类课程可以充分发挥自身的专业优势，结合课程内容和特点，挖掘其中的思想政治教育元素，使学生在学习专业知识的同时，也能够受到思想政治教育的熏陶和影响。这种育人模式不仅有助于提高学生的专业素养，还能够培养学生的社会责任感、创新精神和团队合作能力等综合素质。

第二节　思政课程与课程思政协同育人机制的构建

思政课程与专业课程作为人才培养的两大支柱，共同肩负着塑造学生世界观、人生观和价值观的重任。然而，在传统的教育模式下，思政课程与专业课程往往各自为政，缺乏深入融合与协同。这种分离状态不仅影响了育人的整体效果，也制约了高等教育质量的提升。因此，构建思政课程与课程思政协同教育机制，成为当前高等教育改革的重要课题。

习近平总书记指出：“要坚持显性教育和隐性教育相统一，挖掘其他课程和教学方式中蕴含的思想政治教育资源，实现全员全程全方位育人。”[①]课程思政不是简单的“课程加思政”，更不是“为思政而思政”，而是在课程教学中有机融入思想政治教育育人元素，努力促进二者之间“水乳交融、浑然天成”，从而达到“春风化雨、润物无声”的实际效果。

① 习近平．习近平谈治国理政（第三卷）[M]. 北京：外文出版社，2017：300.

一、完善指导机制，形成多元共治育人格局

高校课程思政与思政课程协同育人是立德树人的重要途径，具有显著成效。但要深化协同育人，需各部门紧密协作，完善指导机制，形成全员育人格局，以强化资源分配，提升思政教育感染力，持续拓展教育覆盖面。

（一）构建党委领导机制

高校党委作为学校的最高领导机构，在协同育人机制的构建中发挥着核心作用。首先，党委应从宏观角度出发，把握协同育人机制的整体方向和战略部署。通过制定相关政策、明确育人目标、规划育人路径等方式，为协同育人机制的构建提供有力的政策保障和指导。其次，党委应加强对协同育人工作的组织领导。通过成立专门的工作小组或领导小组，明确各部门的职责和任务，加强部门间的沟通与协作，形成齐抓共管的良好局面。同时，党委还应加强对协同育人工作的监督检查，确保各项措施得到有效落实。再次，党委还应注重发挥自身的示范引领作用。通过定期召开会议、举办讲座、开展研讨等方式，加强对课程思政与思政课程育人功能与价值的宣传和推广，引导全校师生深刻认识协同育人的重要性和紧迫性。最后，党委还应积极支持教师的专业发展，鼓励他们积极参与协同育人工作，为构建全员、全过程、全方位的育人体系贡献力量。

（二）形成多元共治工作机制

多元共治工作机制能够有效解决高校专业课程与思政课程各自为政的问题，促进教育资源的优化配置和教育合力的形成。

第一，明确各部门的职责和角色。教务处、教师工作部、学工部等核心部门应发挥各自的专业优势，共同参与到协同育人的工作中来。教务处负责教学计划的制订与实施，确保思政课程与专业课程在教学内容上的有机衔接；教师工作部则负责教师的培训与发展，提升教师队伍的思政素养和教学

能力；学工部则关注学生的日常管理和思想引导，将思政教育融入学生的日常生活和学习中。

第二，加强部门间的沟通与协作。各部门应定期召开联席会议，共同讨论协同育人的工作进展和存在的问题，共同制订解决方案。通过加强信息共享和资源整合，各部门能够形成工作合力，共同推进协同育人工作的深入开展。

第三，注重与社会的联系与互动。高校应积极与企业、社区等外部机构建立合作关系，共同开展思政教育实践活动，拓宽学生的视野，丰富实践经验。通过引入社会资源，丰富协同育人的内容和形式，提升育人的实际效果。

二、创新课程机制，优化高校立德树人载体

（一）基于多元目标构建课程协同机制

课程作为育人工作的有效载体，不仅承载着传授知识的重要使命，更是培养学生能力、塑造价值观的核心平台。因此，高校在课程建设中应紧密结合知识传授、能力培养和价值引领等多元目标，以推动教育创新，提升育人效果。

第一，知识传授目标。教育者应借助课堂这一主阵地，系统传授思政相关理论，帮助学生掌握基本的思想政治知识和方法。通过深入浅出的讲解和生动的案例分析，强化学生对思政知识的理解和认知，为后续的能力培养和价值引领奠定基础。

第二，能力培养目标。学生不仅需要掌握理论知识，更需要具备将理论应用于实践的能力。因此，教育者应在知识传授的基础上，注重培养学生的问题分析能力和解决能力。通过案例分析、小组讨论、实践操作等多种方式，引导学生积极参与课堂互动，提升他们的实践能力和创新思维。

第三，价值引领目标。在知识传授和能力培养的过程中，教育者应始

终关注学生的价值观塑造。通过深入剖析社会主义核心价值观的内涵和意义，引导学生树立正确的世界观、人生观和价值观。同时，教育者还应结合时事热点和社会现象，引导学生进行深入思考，增强他们的社会责任感和使命感。

（二）构建课程贯通机制

构建课程贯通机制需要高校在课程设计和实施中注重多元教育资源的整合和优化，通过显性教育与隐性教育的融合、人文学科与自然学科的交叉、传统课程与创新课程的互补，形成立体化的教育模式，提升育人效果。

第一，显性教育与隐性教育的有机融合。显性教育通过课堂讲授、教材学习等方式，直接向学生传授思政知识；而隐性教育则通过校园文化、实践活动等方式，潜移默化地影响学生的思想和行为。两者的结合能够优势互补，使学生在有意识的学习和无意识的熏陶中，更全面地理解和接受思政教育，从而提升思政课程的存在感和感染力。

第二，人文学科与自然学科的有机结合。人文学科关注人类社会的历史、文化、价值观等方面，能够帮助学生了解社会规律、解决社会问题；而自然学科则关注自然界的规律、现象和变化，有助于培养学生的科学精神和创新能力。两者的结合能够使学生更全面地认识世界，提升综合素质。

第三，传统课程与创新课程的有机融合。传统课程承载着优秀的传统文化和价值观，是育人的重要资源；而创新课程则反映了时代发展的新趋势和新要求，能够培养学生的创新意识和实践能力。两者的结合能够使学生在继承传统文化的基础上，积极拥抱创新，为祖国的建设和发展贡献力量。

（三）构建四位一体协同机制

四位一体是指促进思政教育、专业教育、通识教育以及实践教育有机融合，切实增强协同育人机制的引领性和方向性，确保教育迈向正确的发展方向。建立四位一体协同育人体系时需要有机融合专业课程和思政课程，也需基于专业课程创新传统思政元素表达形式，切实提升大学生的道德修养。例如，为发挥思政课程的育人价值，可在专业课程安排以及教学方式优化阶段，实现思政元素在专业课程中的全方位渗透，对学习者的研究思维、创新思维等进行培养，形成良好育人氛围，并在相关课程融合过程中助力学习者感受自身价值，引领学习者增强奉献意识，从而在其人生价值实现阶段助推中国梦的早日实现。

第三节　专业课融入课程思政的思路和方法

一、专业课融入课程思政的重要意义

课程思政与专业教学的融合，不仅为专业教学提供了思想道德教育的有力支撑，同时也为思政教育提供了具体的实施载体。习近平总书记强调，办好思政课要使各类课程与思想政治理论课同向同行。[①]在专业课教学中实施课程思政，其重要意义体现在以下几个方面。

（一）促进学生综合素质的全面发展

高校教育的根本目标是培养具备职业素养、创新能力以及良好道德品质的综合型人才。在专业课教学中融入思政元素，能够使学生在学习专业知识的同时接受思想道德的熏陶，从而促进其综合素质的全面提升。这样的教育模式有助于培养出既有专业技能，又有高尚品德的优秀人才，为社会的发展贡献更多的正能量。

① 习近平. 习近平谈治国理政（第三卷）[M]. 北京：外文出版社，2017：300.

（二）培养学生的职业道德与社会责任感

通过专业课与思政教育的结合，可以引导学生树立正确的职业观念，理解并遵守职业道德规范。同时，还能够增强学生的社会责任感和使命感，使他们能够明确自己在社会中的角色定位，积极履行社会责任，为社会的发展贡献自己的力量。

（三）激发学生的创新创业意识

在专业课教学中融入思政教育，可以帮助学生认识到创新创业的重要性，激发他们的创新创业意识。通过引导学生关注社会热点、分析市场需求、挖掘创新点，可以培养学生的创新思维和创业能力，为未来的职业发展打下坚实的基础。

（四）促进学科之间的交叉融合

课程思政的实施有助于不同学科之间的交叉融合。通过将思政元素融入专业课教学中，可以打破学科壁垒，促进学科之间的相互渗透和交叉融合。这种跨学科的教学模式有助于培养学生的综合分析能力，提高他们解决问题的能力。

（五）提升人才的社会竞争力

在当前社会，人才竞争日益激烈。将思政元素融入专业课教学，有助于培养出既有专业技能，又有良好道德品质的高素质人才。这样的人才在就业市场上更具竞争力，能够更好地适应社会发展的需求，为国家的现代化建设做出更大的贡献。

二、专业课融入课程思政的思路

专业课融入课程思政的思路主要是围绕着如何在专业知识的传授过程中，有效地融入思想政治教育的内容，以提升学生的思想政治素养和综合能力。

第一，明确课程思政的目标和定位。专业课融入课程思政，需要明确思政教育的目标，即培养学生的社会主义核心价值观、职业道德、社会责任感等。同时，要明确思政内容在专业课中的定位，既不能喧宾夺主，影响专业知识的传授，又要确保思政内容的有效融入。

第二，挖掘专业课的思政元素。每个专业都有其独特的思政元素，如工程伦理、医学道德、法律精神等。教育者需要深入挖掘这些元素，将其与专业知识相结合，形成具有专业特色的思政教学内容。

第三，创新教学方法和手段。专业课融入课程思政，需要采用多样化的教学方法和手段，如案例教学、角色扮演、小组讨论等，以激发学生的学习兴趣。同时，可以利用现代信息技术手段，如在线教育平台、多媒体教学等，提升思政教学的效果。

第四，加强实践教学。实践教学是专业课的重要组成部分，也是融入课程思政的有效途径。可以通过实验、实习、社会实践等方式，让学生在实践中体验和理解思政内容，提升他们的思想政治素养和实践能力。

第五，建立完善的评价体系。对专业课融入课程思政的效果进行评价，是确保思政内容有效融入的重要环节。需要建立科学的评价体系，将学生的思政表现纳入评价范围，同时注重过程评价和多元评价，全面反映学生的思政素养和学习成果。

三、专业课融入课程思政的具体方法

（一）模式创建法

模式创建法强调通过构建创新性的教学模式，将思政元素有机地融入专业课程中。具体而言，这需要教育者深入研究专业课程与思政元素的内在联系，结合学科特点和学生需求，创建具有思政特色的教学模式。例如，可以构建“课程思政+专业实践”的教学模式，构建以项目为驱动的教学模式，让学生在实践中感受和理解思政理论，提高思政教育的实效性。

（二）分类建设法

构建“课程思政”分类建设新体系，需要根据不同专业、不同课程的特点有针对性地融入思政内容。例如，理工科课程可以强调科学精神、工程伦理等方面的思政元素；文科课程则可以更多地关注历史使命、文化传承等方面的内容。

（三）红色资源法

红色资源包括革命历史、英雄事迹、红色文化等，具有丰富的思政内涵。可以利用红色资源进行思政元素的挖掘和提炼。例如，可以通过组织红色主题教育活动，让学生深入了解红色历史，感受红色精神，从而激发他们的爱国情感和社会责任感。

（四）教学设计法

教育者可在教学目标、教学内容、教学方法和评价方式等方面充分考虑思政元素的融入，设计出具有思政特色的教学方案。例如，可以在专业课中设置思政讨论环节，引导学生思考和讨论与专业相关的思政问题；或者通过案例分析、角色扮演等方式，让学生在实践中体验和理解思政理论。

（五）显性引导法

通过建设专门的课程思政显性引导课，以及搭建交流平台，明确引导学生关注和思考思政问题。例如，教育者可以通过开设思政导论课、举办思政讲座等方式，明确传达思政教育的理念和目标。同时，利用线上线下交流平台，鼓励学生积极参与思政讨论，分享思政学习心得，形成良好的思政学习氛围。

（六）隐性融入法

隐性融入法强调将思政元素以潜移默化的方式融入专业课教学中。例如，教育者可以通过自身的言传身教、课堂氛围的营造等方式，将思政精神渗透到学生的日常生活中。同时，也可以在专业课中适时引入与课程内容相关的思政话题，让学生在不知不觉中接受思政教育。

（七）信息技术法

信息技术法是利用现代信息技术手段开展课程思政教学。教育者可以利用在线教育平台、多媒体教学工具等，制作思政微课视频、开展线上讨论等，打破时间和空间的限制，让学生随时随地进行思政学习。同时，通过数据分析、学习跟踪等方式，教育者可以更好地了解学生的学习情况，提供个性化的教学支持。

（八）行走课堂法

行走课堂法是通过组织学生参与校外实践活动，将思政元素融入实践教学中。教育者可以设计具有思政内涵的实践活动，如社会调查、志愿服务等，让学生在亲身体验中感受和理解思政理论。通过行走课堂，学生不仅可以加深对专业知识的理解，还可以增强社会责任感和使命感。

（九）思政认定法

思政认定法的核心在于通过明确的标准和程序，对课程思政的实施成效进行认定，以确保思政元素在专业课教学中的有效融入。

思政认定法的具体内容包括以下几个方面：

认定标准的制定：这些标准应该与课程思政的目标和要求紧密相关。例如，可以包括政治态度、学习态度、工作作风、纪律作风、组织观念、集体荣誉、社会公德、爱校情感、学业水平以及身体状况等方面的指标。这些标准旨在全面评价学生在思政方面的表现和成长。

认定程序的设计：这通常包括学生自评、同学互评、教师评价等多个环节，以确保评价的客观性和公正性。同时，也可以结合课堂表现、作业完成情况、实践活动参与情况等多种方式来收集评价信息。

认定结果的应用：一方面，可以将认定结果作为学生评优、评先、评奖等的重要依据，激励学生在思政方面取得更好的表现；另一方面，也可以通过对认定结果的分析，发现课程思政实施中存在的问题和不足，进而进行有针对性的改进和优化。

此外，思政认定法还强调动态性和持续性的评价过程。这意味着评价不应该只局限于某一时刻或某一阶段，而应该贯穿于整个课程思政的实施过程中。通过持续的评价和反馈，可以及时发现学生的进步和问题，并提供及时的指导和帮助。

（十）人才评价法

人才评价法是基于课程思政建立人才培养质量评价运作机制。在评价学生的学业成绩时，教育者应充分考虑思政表现的因素，将思政素养作为评价学生综合素质的重要指标之一。同时，通过定期评估人才培养质量，及时反馈评价结果，不断完善课程思政体系，确保人才培养目标的实现。

这些方法的实施需要教育者具备高度的责任感和使命感，同时也需要不断创新和探索，以适应时代的发展和学生的需求。通过综合运用这些方法，可以有效推动专业课与课程思政的深度融合，培养出既有专业技能又有良好思政素养的优秀人才。

第四节　思政课程与课程思政教学同向同行的创新路径

2020年5月，教育部发布《高等学校课程思政建设指导纲要》，在全国高校吹响了“课程思政”集结号。如何让每位教师都承担育人责任、让每门课程都守住意识形态底线、让“思政课程”与“课程思政”协同育人，成为全国高校必须回答的时代命题。

习近平总书记强调，要用好课堂教学这个主渠道，思想政治理论课要在改进中加强，提升思想政治教育亲和力和针对性，满足学生成长发展需求和期待。①要明确立德树人是高校的根本任务，培养时代新人是高校思想政治教育的根本目标。思政课程与课程思政协同发力的发力点在于打破传统高校课程体系设置的固有模式，充分考虑到课程建设、课程开展和课程资源开发等各个环节，深刻探究高校课程中蕴含的思想政治教育资源，将育人目标不仅局限于知识的掌握，而是延伸到成为德智体美劳全面发展的社会主义接班人这一根本目的，从而从目标上厘清思想政治教育与专业课教育、通识教育的协同关系。

① 习近平．习近平谈治国理政（第三卷）[M]．北京：外文出版社，2017：300.

一、“思政课程”与“课程思政”教学同向同行的时代意蕴

（一）“思政课程”与“课程思政”同向同行的科学内涵

“思政课程”与“课程思政”同向同行，是高等教育领域深化教学改革、提升育人质量的重要举措。这一理念强调在教育教学全过程中将思想政治教育有机融入各类课程中，形成协同效应，共同服务于立德树人的根本任务。

从教育基本规律出发，思政课程与课程思政在教学目标、内容、策略、资源以及评价等各个环节都需经历从有意融入、有机融入到有效融合的过程。这意味着二者在教育教学过程中要相互呼应、相互促进，共同构建一个有机统一、相互渗透的育人体系。

思政课程作为落实立德树人根本任务的关键课程，承载着传授马克思主义理论、培育社会主义核心价值观的重要使命。而课程思政则是一种教育教学理念和方法，它强调将思想政治教育融入专业课程教学的全过程，使学生在学习专业知识的同时，能够自然而然地接受思想政治教育。

二者的同向同行并非简单的取长补短，而是要实现深层次的融合与提升。这包括在教学内容上相互补充、在教学方法上相互借鉴、在教学手段上相互支持，以及在教学理念上相互融合。同时，思政课和其他课程教师之间也需要加强交流与合作，共同探索课程育人的有效途径，形成协同育人的强大合力。

第一，从教育目标和任务来看，“思政课程”与“课程思政”均致力于落实立德树人的根本任务。思政课程作为主渠道、主阵地，通过系统的理论学习和价值引导，培养学生的社会主义核心价值观和道德情操。而“课程思政”则强调将思想政治教育融入各类课程中，通过专业知识的学习和实践，使学生在掌握专业技能的同时也能提升思想道德素质和人文素养。这种同向同行的教育方式，有助于形成全员、全过程、全方位的育人格局，实现教育目标的最大化。

第二，从教育内容和教学方法来看，“思政课程”与“课程思政”在内

容上相互补充，在方法上相互促进。思政课程注重理论知识的传授和价值观的引导，而“课程思政”则通过挖掘专业课程中的思政元素，将思政教育与专业教育有机结合起来。这种融合不仅丰富了教学内容，也提高了学生的学习兴趣和参与度。同时，二者在教学方法上也可以相互借鉴和融合，如采用案例教学、小组讨论等互动式教学方式，提高教学效果。

第三，从教育评价和反馈来看，“思政课程”与“课程思政”的育人评价标准是一致的，都强调培养学生的综合素质和社会责任感。通过对学生思想动态、行为表现等方面的观察和评估，可以了解教育效果并及时调整教学策略。这种同向同行的评价方式有助于形成良性的教育循环，推动教育质量的不断提升。

第四，从教师角色和队伍建设来看，“思政课程”与“课程思政”需要教师之间的紧密合作和协同育人。思政课教师需要不断提升自身的专业素养和教学能力，同时还需要与其他课程教师加强沟通和交流，共同探索思政教育与专业教育的融合路径。这种合作不仅有助于提升教师的教学水平，也有助于形成一支高素质、专业化的育人队伍。

（二）“思政课程”与“课程思政”教学同向同行的时代价值

“思政课程”与“课程思政”教学同向同行的时代价值，不仅体现在教育教学的内在逻辑上，更在于其对于当今时代教育发展的深远影响。

第一，从课程育人目标来看，二者的同向同行实现了育人功能的叠加与协同。在立德树人的根本任务下，“思政课程”与“课程思政”相互补充、相互促进，共同构成了高校育人的完整体系。这种协同育人的模式，有助于形成教育合力，提升育人效果，培养出既有深厚专业知识，又具备高尚道德情操的新时代人才。

第二，从课程育人方法来看，二者的同向同行促进了立德树人理念内化于心、外化于行。在信息碎片化的时代背景下，传统的教育模式面临挑战，而“思政课程”与“课程思政”的融合则提供了一种新的育人路径。通过将思政教育融入专业课程中，使学生在学习专业知识的同时，也能接受价值观的引导，实现知识传授与价值塑造的有机结合。这种教学模式有助于培养学生的综合素质，使其在面对复杂多变的社会环境时能够坚定信念、担当使命。

第三，从课程育人成效来看，二者的同向同行是价值塑造传统底色的理念载体。通过教师的积极参与和不断探索，将思想政治教育的基本理论、基本知识和基本方法融入日常教学中，营造出一种积极向上的文化氛围。这种文化氛围不仅有助于提升学生的思想道德水平，也有助于推动整个社会的文明进步。

第四，在全球化、信息化、网络化深入发展的今天，青年一代的思想观念和价值取向呈现出多元化、复杂化的特点。因此，通过“思政课程”与“课程思政”的同向同行，可以更好地引导青年学生树立正确的世界观、人生观和价值观，培养他们成为具有社会责任感、创新精神和实践能力的时代新人。

二、“思政课程”与“课程思政”教学同向同行面临的问题

“思政课程”与“课程思政”在教学上的同向同行面临着一系列问题，具体表现在以下方面。

（一）教学目标错位

一些专任教师在设定教学目标时，未能参考学生的人才培养方案以及专业课与思政课的教学目标，这导致了两者之间的错位现象。

第一，缺乏专业知识背景的思政课教师难以结合学生的专业背景进行准确的素质目标定位。由于他们对学生的专业特点、行业需求以及未来发展方向了解不足，很难将思政内容与专业知识有机结合，使得思政课程显得过于抽象和空洞。

第二，专业课教师虽然具备丰富的专业知识，但往往缺乏系统性的思政

知识。这使得他们在授课过程中难以从专业中挖掘和融入思政元素，导致专业课与思政课的脱节。此外，专业课教师可能更关注专业知识的传授和技能的培养，而忽视了对学生思想政治素质的培养。

第三，专任教师的传统思维以及融入专业的思政课堂教学组织方式也是影响教学目标定位的重要因素。一些教师习惯于按照传统的教学方式进行授课，缺乏创新意识和跨界融合的能力。同时，思政课堂的组织方式也可能存在一些问题，如缺乏互动性、实践性等，使得思政课程难以真正发挥其作用。

（二）教学内容孤立

一些学生在课程选择上更倾向于专业课，而对思政课的兴趣相对较低，其中一个重要原因是认为思政课的教学内容空泛、枯燥。同时，专业课教师在尝试挖掘和融入思政元素时，也普遍感到困惑和无从下手。而思政课教师对专业课中的思政元素也缺乏足够的了解。造成教学内容呈孤立状态的原因主要是思政教师与专业教师之间缺乏深入的交流和合作。他们各自为营，缺乏对彼此课程在知识、逻辑结构方面的深入理解，更缺乏对双方核心育人元素的深刻认同。这种隔阂导致了思政课与专业课在教学内容上的脱节，使得两者难以形成合力，共同推动学生的全面发展。

（三）教学方法单一

教学方法的单一性导致教学过程缺乏足够的“养分”，无法充分促进学生的全面发展。对于思政课教师而言，如果过于依赖传统的灌输式教学和单向传授，就会忽视学生的主体性和参与性，使得课堂氛围变得沉闷，学生的学习兴趣难以被激发。这种教学方式不仅无法有效传递思政知识，更难以培养学生的思辨能力和创新精神。同时，专业课教师在教学方法上过于注重专业知识的传授，而忽视对学生思政素养的培养，也会导致学生知识体系的不完整。专业课程中蕴含的思政元素和育人价值未能得到充分挖掘和利用，使得学生在学习过程中难以形成全面的视野和素养。

三、“思政课程”与“课程思政”教学同向同行的实践路径

（一）课程体系图谱：从平面对应转向立体对接，确立课程融会的教学目标

在深化教育教学改革的进程中，课程体系图谱的构建成为连接思政课程与专业课程、实现育人目标的关键一环。传统的平面对应模式往往局限于表面上的课程对应，而缺乏深入的融合与协同。因此，我们需要从平面对应转向立体对接，确立课程融会的教学目标，以实现全方位、多层次的育人效果。

1.树立“课程思政”与“思政课程”协同育人的新理念

要实现从平面对应到立体对接的转变，首先需要在理念上进行更新。我们需要树立“课程思政”与“思政课程”协同育人的新理念，认识到二者在育人目标上的内在一致性。这种一致性体现在对学生价值塑造、情感培养、知识传授等多方面的共同追求。通过树立这一新理念，我们可以打破传统的课程壁垒，推动思政课程与专业课程在更深层次上的融合。

2.构建“课程思政”与“思政课程”融会的新机制

为了实现立体对接，我们需要构建一系列新的机制来保障“课程思政”与“思政课程”的有效融合。一是教研室对接机制：通过搭建教研室交流平台，促进思政课程教师与专业课程教师相互了解与合作，共同研讨课程融会的路径与方法。二是课程互助服务机制：建立思政课程与专业课程之间的互助服务关系，通过共同建设教学资源、开展教学研讨等方式，实现课程内容的互补与共享。三是双周研讨机制：定期举行思政课程与专业课程教师的双周研讨会，就课程融会的具体问题进行深入探讨，形成共识并付诸实践。四是党支部定向攻坚机制：发挥基层党支部的战斗堡垒作用，针对课程融会的难点问题进行定向攻坚，推动问题的解决和工作的推进。

3.开展“课程思政”与“思政课程”融会的实践活动

在实践层面，第一，根据不同专业大类的人才培养方案，制定面向不同专业大类的思政课程标准，确保思政课程与专业课程的有机衔接。第二，通过集体备课、教学研讨等方式，优化思政课程与专业课程的教学设计，实现教学内容、教学方法和教学手段的深度融合。第三，探索思政课程与专业课程相互渗透、相互支撑的教学模式，如浸润式教学、项目式学习等，提高学生的学习兴趣和参与度。第四，结合思政课程与专业课程的特点，开展形式多样的实践教学活动，如社会调查、志愿服务等，让学生在实践中深化对理论知识的理解。

（二）教学资源整合：从分散碎片转向系统集成，打造课程协同的育人平台

在推动“思政课程”与“课程思政”教学同向同行的实践中，教学资源的整合至关重要。我们需要从分散碎片的状态转向系统集成，从而打造一个课程协同的育人平台。

第一，建立教学资源共享机制。通过搭建线上教学资源平台，将思政课程与各类专业课程的教学资源进行有效整合，实现资源共享。这包括教学课件、案例库、视频资料、在线测试等各类教学资源，让师生能够随时随地获取所需的教学资料。

第二，推进教学团队建设。鼓励思政课程教师与专业课程教师组成跨学科教学团队，共同开发教学资源，开展教学研究。通过团队合作，打破学科壁垒，实现教学资源的优势互补和共享。

第三，加强实践教学资源整合。结合思政课程与专业课程的特点，充分利用校内外实践教学基地，开展形式多样的实践教学活动。通过实践教学，让学生在实践中深化对理论知识的理解，提升综合素质。

第四，构建课程协同育人评价体系。将思政课程与课程思政的教学成果纳入统一的评价体系，通过学生评价、教师互评、专家评审等多种方式，对教学效果进行客观评价。同时，根据评价结果及时调整教学资源整合策略，不断优化育人平台。

通过以上措施，我们可以实现教学资源的有效整合和系统集成，为“思政课程”与“课程思政”教学同向同行提供有力的支撑。这不仅有助于提升教学质量和效果，还能够培养学生的综合素质和创新能力，实现育人目标的全面达成。

（三）教学实施协同：从各行其是转向协同联动，形成课程育人的合力效应

在推动“思政课程”与“课程思政”教学同向同行的过程中，教学实施的协同至关重要。过去，思政课程与专业课程往往各行其是，缺乏有效的协同联动，这在一定程度上削弱了育人的合力效应。因此，我们需要从各行其是的状态转向协同联动，形成课程育人的合力效应。

具体而言，我们可以从以下几个方面入手：一是建立协同育人的教学机制。通过制定相关政策和制度，明确思政课程与专业课程在教学目标、内容、方法等方面的协同要求，确保二者在教学实施过程中能够相互配合、相互促进。二是加强思政课程与专业课程教师之间的交流与合作。通过组织教学研讨会、开展教学观摩等活动，促进教师之间的经验分享和相互学习，提升教师的教学水平和协同育人的能力。三是推进思政课程与专业课程教学内容的融合。在教学内容的选择上，要充分考虑思政元素与专业元素的结合点，将思政内容融入专业课程教学中，使学生在学习专业知识的同时，也能够接受思政教育的熏陶。四是创新教学方法和手段。采用案例教学、情景教学、项目教学等互动式、体验式教学方法，激发学生的学习兴趣和积极性，提高教学效果。

第十四章　考评创新：新时代思想政治理论课考核评价制度改革

第一节　改革思想政治理论课考核评价制度的意义

思想政治理论课是高校教育的重要组成部分，旨在培养学生的思想政治素质和道德观念，提高学生的综合素质和能力。然而，传统的思想政治理论课考核评价制度存在一些问题，如评价方式单一、评价标准不明确、评价结果难以客观公正地反映学生的学习情况等。习近平总书记提出要“形成更高水平的人才培养体系”“深化教育体制改革，健全立德树人落实机制，扭转不科学的教育评价导向”。[①]教育不是制造失败者，要彻底改变以分数贴标签的做法，要公平公正对待学生，让学生能够感受到关注，成为有用之才。这既是实现“每一个学生全面发展”因材施教的教育初衷，也是遵循学生成长成才规律、把握育人目标的具体体现。因此，改革思想政治理论课考核评价制度具有重要意义。

① 马悦. 习近平关于青年教育重要论述研究[D]. 牡丹江师范学院，2024：24.

一、提高思想政治理论课的教学质量

（一）增强学生学习动力

传统的思想政治理论课考核往往过于注重期末考试的成绩，导致学生平时缺乏学习动力，只在考试前突击复习。通过改革考核评价制度，可以增加平时成绩、课堂参与度、小组讨论、实践报告等多元化的考核方式，从而引导学生在整个学期都保持积极的学习态度，增强他们的学习动力。

（二）促进知识内化与应用

改革考核评价制度可以更加重视学生对思想政治理论知识的理解和应用。例如，通过案例分析、论文撰写等方式，让学生在理解和记忆知识的基础上，学会运用所学知识分析实际问题，提出解决方案。这种考核方式有助于促进学生对知识的内化，提高他们的思辨能力和解决问题的能力。

（三）提升教师教学水平

改革思想政治理论课考核评价制度，也对教师提出了更高的要求。教师需要不断更新教学内容和方法，以适应新的考核评价制度。这将促使教师更加深入地研究思想政治理论，提高教学水平和专业素养。同时，多元化的考核方式也需要教师具备更强的组织能力和指导能力，从而进一步提升教师的教学能力。

（四）培养全面发展的人才

通过改革考核评价制度，可以更加全面地评价学生的学习成果和综合素质。这种评价方式不仅关注学生的知识水平，还注重对学生思维能力、创新能力和实践能力等方面的培养。这将有助于培养具有全面素质的人才，满足社会对复合型人才的需求。

二、增强思想政治理论课的针对性和实效性

改革考核评价制度可以更加重视学生的个性化需求。通过设计灵活的考核方式，如面试、论文、项目报告等，教师能更准确地评估每位学生对思想政治理论的理解和掌握情况。这样的评估方式能更好地针对学生的特点和需求提供更为精准的反馈和指导。

改革考核评价制度可以引入对当前社会热点问题的分析和讨论，使思想政治理论课更加贴近时代脉搏。通过让学生运用所学知识分析实际问题，课程能更有针对性地培养学生的思辨能力和问题解决能力。

不同专业的学生的需求和兴趣点可能有所不同。改革考核评价可以考虑根据不同专业的特点和需求，设计更具针对性的考核内容，以提高学生的学习兴趣和参与度。

改革考核评价制度可以更加重视对学生实践能力的考核。通过组织实践活动、社区服务等形式，让学生在实践中运用思想政治理论，不仅能提升他们的实践能力，还能使理论更加贴近实际，提高课程的实效性。

改革考核评价制度可以建立即时反馈机制，让学生在学习过程中及时获得反馈，从而调整学习策略和方法。这种即时的反馈和调整能帮助学生更有效地掌握思想政治理论，提高学习效果。

改革考核评价可以更加注重学生的学习成果。通过设置明确的学习目标和考核标准，使学生更加清晰地了解自己的学习方向和要达到的标准。这种成果导向的考核方式能激励学生更加努力地学习，从而提高课程的实效性。

第二节　构建思想政治理论课教师考核评价体系

一、构建思政课教师考核评价体系的必要性

思想政治理论课教师是马克思主义理论和党的路线、方针、政策的宣讲者，社会主义意识形态和精神文明的传播者。办好思想政治理论课的关键在于教师。教师是发展教育事业的基础与核心。习近平高度重视师德师风建设，指出“评价教师队伍素质的第一标准应该是师德师风”[①]。教师思想状况和师德水平决定着人才培养的质量，关系着国家和民族的未来。因此，构建思想政治理论课教师考核评价体系，可以有效落实思政教师准入、退出机制。

（一）有利于高校的优化管理

高校是对教育改革进行实践探索的前沿阵地，亟须建立一支既能承担起高校意识形态的建设职责，又能让学生对新时代、新观念、新思潮等做出正确引领的思政课教师队伍，通过潜心教育，开阔学生视野，培养学生情怀，让学生树立正确的价值观。通过构建合理的考核评价体系，能够促进高校师资队伍的科学规范管理。

（二）有利于促进思政教师队伍建设

思政课教师队伍的评价，需要在思想关方面突出思想素质、政治素质、师德师风的评价；在业务关方面突出专业发展、教学质量、科研成果的评价；在能力关方面突出示范带动、社会服务、育人效应的评价。思政课教师

① 习近平. 在北京大学师生座谈会上的讲话[N]. 人民日报，2018-05-03（2）.

考核评价是促进队伍建设的指挥棒，通过评价机制有目的、有计划地引导思政课教师的进取意识及努力方向，全面促进思政课教师队伍的高水平建设，全面提高思政课的质量和水平。

（三）有利于思政教师自身的成长成才

思政课教师的成长成才需要一套指标体系及评价体系作为参照系，评价结果对思政课教师起到重要促进作用，一方面是外在的显性作用，考核评价结果与薪酬、绩效、职称、补贴挂钩，能有效地调动思政课教师的积极性。另一方面是内在的隐性作用，让思政课教师快速地了解岗位，掌握每个思政岗位的职责需求；更好地定位自身，了解优势与不足后做出积极调整来完善自我；激发了内在动力，把评价标准变成行动自觉。

二、思政课教师考核评价体系的建设原则

（一）科学构建原则

在构建思政课教师的考核评价体系时，必须遵循科学的原则。首先，这一体系需要全面覆盖思政课教师的师德表现、教学质量、科研实力以及社会服务能力等核心要素。其次，评价体系应具有层次性，能够合理地对不同指标进行分级分类，构建一个由一级、二级和三级指标及其对应内涵（观测点）组成的完整框架。最后，该体系还应具备发展性视野，确保考核结果能够作为思政课教师选聘、评优、薪酬设定和奖惩的重要依据，从而有效激发教师的积极性，并引导他们明确自身的发展方向。

（二）问题引领原则

积极推动高校思政课教师考核评价体系构建，应坚持问题引领原则。这

要求我们从高校的发展阶段和办学特色出发，紧密结合教育需求，在深入探索思政课教育教学规律的基础上发现关键问题，并据此设计相应的考核评价体系。同时，我们还应关注思政课教育教学的最新动态和前沿发展，从教师的岗位职责和工作特性中洞察问题，以不断完善和优化对思政课教师的评价机制。此外，这一原则还要求我们回归思政课教师本身的特质和成长规律，针对不同发展阶段的教师设定分层次的考核指标，以科学合理地健全评价考核机制。

（三）简便实施原则

在构建考核评价指标体系时，既要确保指标的科学性和合理性，也要考虑到指标的可考核性。为此，需要对定量指标和定性指标进行明确区分和归类。定量指标主要涉及各项教学工作、科研活动、专业建设以及社会服务等方面，这些指标可以通过具体的数量来进行衡量，并可以借助大数据等先进统计工具进行实时更新和监控。而定性指标则更多地关注教师的工作态度、职业行为、道德信念和发展动力等难以用数量来衡量的方面，这些可以通过教师自评、学生评价、同行评价和领导评价等多种方式，结合问卷调查和访谈等方法进行综合评价。通过这样的方式，可以实现定量和定性评价的有机结合，从而确保考核评价体系的简便实施和有效运行。

三、高校思政课教师考核评价体系建设途径

（一）考核评价体系的建设内容

1.加强师德师风考核

政治素养是关键。习近平总书记在学校思想政治理论课教师座谈会上强调思政教师“政治要强”“善于从政治上看问题，在大是大非面前保持政治

清醒”。[1]政治关是第一要素，对思政课教师进行考核，首先要看思政教师的政治素养，包括政治方向是否正确，政治立场是否坚定，政治态度是否过硬。师德修养是重点。思政课教师要引导学生立德树人、立志成才，应模范践行高等学校教师师德规范。考核思政课教师能否立德修身养性、坚守育人初心、追求教育理想；能否成为学习和实践马克思主义的典范，做为学为人的表率，成为让学生喜爱的人。引导思政课教师明确职业“底线”和行为“红线”，思政课教师在思想素质、政治素质、师德师风等方面存在突出问题的，在考核评价中实行“一票否决”。

2.细化教学工作考核指标

针对思政课教师的教学工作，可以从两个方面进行精细化考核：首先是日常教学方面，主要考核教师是否严格遵守教学秩序，是否按照学校要求完成各项教学任务，如课堂教学、实践教学等，并通过定量方式进行评估；其次是教学质量方面，全面考核教学运行的流畅性、教学方法的适用性、教学效果的优良性，以及教学改革和研究的深入程度。这一考核过程逐步推进，对思政课教师的专业发展具有重要意义。

3.优化科研业绩考核指标

在科研业绩方面，要对思政课教师发表的论文、编写的教材、学术专著、科研课题和教学成果等进行全面考核。具体来说，论文将根据发表刊物的级别进行划分并赋予相应的分值；教材编写则考虑教师在编写校本教材或省级以上统编教材中的贡献；学术专著依据独著、合著等情况进行评估；科研课题和教学成果则根据其级别和排名赋分。同时，要积极探索“代表性成果”和实际贡献等评价指标，以此作为教师科研工作能力的重要衡量标准。

4.深化服务贡献考核指标

在服务贡献方面，我们将从多个角度对思政课教师进行全面考核，例

① 习近平.习近平主持召开学校思想政治理论课教师座谈会[J].中国电力教育，2019（03）：6.

如，考核教师参加各类教学比赛、论文评比的获奖情况，参与思政公开课与示范课活动的次数与效果，以及精品课程建设与实践教学项目开发等成果。同时，我们还将考核教师在教研室活动、老中青教师“传帮带”工作、实践教学基地开发与维护等方面的贡献。此外，兼任班主任、辅导员等工作，以及参与课程思政融入专业教学的指导工作等也将纳入我们的考核范围。

（二）考核评价体系的评价方式

1.明确考核评价的标准

为确保思政课教师考核评价的公正性和有效性，首先必须明确评价标准。考虑思政课教师队伍的多样性，应根据教师的不同群体，如部门领导、学科带头人、高职称或高学历教师、教研室主任、骨干教师以及青年教师等，制定差异化的评价标准。这些标准将涵盖教学工作、科研业绩和服务贡献等多个方面。

在制定评价标准时，要根据教师的职称、学历、工作经验和聘期职务等因素，设定有梯度的分值比例。例如，对于高职称、高学历、经验丰富、业务能力强的思政课教师，设定更高的考核要求；而对于青年或新入职的教师，则适当放宽标准，以促进其成长和发展。

此外，评价标准要符合高校的发展特点，并定期进行更新和调整，以确保其始终契合高校的发展规律。

2.考核评价的方式

根据考核评价的内容，可采用定量与定性相结合的评价方式。对于可以量化的指标，如教学工作量、辅助工作量、教学业绩和科研业绩等通过定量评价进行考核。这种评价方式可以利用互联网和大数据技术进行快速、准确的数据汇总和分析，从而得出客观的考核结果。

对于难以量化的考核内容，如师德师风、教学质量、部门工作参与情况和服务贡献等采用定性评价。这包括教师自评、同行评价、学生评价等多种方式，以全面、客观地反映教师的实际工作表现。同时，还要结合定量数据，对教师做出综合、全面的评价。

此外，可根据考核评价内容建立合理的评价周期，包括年度考核、聘期考核和晋升考核等，以确保考核评价的延续性和针对性。通过这种方式，可以更全面地了解思政课教师的工作表现，为其提供有针对性的反馈和建议，促进其专业发展和教学质量的提升。

（三）考核评价体系的基本保障

1.构建有效的评价反馈机制

为了充分发挥考核评价的作用，必须建立一个完善的评价反馈机制，及时将考核评价的结果反馈给相关部门和教师个人，确保教师的知情权并引导他们根据反馈进行自我提升。通过与教师进行坦诚的沟通，部门领导可以帮助他们认识到自己的长处和短处，明确改进的方向。同时，对于表现优秀的思政课教师，我们应该给予表彰和宣传，以此激励更多的教师追求卓越。

2.加强评价的联动与整合机制

要保障考核评价体系的全面性和有效性，就需要建立一个由学校领导牵头，人事、教务、科研等部门紧密协作的评价联动机制，这一机制将确保各部门之间的顺畅沟通和数据共享，以便高校能够全面、准确地评估思政课教师的绩效。此外，还应将学校评估和教学评估的相关指标融入思政课教师的考核评价体系中，进一步提升评价的全面性和针对性。

3.完善激励机制以提升教师积极性

为了充分激发思政课教师的工作热情和创新精神，需要建立一个包括物质和精神两个层面的激励机制。在物质层面，可以通过思政教师专项绩效，提供奖金、津贴等方式，肯定教师的努力和成果。在精神层面，可以通过评选先进从而增强教师的职业认同感和自豪感，以及通过帮助他们实现自我价值等方式，给予他们应有的荣誉和尊重。通过这些激励措施，可以有效地促进思政课教师的全面发展，并提升他们的工作满意度和忠诚度。

在新时代背景下，高校应紧密结合自身的发展实际，通过持续深化思政课教师考核评价机制的改革，努力打造一支高素质、专业化的思政课教师队伍。这不仅有助于提升高校的整体教育质量，还将进一步提升高校在人才培养和科研创新方面的竞争力。

第三节　构建思想政治理论课学生考核评价体系

思想政治理论课作为培养学生正确世界观、人生观和价值观的重要课程，其教学效果直接关系到学生的全面发展和社会的长远进步。因此，构建一个科学、合理的思想政治理论课学生评价考核体系显得尤为重要。对于学生的考核评价主要针对的是学生学业考核。

在习近平总书记关于教育现代化的重要论述中，建全教育评价体系的思想从习近平总书记地方工作时期开始萌芽，在中国特色社会主义新时代得到全面阐发。习近平总书记在福建工作期间就已经开始对教育评价进行谋划和思考，他从政府评价、学校评价、教师评价、用人评价等对教育评价问题进行全面剖析，具有系统性、理论性和现实针对性，形成了教育评价现代化相关思想的雏形。[①]党的十八大以来，习近平总书记就教育评价现代化提出了诸多系统化且卓有见地的论述，强调教育评价的多元主体参与，要求在教育评价的各个环节加强全局性和系统性谋划。[②]

一、高校思政课学生学业考核评价存在的问题

随着高校思政课的改革发展，思政课学生学业考核评价体系也不断丰

① 叶峰，姚静，叶雅莉. 习近平总书记关于教育评价的重要论述研究[J]. 教育评论，2023（02）：64.

② 张晓林. 新时代全面深化改革的时代特征[J]. 中国政协，2018（23）：28–30.

富，考核内容更加全面，考核手段日趋多样。然而，社会发展形势及思政教育教学改革过程中的一些客观因素，使当前思政课的考核评价体系仍然存在一些问题。

（一）考核评价目标偏离教学目标

高校思政课的教学目标旨在培养学生的马克思主义理论素养和正确的价值观念，强调知识掌握与价值塑造并重。然而，当前的考核评价体系往往过于侧重理论知识的考查，导致考核目标与教学目标出现偏差。这种重知识轻实践的考核方式，不仅降低了学生的学习要求，还可能导致学生出现应试心态，忽视了思政课的实践性和价值观的培养。

（二）考核评价主体缺乏多样性

目前，思政课的考核评价主要由任课教师负责，而辅导员等其他与学生密切接触的教育工作者并未参与其中。由于思政课往往采用大班教学，任课教师难以全面了解每个学生的具体情况，导致平时成绩的评定可能存在主观性和片面性。缺乏多元化的评价主体，使得考核结果难以全面反映学生的真实水平和综合素质。

（三）考核评价结果不够真实准确

当前思政课的考核评价成绩主要由平时成绩和期末成绩组成，且期末成绩占比过多。这种以期末闭卷考试为主的考核方式，容易导致学生出现考前突击和记忆比拼的情况，无法真实反映学生的知识掌握情况和思想政治素质。同时，卷面考试也难以准确评估学生的实践能力和品行表现，使得考核结果与教学目标相脱节。

（四）考核评价功能未能充分发挥

学业考核作为教育评价的重要手段，应当对教师的教学和学生的学习起到积极的反馈和指导作用。然而，当前的考核方式过于注重结果而忽视过程，导致教师无法及时了解教学中的问题并改进教学方法，学生也无法根据考核结果调整学习策略。此外，考核评价结果的运用也仅限于学生成绩的评定，未能充分发挥其在教师教学质量评价和学校发展方向调整中的重要作用。这种功能失效的考核评价体系不利于思政课的长远发展和教学质量的提升。

二、构建高校思政课学生学业多维考核评价体系

思政课学生学业多维考核评价体系的构建是一个系统工程。在新媒体环境下，手机的普及、新媒体的发展和网络平台的广泛使用为多维考评体系的构建提供了有利条件，但学生对手机终端的过度依赖、网络的不安全因素等也对考评体系的构建提出了挑战。高校需要制定一套科学的策略，以合理利用有利环境、构建合理有效的考评体系。

（一）制定“知行合一”的考核目标

思政课考核目标应与课程的教学目标保持一致，既要注重学生理论知识的掌握，也要强调其实践能力的应用和道德品质的展现。因此，高校需要制定一个“知行合一”的考核目标，旨在确保学生不仅熟练掌握马克思主义基本理论，而且能够将这些理论知识内化为个人信仰，外化为实际行动。

为了实现这一目标，需要明确理论考核和实践考核的双重目标。理论考核旨在检验学生对基础理论知识的掌握程度和应用能力，而实践考核则更注重观察学生在实际生活中的行为表现，以评估其是否具备正确的世界观、人生观和价值观。

（二）制定科学合理的指标体系

考评指标体系，是指根据测评目标，按照一定的结构、层级进行细化，将测评内容划分为可量化的元素，为学生学业考核评价提供的标准。科学合理的指标体系是思政课考核的基础，高校制定指标体系时应当着眼于考核目标，综合考查学生的知、情、意、行等多个方面，使考核指标具有针对性、实效性。

1.对知识理解和掌握的评价

高校在思政课考核中，应把考查学生对基础理论知识的积累和掌握情况摆在首位；考查范围应涵盖各门课程的基础知识和一些延伸问题；在考查的能力要求上，既要考查学生对知识的记忆和储备，更要考查学生对知识的理解和掌握；在考查的时效上，要紧跟社会发展趋势，体现社会发展中的热点、难点、焦点问题。这一部分内容通常采用统一考试的形式进行，其特点是有一定的教材或参考读物，有客观的答题标准或要点，有明确的评分细则。

2.对知识运用和实践的评价

思政课具有发展性培养目标，即帮助学生个体融入社会，最终获得自由全面的发展。因此，除了理论考查，思政课另一个更为重要的使命是考查学生思想政治素质和道德品行的外在表现及其将理论转化为实际行动的能力。这一部分的评价是开放性、发展性的，难以形成统一的考试试题，通常以综合素质测评、社会实践等形式进行，贯穿于教育教学的全过程。教师要通过观察学生的日常行为表现、遵纪守法情况，检查学生是否具有发现问题、解决问题的意识和能力，是否将课堂及书本所学恰当地运用于生活当中。

3.对情感、态度、价值观的评价

思想政治教育的最终目标在于对受教育者的价值塑造，即引导学生从知识的拓展、能力的提升，延伸到情感、态度、价值观的转变，进而用正确的思想指导和规范自己的行为。因此，将情感、态度、价值观纳入思政课考核指标体系对大学生培养健康心智、明确人生方向、实现人生价值具有重要影响。但情感、态度、价值观相对内隐，因而这一维度的考核更具挑战性，需要任课教师、学生工作者、同学等与学生接触较多的群体同时作为考评主体参与进来，评价学生是否形成良好道德习惯，能否自觉践行社会主义核心价值观，并通过平时成绩的形式表现出来。

（三）采用多维复合的考评方式

1.考核主体多元化

在考核主体上，高校要改变任课教师“一人考核”的做法，发动辅导员、班主任等群体共同参与。按照不同的分值比例进行分配，各考核主体参考学生平时表现给出分数，最终由任课教师汇总、折合成平时成绩，使评价更加民主化、科学化。

2.考核内容多样化

尽管闭卷考试仍是主要的考核方式，但高校应在考试命题上更加注重知识的广度和深度，着重考查学生对知识点的掌握和运用能力。同时，高校应将综合素质评价、社会实践与调研报告、志愿服务经历以及课程论文等纳入考核范畴，以全面评估学生的研究能力和批判性思维能力。

3.过程性考核与总结性考核相结合

学生的思想道德发展是一个动态变化的过程，具有复杂性和多变性。因此，高校对学生的评价不应仅侧重于期末考试，而应更加注重学生在整个学期内的表现。学生的课堂参与度、出勤率、作业质量以及课堂表现等都应作为平时成绩的重要组成部分。期末考试则只占学生总成绩的一部分。通过这种方式，高校能够将考核贯穿教育教学全过程，实现考核的持续性、动态性和科学性。

（四）构建与时俱进的平台考核系统

随着信息技术的迅猛发展，互联网与教育的深度融合已成为教育领域的新趋势。当代大学生思维活跃，对新媒体技术有着出色的理解、应用与互动能力。为了更好地贴近学生的实际生活，并为其思政课学习注入新的活力和体验，构建一个基于网络平台和手机终端的思政课考核系统显得尤为重要。这不仅是适应无纸化和新媒体时代的必然选择，也是教育创新的重要方向。

鉴于网络慕课和在线课程在高校中的广泛推广，可以从中汲取丰富的成功经验来构建思政课网络考核平台。具体来说，高校可以打造一个融合了网络课程、实时交流和在线考核的综合网络平台。通过上传多样化的课程视频和学习资料，为学生提供便捷的自主学习资源。同时，教师可以通过监测学生的在线学习时长、对时事新闻的关注度来评定平时成绩。

此外，增设在线交流区域，为教师及时解答学生疑问和学生之间的学术交流搭建桥梁。开通在线测试和考试功能，使学生能够方便地提交课后作业、社会实践报告和课程论文。教师可以通过平台在线批改作业并给出及时反馈，这不仅增强了师生互动，还能有效提升学生的学习兴趣。

同时，建立一个动态的网络题库系统，能够自动生成模拟试卷，供学生日常练习和考前复习。考虑到手机使用的普及性，开发手机端的App或公众号，与网络平台形成互补，使学生能随时随地进行学习和考核。

要使思政课的考核评价与时俱进，必须充分利用现代信息技术，深入研究新时代大学生的思维方式和行为特点。通过采用学生喜爱和接受的方式来实施课程考核，不仅可以提升考核的灵活性和创新性，还能有效提升思政课对学生的吸引力，展现思政课在教育改革中的时代特色和创新精神。

第四节　建立思想政治理论课实践教学激励机制

一、实践教学激励机制的含义

实践教学激励机制，简而言之，就是通过一系列策略和方法，激发学生的积极性和潜能，促使他们更主动地参与到实践教学中，从而提升学习效果和综合素质。这种机制以学生的需求和动机为出发点，通过合理配置教学资源，如优秀的教师、实践基地等，以及优化管理手段，如制定明确的奖惩制度、鼓励学生参与决策等，形成一套相对固定且规范的教学策略。

在思想政治理论课的实践教学中，这种激励机制的运用显得尤为重要。它以提升学生的综合素质为最终目标，不仅激发学生对思想政治理论知识的兴趣，还鼓励他们走出课堂，参与到实际生活和社会实践中去，从而获得更直观、更深刻的思想政治道德体验。为了实现这一目标，教师需要设定明确的实践目标，并引导学生深入理解实践活动的价值和意义。通过不断引导学生对现实社会的关注，使他们了解社会、体验思想政治道德，教师能够更有效地激发学生的实践动机。同时，合理配置各种教学资源，如优秀的教师队伍、丰富的实践基地以及适当的奖励机制等，都是优化实践教学管理、提升教学效果的关键环节。在这一过程中，教师需要不断设计和实施新的激励策略，以适应学生需求的变化，从而保持实践教学的活力和吸引力。

二、构建实践教学激励机制的意义

实践教学激励机制的建立，对于提升学生的积极性、促进教育目标的实现以及培养学生良好的行为习惯具有深远的意义。

（一）提升学生参与实践教学的积极性

在实践教学过程中，学生会面临各种挑战和困难，如调研方案的撰写、与陌生人的交流、团队合作中的冲突等。这些问题可能会对学生的情绪产生负面影响，导致他们失去参与实践教学的兴趣。而实践教学激励机制的构建，能够有效地帮助学生排除这些干扰，提升他们面对困难的勇气和信心。通过及时的肯定、鼓励以及有效的指导，学生能够感受到成功的喜悦，从而更加愉快地投入到实践教学中。

（二）有效实现实践教学目标

实践教学目标的设定应以学生为主体，充分考虑学生的需求和兴趣。而激励机制的构建能够进一步调动学生的积极性，使他们更加主动地参与到实践教学中来。通过设定合理的奖励机制，可以强化学生的良好行为，激发他们的学习动力，从而更有效地实现实践教学目标。这种以学生为主体的激励机制，不仅能够提升学生的实践能力和知识水平，还能够培养他们的团队合作精神和创新意识。

（三）优化实践教学环境，提高教学效果

实践教学激励机制的构建能够协调实践教学环境中的多种因素，形成积极向上的学习氛围。通过激励机制的引导，学生之间能够形成良性竞争和合作的关系，共同为实现实践教学目标努力。同时，激励机制还能够促进教师、实践基地工作人员等各方资源的有效整合，形成强大的教育合力，提高实践教学的效果。

（四）提升学生意志力，促进道德行为习惯化

通过肯定性评价和思想道德教育的有机结合，能够帮助学生深刻认识自己行为的目的和意义，从而提升他们的意志力。这种激励机制的持续作用，

能够不断强化学生的道德认知和情感认同，促使他们养成良好的道德行为习惯。这对于培养学生的社会责任感、团队合作精神以及创新精神等方面都具有重要意义。

三、构建实践教学激励机制的主要途径

（一）明确目标引导，激发学生正确行为动机

实践教学激励机制的构建首先依赖于明确的目标设定。目标是激励机制的基石，为学生的学习和实践提供方向，缺乏明确目标的行为往往效果不佳。因此，确立清晰、具体的教学目标是激发学生学习动力、推动实践教学有效开展的关键。

在实践教学活动开始之前，教师应根据学生的心理特点和需求，制定恰当的教学目标。同时，对目标内容进行详细的解读，使学生能够深刻理解目标的内涵和意义，从而将目标与自身的内在需求紧密相连。这样一来，目标就能有效地引导学生产生积极、正确的行为动机。

（二）精选内容与优化设计，满足学生深层次需求

为了使实践教学的资源和形式能够有效引导和满足学生的内在需求，我们必须精心选择资源和设计实践形式。并非所有资源都能自然吸引学生，同样，实践形式也并非都会受到学生的欢迎。因此，我们需要确保所选择的实践资源能够激发学生的探究欲望和审美追求，设计的实践主题能够唤起学生的责任感和使命感。同时，合理的实践分工应使学生体验角色认同和团队归属感，而流畅的实践流程则应增强学生的胜任感和自尊心。最终，通过实践成果来提升学生的荣誉感和成就感。

（三）提供全面保障，构筑学生实践的外在动力

动机的激发源于两类因素：保健因素和激励因素。保健因素，诸如良好的工作条件、环境、薪酬福利和安全保障，为工作的顺利进行提供了基础条件。而激励因素，如成就感、赏识、更大的工作责任以及个人成长与发展的机会，则是推动人们积极进取、追求卓越的关键。

为了确保学生全身心地投入实践教学活动中，高校必须为他们提供坚实的保健因素，也就是必要的保障条件。实践教学活动的每一个环节，从筹备、实施到总结与评价，都应遵循一套规范化的程序，并辅以完善的规章制度。作为教育管理体系的一部分，高校需要充分考虑学生在实践过程中可能产生的各种费用，如交通、餐饮、材料制作和工具使用等，并提供必要的经费支持。

此外，要对学生进行实践方法的系统培训和指导，高校应主动与相关政府部门及其下属单位建立联系，共同打造多样化的实践教学基地。为了进一步激发学生的实践热情，还应为参与实践教学的学生评定学分，并对表现优异的学生授予荣誉称号。这些措施不仅为学生提供了实践的外在动力，更通过规范、精细、专业和人性化的管理，确保了实践教学的顺利进行，同时也有效激发了学生的内在需求和潜能。

（四）实施过程监控，有效排除干扰因素

过程监控是指实践教学的管理者和指导教师对实践教学各环节的运行效果和质量进行实时监控，旨在及时发现并纠正学生可能偏离实践目标的行为。在实践教学激励机制的构建中，过程监控如同一剂润滑剂，确保整个教学活动的顺畅进行。

实践教学是一个涉及教育者、受教育者、教育环境和教育媒介等多个要素的复杂过程。在教育者和受教育者之间传递教育信息的过程中，这些要素都可能产生干扰，对学生的实践行为造成影响。若不及时控制这些干扰因素，学生的实践动机可能会受到影响，导致他们偏离正确的实践方向，进而产生消极影响，降低实践教学的效果。

为了保持学生参与实践的初衷，激发他们的勇气和决心去克服困难与惰性，高校必须实施有效的过程监控。这不仅能及时控制和排除各种干扰因素，还能帮助学生与周围环境建立协调有序的关系，进一步规范和优化实践进程。通过这种方式，可以显著提高实践的质量和效率。

值得注意的是，监控过程并非对学生进行监督和施压。相反，它是起到保障和激励的作用。通过排除干扰因素，能够保护和重建学生的需求和动机，让他们在规范、严谨的实践中保持信心和热情。这将有助于促进实践教学取得更好的成效。

（五）注重及时反馈，持续强化正向激励效果

在实践教学体系中，及时、有效的评价反馈应贯穿于实践教学的全过程，还应在实践结束后进行总结性评价，以确保信息的全面性和时效性。

把握恰当的时机进行激励性评价反馈，能使学生感受到被关注、被认同以及得到有效的引导。反之，若反馈滞后或错失关键时机，不仅会削弱激励效果，甚至可能引发学生的消极情绪。

在进行激励性评价反馈时，必须坚持公平公正的原则，确保奖惩制度对所有人一视同仁，并且公开透明。若学生在实践结果的评价中感知到不公平，可能会产生抵触情绪，这不仅会影响他们参与后续实践教学的热情，还可能对师生关系造成负面影响，有悖于思想政治教育的初衷。相反，公正的评价会让学生感到满意和舒心，有助于增进同学间和师生间的情感交流，从而形成良性的激励循环。

此外，在激励性评价中还应采用科学的归因分析法。归因理论指出，可以通过分析成功或失败的结果来探寻最有效的激励方法。归因可分为积极和消极两种模式。在积极模式下，将成功归因于学生自身的高能力会增强他们的自豪感和对成功的渴望；而将失败归因于努力不足则会引起他们的内疚感，进而促使他们更加努力学习。相反，在消极模式下，将成功归因于运气或任务简单则会减弱学生对成功的期望；而将失败归因于能力不足则可能导致他们感到羞愧和沮丧，从而降低学习动机。因此，合理的归因分析应考虑学生的个体差异和所处环境，以制定更具针对性的激励策略。

参考文献

[1]牛佳. 大思政背景下高校课程思政建设研究[M]. 成都：西南财经大学出版社，2023.

[2]王旭东. 新时代高校思想政治理论课教学研究[M]. 哈尔滨：哈尔滨工程大学出版社，2023.

[3]劳家仁. 新时代思想政治的理论与实践探究[M]. 长春：吉林大学出版社，2023.

[4]寇跃灵. 高校思想政治教育探索与实践研究[M]. 北京：北京工业大学出版社，2023.

[5]李亚娜，梁晓倩. 三全育人背景下课程思政教学理念与实施路径研究[M]. 天津：天津社会科学院出版社，2023.

[6]王栋梁. 新时代高校网络育人研究[M]. 长春：吉林大学出版社，2023.

[7]李登万. 铸魂育人 润物无声 新时代高校德育工作的理论与实践[M]. 北京：光明日报出版社，2023.

[8]张妍. 新时代高校实践育人的理论探索与路径创新研究[M]. 长春：吉林出版集团股份有限公司，2022.

[9]朱汉辰. 新时代高校思想政治理论课教学研究[M]. 延吉：延边大学出版社，2022.

[10]崔伟，陈娟. 新时代高校大学生思想政治教育创新案例探究[M]. 长春：吉林大学出版社，2022.

[11]裴孝金，宋晓宁. 思想政治教育创新研究[M]. 长春：吉林大学出版社，2022.

[12]张婷婷，黄家福，李珊珊. 大数据时代背景下高校思想政治教育创新[M]. 北京：北京燕山出版社，2022.

[13]文斌. 新时代高校文化育人价值意蕴与体系建构研究[M]. 北京：中国纺织出版社，2022.

[14]汤伟群，陈海娜，周志德. 技工院校“大思政”育人体系构建与实践探索[M]. 成都：西南交通大学出版社，2022.

[15]刘志铭，张宏宝. 广东高校科研育人工作研究[M]. 广州：广东高等教育出版社，2022.

[16]孙来晶. 新时代背景下高校课程思政与思政课程育人体系建设研究[M]. 长春：北方妇女儿童出版社，2022.

[17]王诗渊. 高校课程思政与思政课程协同育人问题研究[M]. 贵阳：贵州大学出版社，2022.

[18]金永宪. 当代大学生思想政治教育创新研究[M]. 延吉：延边大学出版社，2022.

[19]戴兆国. 思想政治理论课分类教学研究[M]. 合肥：安徽师范大学出版社，2022.

[20]冯刚，王振. 高校思想政治教育治理引论[M]. 北京：团结出版社，2022.

[21]高瑛，丁虎生. 新时代高校思想政治教育工作体系研究[M]. 北京：光明日报出版社，2022.

[22]韩艳阳，胡晓菲，肖丽霞. 新时代大学生思想政治教育理论与实践研究[M]. 北京：北京燕山出版社，2022.

[23]陆安琪. 新时代高校思想政治教育协同育人路径研究[M]. 北京：中国出版集团；中译出版社，2022.

[24]陈丽萍. 新时代高校思想政治理论课教学改革研究[M]. 湘潭：湘潭大学出版社，2022.

[25]马光焱，王晓光. 新时代高校思想政治理论课改革与创新研究[M]. 长春：吉林大学出版社，2022.

[26]孙丽娟. 新时代高校思想政治教育理论与实践[M]. 延吉：延边大学出版社，2022.

[27]丁闽江. 养身、养心、养性、养德 高校心理育人工作的创新实践[M]. 长沙：中南大学出版社，2021.

[28]杨立蛟，常春，邵勇. 思想政治教育学科前沿问题研究[M]. 济南：山东大学出版社，2021.

[29]王文艺，刘慧，王翠云，汤文龙. 高职思政课实践教学创新研究[M]. 南京：河海大学出版社，2021.

[30]贾哲，宋璐. 高校思想政治教育载体研究[M]. 大连：大连理工大学出版社，2020.

[31]张子睿，卢彤. 思想政治教育实践育人理论与对策研究[M]. 北京：经济日报出版社，2019.

[32]何绍芬. 高校思想政治理论课教学研究[M]. 昆明：云南人民出版社，2019.

[33]杨政. 创新教育与思想政治教育[M]. 沈阳：辽海出版社，2019.

[34]佘双好. 思想政治理论课程教学法探析[M]. 北京：中国人民大学出版社，2018.

[35]郭世德，宋鹏瑶，杨桂敏. 思想政治教育与职业素养[M]. 北京：经济日报出版社，2018.

[36]姚常红，魏佳平，孔艳波. 新时代高校思想政治教育教学的三维转换[M]. 长春：吉林文史出版社，2018.

[37]苏建福. 高职院校学生思想政治教育工作创新实践[M]. 天津：天津科学技术出版社，2017.

[38]董娅，黄蓉生. 中国共产党加强和改进大学生思想政治教育研究[M]. 北京：人民出版社，2016.

[39]邵广侠. 思想政治教育问题的理论求索[M]. 长春：吉林大学出版社，2012.

[40]王琪. 红色文化融入高校思想政治理论课教学研究[D]. 兰州交通大学，2023.

[41]白洁. 习近平关于家风的重要论述及培育策略研究[D]. 东北师范大学，2023.

[42]陈婷. 习近平青年理想信念教育重要论述研究[D]. 吉林大学，2023.

[43]陈曦. 习近平高校思想政治教育重要论述研究[D]. 大连海事大学，2023.

[44]崔梦涵. 习近平关于青年理想信念重要论述的研究[D]. 东北师范大学，2023.

[45]付轶群. 习近平关于弘扬英雄精神重要论述研究[D]. 山东师范大学，2024.

[46]高鹏. 习近平“立德树人”重要论述的思想政治教育意蕴研究[D]. 西藏大学，2023.

[47]高旭，李凤兰. 习近平关于心理健康重要论述的现实生成、内容维度与实践价值[J]. 齐齐哈尔大学学报（哲学社会科学版），2023，（06）：11-14.

[48]龚丹娅. 习近平勤俭节约重要论述融入大学生思想政治教育研究[D]. 贵州师范大学，2023.

[49]韩瑜. 习近平关于思想政治教育红色文化资源的重要论述研究[D]. 延安大学，2023.

[50]靳梦迪. 习近平关于爱国主义教育重要论述研究[D]. 陕西科技大学，2023.

[51]李文博. 习近平青年观研究[D]. 吉林大学，2021.

[52]刘倩雯. 习近平关于青年奋斗的重要论述研究[D]. 大连海洋大学，2024.

[53]刘宇岚. 习近平关于教育现代化的重要论述研究[D]. 北方工业大学，2024.

[54]马小迪. 习近平关于新时代军队思想政治工作的重要论述研究[D]. 海南大学，2023.

[55]马悦. 习近平关于青年教育重要论述研究[D]. 牡丹江师范学院，2024.

[56]牛群. 习近平关于新时代奋斗精神重要论述研究[D]. 齐鲁工业大学，2024.

[57]彭倩. 习近平关于“讲好中国故事”重要论述及其思政价值研究[D]. 江西财经大学，2023.

[58]任万里. 习近平大学生思想政治教育重要论述研究[D]. 山西大学，2023.

[59]王宝华. 习近平关于党的青年工作重要论述研究[D]. 北方工业大学，2024.

[60]王杰. 习近平关于青年价值观教育重要论述研究[D]. 北方工业大学，2024.

[61]王乐佳. 习近平关于基层文化建设重要论述研究[D]. 集美大学，2024.

[62]王茹. 习近平关于青年成长成才重要论述在高校思想政治教育中的实践研究[D]. 中国石油大学（北京），2023.

[63]吴晨. 习近平新时代爱国主义重要论述研究[D]. 大连海事大学，2023.

[64]吴晓庆. 习近平新时代价值观教育重要论述研究[D]. 东北师范大学，2022.

[65]颜诗涵. 习近平关于高校思想政治教育的重要论述研究[D]. 长春工业大学，2023.

[66]于凯夕. 习近平文艺工作座谈会重要讲话中的思想政治教育意蕴研究[D]. 吉林大学，2023.

[67]袁小慢. 习近平关于家庭教育重要论述研究[D]. 河北科技大学，2023.

[68]赵洁. 习近平“立德树人”教育观研究[D]. 新疆师范大学，2021.

[69]周莉. 习近平关于青年成长成才重要论述研究[D]. 贵州师范大学，2022.

[70]周明丽. 习近平关于青年责任担当重要论述研究[D]. 云南师范大学，2023.

[71]王旭琳. 新时代高校学生党建工作研究[D]. 青岛理工大学，2023.

[72]赵蒙蒙. 新时代大学生社团思想政治教育功能研究[D]. 三峡大学，2023.

[73]程维. 互联网思维对思想政治教育载体创新的影响与实践研究[D]. 河南师范大学，2017.

[74]拓梅梅，归阳阳. 大思政视域下民办高校学生党支部实践育人的路径研究[J]. 现代商贸工业，2024，45（03）：158–160.

[75]杨晶. 高职院校思想政治理论课分众教学模式的初步探索和实效性路径研究[J]. 大学，2023（33）：97–100.

[76]孙魏，孙向召，赵珍珍. 高校思想政治理论课分众教学模式及其建构路径[J]. 高教学刊，2023，9（33）：82–85.

[77]刘海滨，潘可礼. 高职院校思想政治理论课空间性教学模式探析[J]. 扬州大学学报（高教研究版），2023，27（06）：111–118.

[78]姚珺，赵凯鹏，郭克楠. 大思政视域下高校组织育人的经验与启示——以浙江高校为例[J]. 浙江理工大学学报（社会科学），2023，50（03）：362–368.

[79]党艳东. 协同理论视域下高校组织育人新格局构建探析[J]. 黑龙江教育（高教研究与评估），2023（07）：16–18.

[80]吴洁. 高校“党建引领+网络社群”组织贯通育人体系构建[J]. 两岸终身教育，2023，26（03）：30–35.

[81]廖琦. 大思政视域下高职院校思政教育实践育人路径探索[J]. 成才之路，2023（36）：9–12.

[82]刘立亚. “大思政课”理念下高校实践育人路径研究[J]. 成才之路，2023（36）：1–4.

[83]刘晓倩. 高校党建引领组织育人体系研究[C]//香港新世纪文化出版社有限公司. 2023年第七届国际科技创新与教育发展学术会议论文集（第三卷）.[出版者不详]，2023：3.

[84]佘双好，汤婉丽. 新时代高校思想政治理论课教学方法的创新发展与展望[J]. 思想理论教育导刊，2023（03）：107–115.

[85]徐彬. 高校党建引领组织育人的理论探索与实践创新研究[J]. 南方论刊，2022（04）：50–52.

[86]黄鹤. 论多维视域下新时代思想政治教育创新发展的新态势[J]. 河南大学学报（社会科学版），2022，62（05）：110–117+155.

[87]苏云波. 坚持党建引领，扎牢组织育人根基[J]. 科教文汇（上旬刊），2021（01）：30–32.

[88]张雷声. 把思想政治理论课教学提到学科建设高度[J]. 思想理论教育，2010（09）：40–44.

[89]高举中国特色社会主义伟大旗帜为全面建设社会主义现代化国家而团结奋斗——在中国共产党第二十次全国代表大会上的报告[N]. 人民日报，2022-10-16（34）.

[90]教育部等十部门. 教社科〔2022〕3号：全面推进“大思政课”建设的工作方案[EB/OL]. http：//www. moe. gov. cn/srcsite/A13/moe_772/202208/t20220818_653672. html，2022-08-18.

[91]“‘大思政课’我们要善用之”（微镜头·习近平总书记两会“下团组”· 两会现场观察）[N]. 人民日报，2021-03-07.

[92]中共中央、国务院印发关于加强和改进新形势下高校思想政治工作的意见[EB/OL]. [2017-2-27]. http：//www. gov. cn/xinwen/2017-02/27/content_5182502. htm.

[93]中共教育部党组. 高校思想政治工作质量提升工程实施纲要[EB/OL]. [2017-12-05]. http：//www. moe. gov. cn/srcsite/Al2/s7060/201712/t2017120632069&html.

[94]中共中央办公厅国务院办公厅印发《关于深化新时代学校思想政治理论课改革创新的若干意见》[EB/OL].（2019-08-15）. http：//www. moe. gov. cn/s78/A13/moe_773/201908/t20190815_394663. html.

[95]中共中央国务院印发《关于新时代加强和改进思想政治工作的意见》[N]. 人民日报，2021-07-13（001）.

[96]教育部. 教育部关于印发《高等学校思想政治理论课建设标准（2021年本）》的通知[EB/OL].（2021-11-30）[2021-11-30]. http：//www. gov. cn/zhengce/zhengceku/2021-12/18/content_5661767. htm.

[97]把思想政治工作贯穿教育教学全过程[N]. 人民日报，2016-12-09（010）.

[98]习近平在全国高校思想政治工作会议上强调：把思想政治工作贯穿教育教学全过程开创我国高等教育事业发展新局面[N]. 人民日报，2016-12-09.

[99]习近平：用新时代中国特色社会主义思想铸魂育人贯彻党的教育方针落实立德树人根本任务[N]. 人民日报，2019-03-19（01）.

[100]习近平. 高举中国特色社会主义伟大旗帜为全面建设社会主义现

代化国家而团结奋斗[N]．人民日报，2022-10-17（02）.

[101]习近平．让老百姓过上好日子——关于改善民生和创新社会治理[EB/OL].（2016-05-06）．http：//jhsjk. people. cn/article/28329147.

[102]习近平. 稳扎稳打勇于担当敢于创新善作善成推动京津冀协同发展取得新的更大进展[N]. 人民日报，2019-01-19.